权威·前沿·原创

皮书系列为
"十二五""十三五"国家重点图书出版规划项目

BLUE BOOK

智库成果出版与传播平台

企业社会责任管理蓝皮书

BLUE BOOK OF ENTERPRISE
SOCIAL RESPONSIBILITY MANAGEMENT

中国上市公司环境、社会和治理研究报告（2020）

RESEARCH REPORT ON ENVIRONMENTAL, SOCIAL AND
GOVERNANCE OF CHINESE LISTED COMPANIES (2020)

主　编／王晓光　肖红军
中国企业管理研究会社会责任与可持续发展专业委员会
北京融智企业社会责任研究院

社会科学文献出版社
SOCIAL SCIENCES ACADEMIC PRESS (CHINA)

图书在版编目(CIP)数据

中国上市公司环境、社会和治理研究报告. 2020 / 王晓光,肖红军主编. -- 北京：社会科学文献出版社, 2020.5
（企业社会责任管理蓝皮书）
ISBN 978 - 7 - 5201 - 6580 - 8

Ⅰ.①中… Ⅱ.①王…②肖… Ⅲ.①上市公司 - 环境信息 - 信息管理 - 研究报告 - 中国 - 2020 Ⅳ.①F279.246

中国版本图书馆 CIP 数据核字（2020）第 071379 号

企业社会责任管理蓝皮书
中国上市公司环境、社会和治理研究报告（2020）

主　　编 / 王晓光　肖红军

出 版 人 / 谢寿光
责任编辑 / 宋　静

出　　版 / 社会科学文献出版社·皮书出版分社（010）59367127
　　　　　　地址：北京市北三环中路甲 29 号院华龙大厦　邮编：100029
　　　　　　网址：www.ssap.com.cn
发　　行 / 市场营销中心（010）59367081　59367083
印　　装 / 天津千鹤文化传播有限公司

规　　格 / 开　本：787mm × 1092mm　1/16
　　　　　　印　张：17.25　字　数：255 千字
版　　次 / 2020 年 5 月第 1 版　2020 年 5 月第 1 次印刷

书　　号 / ISBN 978 - 7 - 5201 - 6580 - 8
定　　价 / 128.00 元

本书如有印装质量问题，请与读者服务中心（010 - 59367028）联系

▲ 版权所有 翻印必究

《中国上市公司环境、社会和治理研究报告（2020）》编委会

顾　问　黄速建

主　任　王晓光　肖红军

副主任　付先凤　王海龙

成　员　任　娜　王静艺　赵浚雅

中国企业管理研究会社会责任与可持续发展专业委员会

中国企业管理研究会，原名中国工业企业管理教育研究会，创建于1981年。1995年3月，经民政部批准，改名为中国企业管理研究会。作为全国性社团组织，中国企业管理研究会的主要职能是向政府反映企业管理中出现的问题，提出企业管理政策建议；总结和推广企业的先进管理经验，并开展管理咨询服务；进行企业管理理论研究和学术交流；组织协调全国大专院校企业管理教材的编写和教学经验的交流；开展企业家经营管理知识培训和国家间的学术交流等。研究会现有理事单位近300家，涵盖企业、高等院校、研究机构和新闻出版单位。自成立以来，研究会不仅为中国大中型企业培养了许多优秀的经营管理人才，而且就高等管理教育的改革、成人教育的发展等问题向国务院和中央有关部委提出了一些重要建议，受到中央有关领导的好评。

中国企业管理研究会社会责任与可持续发展专业委员会（原为2014年成立的"中国企业管理研究会社会责任专业委员会"）的定位是充分发挥中国企业管理研究会的优势，将企业、高等院校、研究机构联结起来，引领中国企业社会责任与可持续发展的潮流，推动中国企业社会责任与可持续发展的理论创新与实践，提高中国企业的责任竞争力。中国企业管理研究会社会责任与可持续发展专业委员会的理事单位来自全国多个研究机构、高等院校和知名企业，主要任务是从事社会责任与可持续发展基础理论研究，社会责任与可持续发展管理与教学案例开发，举办社会责任与可持续发展活动与会议，开展社会责任与可持续发展理论与实践优秀成果跟踪评价，提供社会责任与可持续发展高端培训和咨询服务。

北京融智企业社会责任研究院

北京融智企业社会责任研究院（以下简称"研究院"）是一家在北京市民政局正式注册、国内专门从事企业社会责任研究与推广的专业机构，其核心团队包括国内较早从事社会责任研究和实践的主要专家，研究院致力为政府、企业和非政府组织在社会责任领域提供强有力的研究平台、服务平台、沟通平台、创新平台和合作平台，积极推动国内企业社会责任理论与实践的持续健康发展。2019年10月15日，北京融智企业社会责任研究院在2019年联合国企业社会责任大会上荣获"全球企业社会责任智库奖"，这是对中国企业社会责任发展趋势和北京融智企业社会责任研究院在该领域所做出贡献的充分肯定。

研究院始终以建设国内领先、国际一流的企业社会责任研究与服务专业机构为着眼点，坚持秉承"融生达道、智造卓越"的办所宗旨，融智成智，积极为企业探寻可持续发展之道，用智慧帮助更多企业成就卓越。

研究院拥有一支具有较高专业水平、素质全面、能力突出、经验丰富、胸怀激情、具有国际视野的研究与服务团队，融合一批来自国内外一流高等院校以及具备管理学、经济学、社会学、金融学、环境学等不同学科背景的人才队伍，造就一批资深的企业社会责任专家。研究院拥有广泛的产业、学界、政府、国际机构资源，建立高层次的社会责任国际平台，与国内企业社会责任政府主管部门保持着密切的合作与联系，形成由来自中国社会科学院、国务院发展研究中心、北京大学、北京师范大学、厦门大学、对外经济贸易大学等机构的国内一流专家组成的"智库"。

研究院长期以来专注于可持续发展和企业社会责任领域的研究、咨询、培训和传播，出版了多本具有较大影响力的企业社会责任著作或研究报告，创新开展了多次不同形式的企业社会责任专项培训，研发了适合中国企业实际的可持续发展和社会责任管理体系与模式，为 30 多家中央企业、金融机构以及众多中小企业提供了社会责任的专门咨询服务，组织了多次具有广泛影响的企业社会责任国际和国内会议，积极为企业搭建社会责任的沟通与传播平台。

研究院目前是国家标准委员会核心合作单位，参与中国企业社会责任标准以及中国企业社会责任报告标准的制定。研究院创新推出了以社会责任管理能力成熟度模型为基础，以利益相关方关系管理为主线，以可持续竞争力提升为目标的社会责任管理体系和模式。

研究院一直坚持"用心、专心、同心"的客户服务理念，努力做到用心为客户谋事，专心为客户干事，同心为客户成事；一直坚持"热心、诚心、细心"的开放合作态度，不仅热心于与社会各界开展各项合作，而且始终诚心地对待合作伙伴，细心地与合作伙伴携手共进。研究院期待为更多的客户提供专业、优质的服务，实现共同成长；期待与更多的有志之士紧密协作，共创中国企业可持续发展的未来。

21世纪企业公民研究中心

21世纪企业公民研究中心是隶属于《21世纪经济报道》的CSR研究机构。《21世纪经济报道》是国内最具影响力的商业财经类媒体之一，从2004年开始在中国积极传播和倡导企业公民理念。21世纪企业公民研究中心自成立以来，依托《21世纪经济报道》多元立体化的媒体资源，主要从事CSR的传播、出版、市场推广、咨询研究等工作，致力于成为企业CSR能力建设的合作伙伴。每年举办的中国企业公民论坛，是国内CSR圈内最有影响力的CSR对话平台之一。

主要编撰者简介

黄速建 中国企业管理研究会会长，中国社会科学院工业经济研究所研究员。主要从事企业改革、企业集团、创新管理方面的研究，主持多项国家社科基金重大项目、国家自然科学基金项目、国家软科学计划项目、中国社会科学院重大项目以及多个部委委托的重大研究课题，出版著作数十部，发表论文数百篇。

王晓光 北京融智企业社会责任研究院院长，中国企业管理研究会副理事长，中国工业经济联合会企业社会责任促进中心主任，中国工业企业社会责任研究智库秘书长，国家企业社会责任标准起草组专家。管理学博士，研究员，毕业于中国社会科学院研究生院，主要从事企业社会责任管理、企业战略与组织等领域的研究，在企业社会责任管理与可持续竞争力领域提出了系统的理论框架。先后主持或参与联合国开发计划署（UNDP）、国际劳工组织（ILO）、科技部、工业和信息化部、国务院国资委等国际组织与国家相关部门的研究项目几十项，主持大型企业的社会责任咨询与培训项目上百项，发表论文数十篇，出版专著和教材多部。

肖红军 中国社会科学院工业经济研究所研究员，先后就读于厦门大学电子工程系、厦门大学管理学院和中国社会科学院研究生院，分别获得工学学士、管理学硕士和管理学博士学位。长期从事企业社会责任、企业成长方面的研究，曾经主持和参与了多项国家科技支撑计划项目、"863"项目、国家社科基金项目，以及国家发展改革委、工业和信息化部等多个部委委托的重要研究课题，出版企业社会责任著作多部，在全国核心期刊上发表论文多篇。

付先凤 北京融智企业社会责任研究院副院长，中国工业企业社会责任研究智库专家。主要从事海外投资风险评估、国际制裁和反腐败反商业贿赂合规管理、供应链社会责任管理、负责任投资等领域的理论和实践研究。参与联合国全球契约、国务院国资委、中国工业经济联合会等机构的课题研究项目；参与国内外企业社会责任咨询项目100余项，承担国家开发银行、中国银行、中国人寿等20多家大型金融机构和中国航空工业集团、中国机械工业集团等20多家中央企业，以及中国银行业协会、中国信托业协会等近10家行业协会的课题或项目。在企业海外投资风险评估和风险管理、国际制裁合规管理、企业供应链尽责管理、可持续投资等方面具有丰富的经验。参与编写《中国上市公司社会责任能力成熟度报告》《中国企业公众透明度报告》等著作多部。

王海龙 北京融智企业社会责任研究院常务副院长，中国工业企业社会责任研究智库专家、社会责任标准专业委员会副主任，主要从事企业社会责任管理、品牌管理、企业文化、企业公益、党建管理等领域的研究。承担及参与政府、企业、非政府组织的课题或项目200余项，具有丰富的企业管理咨询服务经验。在企业社会责任战略规划制定、企业社会责任指标体系构建、企业社会责任报告撰写等方面具有丰富的经验。参与编写《中国上市公司社会责任能力成熟度报告》等著作多部。

摘 要

ESG 是环境（Environmental）、社会（Social）、治理（Governance）的缩写。ESG 投资是指投资者在做出投资决策的过程中，除考虑传统的财务信息外，还需将环境、社会和治理等非财务因素纳入决策的依据中去。近年来，ESG 投资受到国内外的广泛关注，投资机构数量和资产规模不断增长。随着 ESG 投资关注度的提升，越来越多的投资者和资产管理公司将 ESG 引入公司研究和投资决策的框架，全球范围内政府和交易所开始制定相关政策，要求鼓励上市公司披露其 ESG 信息。基于以上背景，本研究报告开展了中国上市公司 ESG 评价，并在编写《中国上市公司社会责任能力成熟度报告（2017～2018）No.3》的基础上，编写《中国上市公司环境、社会和治理研究报告（2020）》。

在以往研究基础上，本研究报告的研究样本覆盖深证 100 总收益指数、上证 50 指数以及被纳入明晟指数（MSCI 指数）的 234 只成分股共计 282 家上市公司，用来反映中国资本市场整体 ESG 发展水平。本研究报告由总报告、基础报告、行业篇、指数篇、报告评价篇和附录六大部分构成。

总报告是对全书主要研究成果的总体性概括，提炼了 2019 年具有代表性的中国上市公司 ESG 研究的八大发现。

基础报告是对评价方法的说明。本研究报告的 ESG 研究评价以高质量发展与创新、协调、绿色、开放、共享五大发展理念为指导思想，在借鉴国际经验的同时反映中国特色，通过定性、定量相结合，正面、负面信息相结合，以评价促改进，推动上市公司在落实高质量

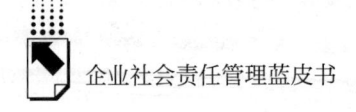

发展要求、回应资本市场要求的同时，实现自身可持续发展，吸引更多国内外投资者的关注。基础报告部分主要从研究对象、指标体系、评价研究实施等三个方面进行了说明。

基础报告还包括研究样本说明以及研究评价结果两大部分，其中研究样本说明包括样本选取说明和样本特征说明，研究评价结果是对样本企业总体ESG评级以及各行业ESG评级进行的具体分析。

行业篇是对房地产、工业、公用事业、可选消费、能源、日常消费、信息技术、材料、金融、医疗保健10个重点行业上市公司的ESG实践水平进行的评价。并针对行业特色属性重点从环境维度评价了材料行业，从治理维度评价了金融行业，从社会维度评价了医疗保健行业。

指数篇旨在比较不同股票价格指数上市公司的ESG实践水平。从指数的代表性和多元性考虑，选取了深证100总收益指数、上证50指数和明晟指数（MSCI指数）234只成分股等合计282家上市公司进行了ESG评价和比较分析。

ESG报告评价篇主要是基于中国企业管理研究会社会责任专业委员会发起、中国企业公众透明度研究中心组织实施的ESG报告评价方法，以广州汽车集团股份有限公司2018年环境、社会及管治报告，福耀玻璃工业集团股份有限公司2018年环境、社会及管治报告，中国光大银行股份有限公司2018年社会责任报告为例对其进行报告评价，推动企业ESG实践水平的提升。

附录部分集中展示了2019年上市公司ESG评价的综合评级，包括ESG评级、行业属性、企业行业内市值排名、营业收入排名以及净利润排名情况。并具体展示了2019年上市公司ESG具体评价，包括2019年上市公司环境维度项下的二级指标评价、社会维度项下的二级指标评价以及治理维度项下的二级指标评价。

关键词： 上市公司　ESG　投资决策

Abstract

ESG is an abbreviation of environmental, social, and corporate governance. ESG investment means that in the process of making investment decisions, investors need to consider non-financial factors such as environmental, social and corporate governance in addition to traditional financial information. In recent years, ESG investment has received widespread attention at home and abroad, and the number of investment institutions and the size of assets have continued to grow. With the increase of ESG investment attention, more and more investors and asset management companies have introduced ESG into the company's research and investment decision framework, Governments and exchanges around the world have begun to formulate relevant policies requiring listed companies to be encouraged to disclose their ESG information. Based on the above background, this article carried out the ESG evaluation of Chinese listed companies, and based on the "China's Listed Companies' Social Responsibility Capability Maturity Report (2017-2018) No. 3", prepared the "Chinese Listed Companies ESG Research Report (2020)".

Based on previous research, the research sample of this research report covers the Shenzhen Stock Exchange 100 Total Return Index, the Shanghai Stock Exchange 50 Index, and the 234 constituent stocks included in the MSCI Index (MSCI Index) totaling 282 listed companies, It is used to reflect the overall ESG development level of China's capital market. This research report consists of seven parts, including the general report, basic report, industry report, index report, ESG evaluation report and appendix.

The general report is a general summary of the main research results of the book, refining the eight major findings of representative Chinese listed companies' ESG research in 2019.

The basic report is an explanation of the evaluation method. The ESG research evaluation of this research report is guided by the five development concepts of high – quality development and innovation, coordination, greenness, openness, and sharing. It draws on international experience while reflecting Chinese characteristics, and combines qualitative, quantitative, positive and negative information. Promote improvement through evaluation, promote listed companies to achieve sustainable development while implementing high – quality development requirements and responding to capital market requirements, attracting more attention from domestic and foreign investors. The technical report section mainly explains the research object, index system, and evaluation research implementation.

The basic report includes two parts, the research sample description and the research evaluation results. The research sample description includes the sample selection description and the sample feature description. The research evaluation result is a specific analysis of the sample enterprise's overall ESG rating and the ESG ratings of various industries.

The industry report evaluates the ESG practice level of listed companies in 10 key industries, including real estate, industry, utilities, optional consumption, energy, daily consumption, information technology, materials, finance, and healthcare. In view of the characteristics of the industry, the material industry is evaluated from the environmental dimension, the healthcare industry is evaluated from the social dimension, and the financial industry is evaluated from the corporate governance dimension.

The index report aims to compare the ESG practice levels of listed companies with different stock price indexes. Considering the representativeness and diversity of the index, a total of 282 listed companies including the Shenzhen Stock Exchange 100 Total Return Index, the

Abstract

Shanghai Stock Exchange 50 Index and the Ming Sheng Index (MSCI Index) were selected for a total of 282 listed companies for ESG evaluation and comparative analysis.

The part evaluation of the ESG report is mainly based on the ESG report evaluation method initiated by the Social Responsibility Professional Committee of the China Enterprise Management Research Association and organized by the China Enterprise Public Transparency Research Center. Yao Glass Industry Group Co., Ltd.'s 2018 Environmental, Social and Corporate Governance Report, China Everbright Bank Co., Ltd.'s 2018 Social Responsibility Report as an example to report and evaluate it, and promote the improvement of ESG practice.

The appendix focuses on the comprehensive ratings of ESG evaluations of listed companies in 2019, including ESG ratings, industry attributes, market value rankings within the company's industry, operating income rankings, and net profit rankings. The specific evaluation of listed companies' ESG in 2019, including the evaluation of secondary indicators under the environmental dimension of listed companies in 2019, the evaluation of secondary indicators under the social dimension, and the evaluation of secondary indicators under the corporate governance dimension.

Keywords: Listed Company; ESG; Investment Decision

目 录

Ⅰ 总报告

B.1 2019年中国上市公司ESG八大发现
　　…………………… 中国上市公司ESG研究课题组 / 001

Ⅱ 基础报告

B.2 中国上市公司ESG评价方法
　　…………………… 中国上市公司ESG评价方法研究课题组 / 008
B.3 中国上市公司ESG评价分析
　　…………………… 中国上市公司ESG基础评价分析课题组 / 031

Ⅲ 行业篇

B.4 重点行业上市公司ESG评价分析
　　…………………… 重点行业上市公司ESG评价分析课题组 / 044
B.5 材料行业上市公司环境风险评价分析
　　…………………… 材料行业上市公司环境风险评价分析课题组 / 126

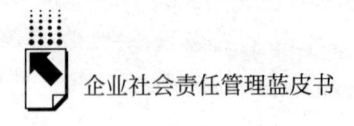

B.6　金融行业上市公司治理风险评价
………… 金融行业上市公司治理风险评价分析课题组 / 143

B.7　医疗保健行业上市公司社会风险评价分析
……… 医疗保健行业上市公司社会风险评价分析课题组 / 159

Ⅳ　指数篇

B.8　不同股票价格指数的 ESG 评价比较
………… 不同股票价格指数 ESG 评价比较分析课题组 / 175

Ⅴ　报告评价篇

B.9　报告评级方法及案例分析
………… 中国企业环境、社会及治理报告评级课题组 / 189

Ⅵ　附录

B.10　中国上市公司 ESG 综合评价 …………………… / 208

B.11　中国上市公司 ESG 具体评价 …………………… / 218

总报告

General Report

B.1
2019年中国上市公司ESG八大发现

中国上市公司ESG研究课题组*

摘　要： 本报告概括提炼了2019年中国上市公司ESG评价的主要研究结论。研究发现，2019年资本市场参与者越来越关注中国上市公司ESG表现，并且企业ESG表现越好，盈利能力越强。在监管机构、投资者、评级机构对企业ESG日益重视的背景下，中国上市公司普遍重视监管政策及ESG评级，但是对自身ESG管理的重视程度尚未达到企业战略管理高度，中国上市公司ESG信息披露质量有待提升，并且环境影响管理挑战最大。

---

* 中国上市公司ESG研究课题组成员：王晓光、肖红军。执笔人：肖红军，中国社会科学院工业经济研究所研究员，长期从事企业社会责任、企业成长方面的研究。

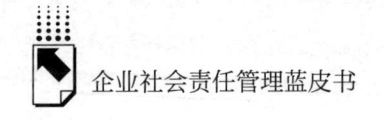

关键词： 上市公司　资本市场　监管机构　ESG 评级

一　研究发现1：上市公司对 ESG 管理、监管政策、评级等的关注度较高

香港联合交易所有限公司（简称"香港联交所"）在 2019 年 12 月 18 日正式公布的新版《环境、社会及管治报告指引》（简称"ESG 指引"），新增了关于董事会对 ESG 的监管情况的强制性披露要求，主要涉及董事会和执行层两个层面。董事会参与环境、社会及管治报告的过程非常重要，可以让董事会更好地了解公司，并向公司其他成员传达董事会重视环境、社会及管治汇报的信息。通过审阅发行人的环境和社会政策及数据，董事会将更有效地评估和回应发行人在环境和社会方面的风险和机遇。

近年来，独立 ESG 评级公司的竞争激增，投资者对可持续投资的兴趣也日益提高。在此景下，信用评级机构也开始加大力度识别各个公司（尤其是高杠杆公司）面临的环境、社会和治理风险。例如，穆迪（Moody's）在 2019 年 9 月发布的信用报告中就增加了 ESG 分析部分的篇幅。标准普尔全球评级公司（S&P Global Ratings）开发了一个单独的 ESG 评估产品，对此类风险进行了更广泛的描述和更细致的监察。

研究发现，中国上市公司普遍对自身如何开展 ESG 信息收集、统计、披露等管理工作，如何应对交易所已经实施或可能出台的 ESG 相关监管措施，如何管理国内外评级机构的 ESG 评级对公司未来发展的影响等方面有较高关注度，逐渐重视 ESG 并体现在业务布局上，希望了解最新的相关信息，提高公司在资本市场的影响力。

二 研究发现2：上市公司对自身ESG管理的重视程度尚未达到应用的战略高度，管理绩效水平参差不齐

构建ESG管理体系，对于有效管理ESG议题意义重大，有助于提升企业声誉和品牌形象，提高运营效率，减少浪费，降低成本，强化风险管理，监控长期风险，提升企业可持续发展能力。研究发现，整体而言很大一部分上市公司尚没有建立系统有效的ESG战略管理体系，研究对象中ESG得分低于30分的企业占比达30.5%，得分分布从不足10分到80多分，信息披露的差异在很大程度上反映了公司管理水平的巨大差异。

目前大多数企业对于ESG的认识还停留在ESG报告信息披露。上市公司除了编制ESG报告，还需要建立完善的ESG体系，将ESG整合到业务中，形成"治理—战略—风险管理—指标、目标和报告"的管理体系，全面提升公司ESG风险管理水平，推动长期价值创造。

三 研究发现3：整体而言，上市公司ESG信息披露质量不高，不同行业上市公司的ESG信息披露水平差异很大

深圳证券交易所（简称"深交所"）和上海证券交易所（简称"上交所"）都已发布相关的信息披露指引和规范。2019年深交所要求纳入"深证100指数"的公司，在披露年报的同时一并披露社会责任报告，并鼓励其他公司披露社会责任报告。2018年上海证券交易所发布《上市公司环境、社会和公司治理信息披露指引》。从信息披露的内容约束来看，交易所对于上市公司的信息披

露要求，越来越多地从自愿性、鼓励性披露，转为强制或者半强制的披露。在信息披露内容上，ESG指标更加清晰量化，推动披露的效果不断提升。

研究发现，不同行业上市公司的ESG信息披露水平有着明显差异，但整体而言，上市公司的ESG信息披露质量不高，所有行业平均得分为38.25分，单个行业平均得分最高为48.53分，最低为30.32分，行业内部的上市公司得分差距更为明显，这表明上市公司所处行业特点及其监管环境对企业ESG绩效有直接影响。上市公司ESG信息披露质量不高的原因主要在于短期ESG信息披露会增加企业成本，大多数上市公司尚未意识到其为企业带来的无形价值，因此被动回应信息披露的监管要求，缺乏ESG信息数据库及信息整合，未重视企业ESG能力建设。

四 研究发现4：上市公司行业地位与ESG绩效有较强关联性

研究发现，经营业绩与规模实力处于行业领先地位的上市公司在ESG管理与绩效方面的表现普遍高于行业一般水平。可以认为，经营绩效领先的企业的社会环境影响管理的水平也更高，其经济、社会、环境三个维度的发展更加平衡。

《MSCI 2019全球ESG调研报告》提到，ESG评级高的公司倾向于表现出更高的盈利能力、更高的股息收益率和更低的特殊尾部风险。ESG评级高的企业拥有更好的盈利能力和长期投资价值，ESG评级更高的公司拥有更强的抗风险管理能力，且在对资源的有效利用、人力资本管理方面具有优势，更善于制订和完成长期计划，从而使其相较于同行更具竞争优势。这样的竞争优势会帮助公司取得更高的盈利，更高的盈利会帮助公司支付投资者更高的股息。

五 研究发现5：上市公司国际化程度与ESG绩效水平呈正相关关系

随着中国"一带一路"倡议的实施，越来越多的中资企业走向世界。在这个过程中，企业面临着与国内完全不同的社会、经济、政治环境，因此，中资企业"走出去"除了面临商业风险外，还会面临环境和社会等各种各样的非商业风险。

研究发现，上市公司业务的国际化程度对ESG管理及其绩效水平有直接影响，国际化程度高的公司在日常生产经营活动中面临更多的ESG管理及信息披露的要求，其ESG绩效水平也更高。国际化水平高的企业，拥有更多的跨国经营经验，更加注重在东道国所在地的环境保护、安全生产、社区公益、文化交流等环境和社会议题的治理实践。

因此，在"走出去"参与"一带一路"建设的大背景下，国际化程度高的公司可以立足传统优势，在现有基础上大力强化跨国经营理念，创新经营模式，拓宽国际融资，加强环境和社会风险管理与利益相关方管理，推进跨国经营的可持续发展，更好地把握"一带一路"机遇，走出具有自身特色的跨国经营之路，向世界一流企业持续迈进，更好地服务"一带一路"建设。

六 研究发现6：上市公司的环境、社会、治理三个维度中，环境影响管理的挑战最大

由于自然资源的不可再生性和人类对能源消耗的需求持续增长，全球变暖、温室效应等对经济、社会发展的影响增加，世界各国政府都对生态环境给予重视和关注。

研究发现，上市公司环境指标的得分在三个维度中最低，未有效

披露环境影响信息的上市公司数量也最多。这一方面是因为环境指标数据的收集对相关技术与管理要求高、资金投入大；另一方面，部分企业出于减少经营信息披露、规避监管风险等原因故意减少实质性环境影响信息的披露。因此，推出强制性环境影响信息披露的政策要求、提供专业化环境信息披露工具是提高上市公司环境信息披露水平的重要措施。

七 研究发现7：资本市场参与者对上市公司ESG的关注度日益提高，但ESG投资规模偏小

近年来，全球资本市场普遍对企业ESG管理给予更多关注和更高要求。欧洲可持续性投资论坛组织（EUROSIF）2016年的报告研究发现，欧洲责任投资规模近23万亿欧元；美国责任投资规模超过8.72万亿美元，其中8.1万亿美元是ESG投资。并且，根据全球可持续投资联盟报告的研究，2017年全球ESG资产管理规模为28.6万亿美元，占全球资产管理规模的30%，自2014年以来，ESG资产管理规模以每年25%的速度增长。

研究发现，监管机构、投资机构、上市公司、投资中介机构等资本市场的各个参与者对ESG信息披露的关注度持续提高，但目前由于受到上市公司ESG绩效对其投资价值影响的长期性、ESG评价方法与技术手段的局限性等因素的影响，设有ESG投资专门部门或团队的机构较少，市场上具有良好收益、受到投资者追捧的ESG投资产品不多，投资规模偏小。

八 研究发现8：上市公司ESG评价指标体系与宏观环境及产业环境的关联性不高

目前，国际上的ESG理念及评价体系主要包括三方面：一是国际

组织和交易所制定关于ESG信息的披露和报告的原则及指引,二是评级机构对企业ESG的评级,三是国际主要投资机构发布的ESG投资指引。根据五家全球ESG评级公司关于ESG评级的披露信息(MSCI、道琼斯、汤森路透、英国富时、Morning Star),这些机构将评级的指标分别划入环境(Environment)、社会(Social)、治理(Government)三个方面,并覆盖相关领域。

研究发现,当前主要的上市公司ESG指标与外部的宏观环境及产业发展政策的关联性较低,即指标的设计没有考虑外部环境变化及政策要求对上市公司的影响,仅从一般的社会、环境与治理的要求角度设定指标。这也是评价结果与企业中短期绩效关联性较弱的重要原因。

参考文献

《数字科技助力企业提升ESG管理水平》,《中国保险报》2019年5月28日。

《ESG信息披露质量有待提升》,《中国经济时报》2019年6月18日。

洪磊:《共同推动绿色基金发展——读〈国内外绿色基金发展研究〉》,《中国金融》2018年第19期。

《全球证券交易所力促ESG信息披露》,《国际金融报》2020年1月13日。

基础报告

Basic Report

B.2
中国上市公司 ESG 评价方法

中国上市公司 ESG 评价方法研究课题组*

摘　要： 伴随 ESG 投资理念的日益成熟和广泛推广，ESG 评价体系也日趋专业化和精细化。本文融入新发展理念、高质量发展要求以及资本市场要求，同时对标全球报告倡议组织（GRI）标准、ISO26000 社会责任指南、可持续证券交易所（SSE）倡议等国际标准指南，建立了一套具有中国特色的中国上市公司 ESG 评价指标体系。本文主要介绍研究对象，明确研究价值；其次介绍中国上市公司 ESG 评价模型及评价指标的构建，确

---

* 中国上市公司 ESG 评价方法研究课题组成员：王晓光、肖红军、付先凤。执笔人：付先凤，北京融智企业社会责任研究院副院长，主要从事海外投资风险评估、国际制裁和反腐败反商业贿赂合规管理、供应链社会责任管理、负责任投资等领域的理论和实践研究。

定企业 ESG 评价指标体系的赋值赋权方法；最后对评价实施的技术路线进行简要介绍。旨在借助 ESG，更好地发挥机构投资者专业价值，改善资本运用机制，促进中国上市公司提升信息披露和治理水平，转变价值增长方式，推动上市公司积极履行社会责任，形成机构投资者与被投企业的良性互动，在宏观上改善资本市场服务实体经济的效能，助力供给侧结构性改革，激发经济增长新动能。

关键词： 上市公司 ESG 评价模型 企业社会责任

一 研究对象

（一）ESG 概念

1. 国际层面

在 ESG 理念流行之前，更为人所熟知的概念是社会责任投资（Socially Responsible Investment，简称"SRI"），ESG 投资起源于社会责任投资（SRI），是社会责任投资中最重要的三项考量因子。ESG 投资起源于欧美，美国首只 ESG 基金成立于 1971 年，首个 ESG 指数成立于 1990 年。

ESG 概念发展可追溯至 20 世纪 70 年代，是为解决发达国家早期因"重经济、轻环境"产生的环境问题，发达国家开始兴起了绿色消费及环境保护等倡议。

联合国责任投资原则（UN PRI）的发布对 ESG 概念发展和领域起到了关键性作用。同时，高盛集团（Goldman Sachs）发布了一份

ESG研究报告，将"环境、社会和治理"概念整合到一起，至此明确的ESG投资概念正式形成，ESG即环境（Environment）、社会（Social）、治理（Governance）。后来国际将其定义为在投资决策过程中考虑环境、社会和治理因素以及财务因素。此后，国际组织和投资机构将ESG概念不断深化，针对ESG形成了一套完整的理念流程，一些国际头部投资公司也逐步推出了ESG投资产品。

2. 国内层面

国内ESG系统发展较晚，但其"可持续发展""绿色"等核心思想与中国长期以来的发展战略不谋而合。自2017年以来，中国证券投资基金业协会（以下简称"基金业协会"）发起并开展了ESG专项研究，积极推广，倡导ESG理念。

自2018年6月起，A股正式被纳入MSCI新兴市场指数和MSCI全球指数。为此，MSCI公司需对所有纳入的中国上市公司进行ESG研究和评级，不符合标准的公司将会被剔除。此举推动了国内各大机构与上市公司对ESG的研究探索，相关政策与监管文件亦陆续推出。

2018年9月30日，证监会修订的《上市公司治理准则》中增加了环境保护与社会责任的内容，明确了上市公司对于利益相关者、员工、社会环境等方面的责任，突出上市公司在环境保护、社会责任方面的引导作用，确立了ESG信息披露基本框架。同年11月10日，基金业协会正式发布了《中国上市公司ESG评价体系研究报告》和《绿色投资指引（试行）》，提出了衡量上市公司ESG绩效的核心指标体系，致力于培养长期价值取向的投资行业规范，进一步推动ESG在中国的发展。

2019年3月18日，基金业协会进一步发布了《关于提交自评估报告的通知》，作为《绿色投资者指引（试行）》的具体实施文件。该通知的发布反映出在国内私募基金领域，ESG从一个值得关注的话题逐渐变成需要相关资产管理机构切实履行相关义务的实践原则之一。

目前，虽然国际上尚未形成关于 ESG 的统一的权威定义，但不少机构、组织已提出了各自具有一定代表性的定义，ESG 的内涵由环境方面（E）、社会方面（S）和治理方面（G）的具体评价指标界定，本文主要运用国内学者常使用的 ESG 定义，即 ESG 是 Environmental（环境）、Social（社会）和 Governance（治理）的缩写，是一种关注企业环境、社会、治理绩效而非传统财务绩效的理念和评价标准。环境维度主要考虑企业对环境的影响，例如企业环保政策、员工环保意识、生产废弃物排放措施等方面；社会维度主要考虑企业对社会的影响，例如企业社区关系、员工健康、职场性别平等等方面；治理维度考虑企业的公司治理，例如内部权力争夺、管理层的有效监督、高管腐败等方面。

（二）ESG 评价

ESG 理念及评价体系的内容包括了企业在经营中需要考虑的多层次多维度因素，包括三大国际组织的指引（ISO26000 社会实践、可持续会计准则委员会 SASB、GRI 可持续发展报告）、五家全球 ESG 评级公司关于 ESG 评级的披露信息，以及 12 家国际上的交易所发布的 ESG 投资指引等。根据五家全球 ESG 评级公司关于 ESG 评级的披露信息，这些机构将评级的指标分别划入 E、S、G 三个方面，并涉及相应领域。例如，英国富时指数涉及 12 个领域 300 个指标；汤森路透 ESG 评级涉及 10 个领域 178 个指标；道琼斯指数涉及环境和社会的六大领域；MSCI 指数涉及 10 个主题 37 个主要风险问题；Morning Star 涉及 6 个领域共 18 个领域。目前世界上成熟的 ESG 投资指数和 ESG 评价体系包括明晟（MSCI）ESG 指数体系以及评价方法、汤森路透 ESG 评价体系、富时罗素（FTSE）指数体系等，下面主要介绍 MSCI 与富时罗素 ESG 评级的体系和方法（见表 1～表 2、图 1～图 2）。

表 1 MSCI ESG 指数系列

序号	MSCI 本身具有超过 900 项 ESG 相关的权益类及固定收益类指数,分为 8 个大类
1	➢MSCI ESG 领导者指数(MSCI ESG Leaders Indexes)
2	➢MSCI SRI 指数(MSCI SRI Indexes)
3	➢MSCI ESG 全球指数(MSCI ESG Universal Indexes)
4	➢MSCI 全球反武器指数(MSCI Global ex Controversial Weapons Indexes)
5	➢MSCI 全球环境指数(MSCI Global Environmental Indexes)
6	➢巴克莱 MSCI ESG 固定收益指数(Bardlays MSCI ESG Fixed Income Indices)
7	➢自定义 MSCI ESG 指数(Custom MSCI ESG Indexes)
8	➢MSCI ACWI 可持续影响力指数(MSCI ACWI Sustainable Impact Index)

表 2 MSCI ESG 评级主要评价方法

项目	指数来源	对风险/管理的度量	评估方法	最终评级
方法	1. 无问卷调查数据	1. 通过标准化方法评估公司相对同行业公司的风险暴露和风险管理情况	1. 根据各行业具备特征,对每一项关键因素基于1~10 分的规则进行打分	1. 对 ESG 各项关键因素指标进行得分的加权平均,并得到总分在 AAA~CCC 的公司评级
	2. 搜集并对公开数据进行标准化处理: 来自政府和 NGO 的文件 公司披露信息 约 2100 家媒体资料	2. MSCI 的 ESG 团队将与公司进行沟通以确认相关数据的质量及可靠性,并对 ESG 报告数据及相关信息进行反馈与修正	2. 对公司发生的争议性事件进行每日监控,此外每周对关键因素指标的评分情况进行调整	2. ESG 评级规则将得到来自行业反馈和正式委员会的审查

资料来源:MSCI 官网、长江证券研究所。

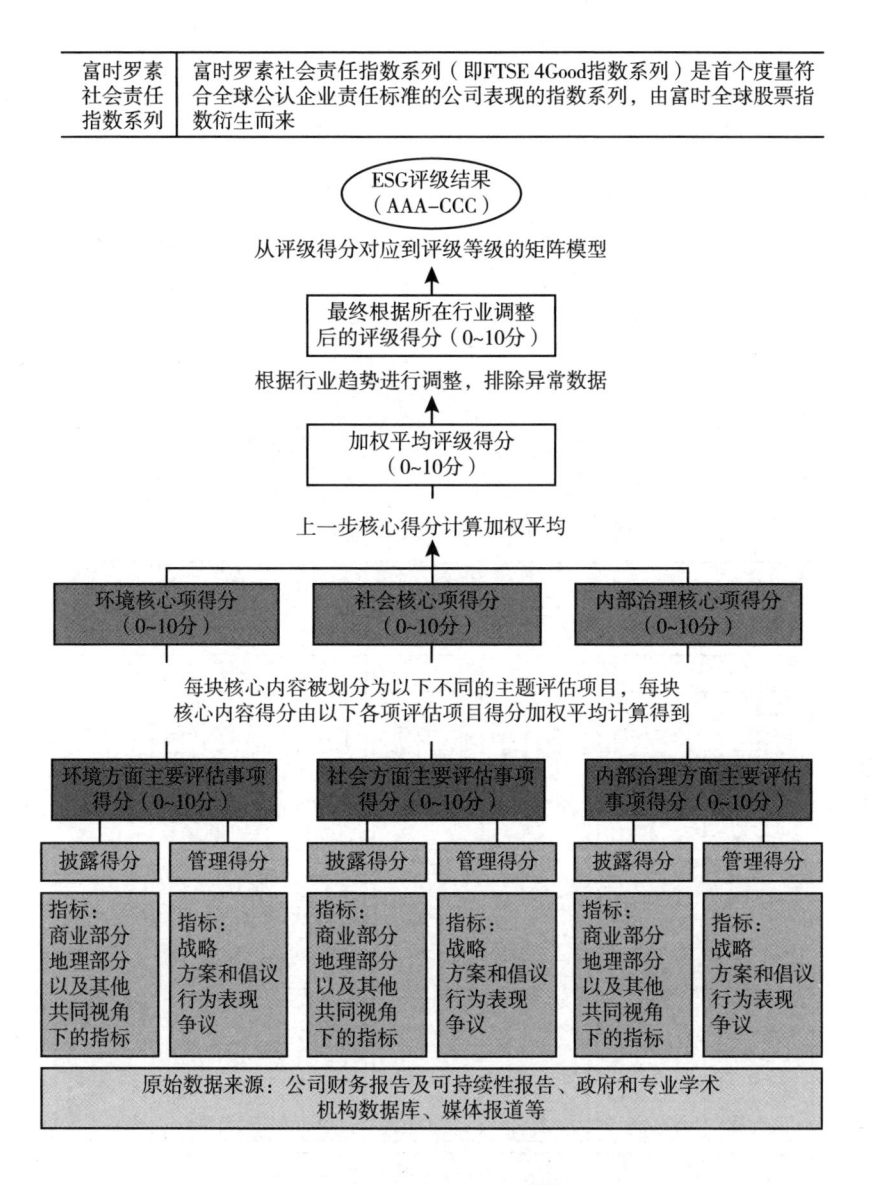

| 富时罗素社会责任指数系列 | 富时罗素社会责任指数系列（即FTSE 4Good指数系列）是首个度量符合全球公认企业责任标准的公司表现的指数系列，由富时全球股票指数衍生而来 |

```
                    ┌─────────────────┐
                    │   ESG评级结果    │
                    │  （AAA-CCC）    │
                    └────────▲────────┘
              从评级得分对应到评级等级的矩阵模型
                             │
                ┌────────────┴────────────┐
                │ 最终根据所在行业调整     │
                │ 后的评级得分（0~10分）   │
                └────────────▲────────────┘
              根据行业趋势进行调整，排除异常数据
                             │
                ┌────────────┴────────────┐
                │    加权平均评级得分      │
                │     （0~10分）          │
                └────────────▲────────────┘
              上一步核心得分计算加权平均
```

```
┌──────────────┐  ┌──────────────┐  ┌──────────────────┐
│ 环境核心项得分│  │社会核心项得分│  │内部治理核心项得分│
│  （0~10分）  │  │  （0~10分）  │  │   （0~10分）     │
└──────────────┘  └──────────────┘  └──────────────────┘
```

每块核心内容被划分为以下不同的主题评估项目，每块核心内容得分由以下各项评估项目得分加权平均计算得到

```
┌──────────────┐  ┌──────────────┐  ┌──────────────────┐
│环境方面主要评估│  │社会方面主要评估│  │内部治理方面主要评估│
│事项得分(0~10分)│  │事项得分(0~10分)│  │事项得分(0~10分)  │
└──────┬───────┘  └──────┬───────┘  └────────┬─────────┘
   ┌───┴───┐         ┌───┴───┐            ┌──┴────┐
   │披露得分│ │管理得分│  │披露得分│ │管理得分│  │披露得分│ │管理得分│
```

| 指标：商业部分地理部分以及其他共同视角下的指标 | 指标：战略方案和倡议行为表现争议 | 指标：商业部分地理部分以及其他共同视角下的指标 | 指标：战略方案和倡议行为表现争议 | 指标：商业部分地理部分以及其他共同视角下的指标 | 指标：战略方案和倡议行为表现争议 |

原始数据来源：公司财务报告及可持续性报告、政府和专业学术机构数据库、媒体报道等

图 1　MSCI ESG 评级体系

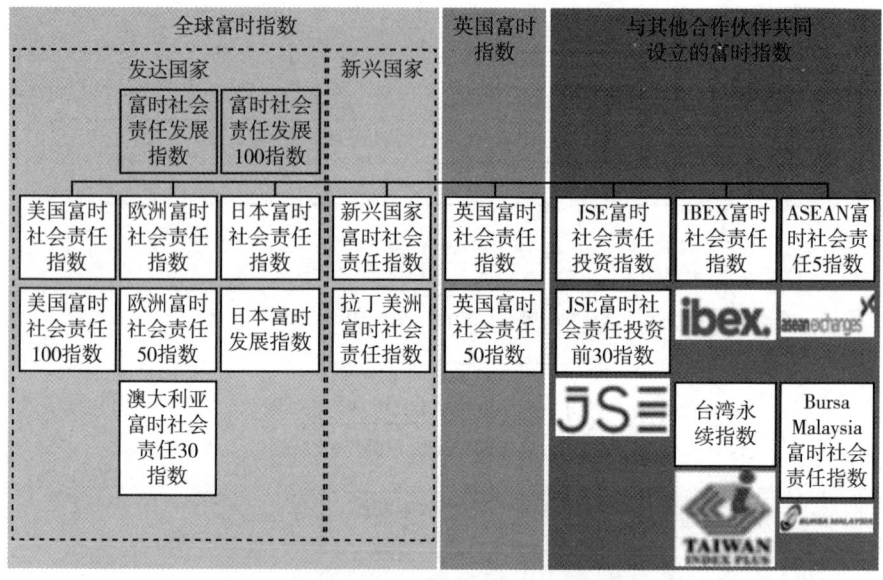

图 2　富时罗素社会责任指数系列

图 3　富时罗素 ESG 评级体系

资料来源：FTSE Russell 官网，长江证券研究所。

（三）研究对象

1. 监管机构

对监管机构而言，其一直在力推 ESG。2019 年 5 月 17 日，在参考气候相关财务信息披露工作组（Task Forceon Climate-related Financial Disclosures，简称"TCFD"）建议、香港证券及期货事务监察委员会（简称"香港证监会"）的绿色金融策略框架、香港金融发展局（简称"金发局"）的 ESG 策略建议，并听取市场意见后，香港联交所刊发了修订 ESG 报告指引及相关《上市规则》的咨询文件，提出了 18 个建议问题，香港联交所对 ESG 报告指引的修订历程，反映了 ESG 重要性和披露要求加强的趋势。监管层认识到在 A 股纳入明晟 MSCI 指数、中国资本市场双向开放的背景下，中国上市公司长期可持续发展面临新的要求。因此，本文通过进行 ESG 评价，帮助监管机构对上市公司有更加及时、充分、全面的了解，更全面地评估上市公司 ESG 绩效，强化监管，提高风险防控能力，促进经济持续健康发展和社会大局稳定。

2. 投资者

对投资者而言，ESG 评级可作为越来越多投资者的参考，它是一门用来衡量公司的长期恢复能力和对于新出现的 ESG 风险和机遇的管理能力的通用语言。ESG 还提供了增值的基础，运用评级信号更好地实现其独特的差异化和多元化投资。因此，本文通过进行 ESG 评价，引导投资者将 ESG 信息纳入投资决策，缓解决策短期化问题，实现可持续的长期回报。

3. 上市公司

对上市公司自身而言，中央财经大学绿色金融国际研究院通过对中国上市公司 ESG 表现与公司绩效相关性的研究，发现中国上市公司 ESG 表现与公司股票投资收益、公司经营绩效呈正相关关系，与股票风险呈负相关关系。因此，评价上市公司ESG信息披露内容，有助于发现上市公司ESG风险点，有针对性地提出对策建议，提升上市公司可持续发展能力，推动中国企业真正践行"创新、协调、绿色、开放、共享"五大发展理念，真正实现绿色发展、可持续发展、高质量发展，从而吸引投资提升上市公司经营业绩。

二　指标体系

（一）指标构建依据

本次评价以"创新、协调、绿色、开放、共享"五大发展理念为指导思想，在借鉴国际经验的同时结合中国国情，通过定性、定量相结合，正面、负面信息相结合的ESG评价指标体系，以评价促改进，推动上市公司落实高质量发展要求、回应资本市场要求，同时实现自身可持续发展，吸引更多国内外投资者的关注。

1. 高质量发展要求

党的十九大报告指出，经过长期努力，中国特色社会主义进入新时代。进入新时代最主要的标志是中国社会主要矛盾已经转化为人民日益增长的美好生活需要和不平衡不充分的发展之间的矛盾。高质量发展是站在新的历史方位上，适应社会主要矛盾变化而提出的战略，是推动新时代国家现代化建设必须长期遵循的战略。

在追求经济增长的过程中，出现了很多经济增长之外的问题，比如资源短缺、经济社会结构失衡、收入分配不公、环境恶化等。高质量发展的本质内涵是以满足人民日益增长的美好生活需要为目标的高效率、公平和绿色可持续的发展，促进经济、政治、社会和生态环境全方位的、协调的发展。而"创新、协调、绿色、开放、共享"的新发展理念，深刻揭示了实现更高质量、更有效率、更加公平、更可

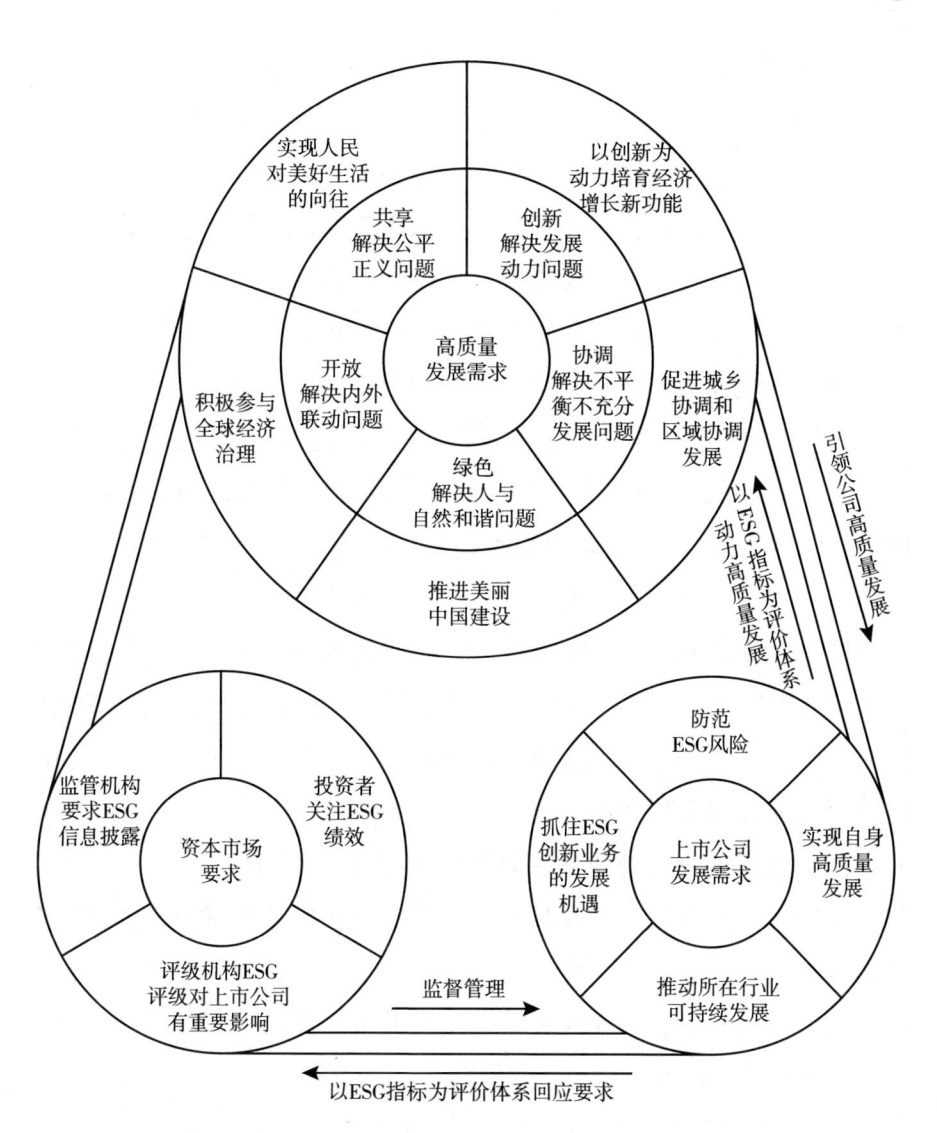

图4 上市公司ESG评价模型

持续发展的必由之路。

（1）创新发展，注重解决培育发展新动力问题

要把发展动力主要依靠资源和低成本劳动力等要素投入转向创新驱动，把创新作为引领发展的第一动力，塑造更多依靠创新驱动、更

多发挥先发优势的引领型发展;要紧紧抓住科技创新这个"牛鼻子",激发创业创新活力,培育发展新动力,加快实现发展动力转换。

(2) 协调发展,注重解决发展不平衡不充分问题

通过把握中国特色社会主义事业总体布局,正确处理发展中的重大关系问题,切实强化短板意识,坚持区域协调、城乡一体、物质文明精神文明并重,在协调发展中拓展发展空间,平衡发展结构。

(3) 绿色发展,注重处理好人与自然和谐共生的问题

绿色发展是永续发展的必要条件和人民对美好生活追求的重要体现。通过坚持节约资源和保护环境的理念,促进低碳循环可持续发展,加快建设资源节约型、环境友好型社会,推动人与自然和谐发展。

(4) 开放发展,注重解决好发展的内外联动问题

扩大开放领域,重点吸收外资搭载的技术创新能力、先进管理经验以及高素质人才;以"一带一路"建设为带动,推动装备、技术、标准、服务"走出去",协同推进战略互信、经贸合作、人文交流,促进深度融合与互利合作。

(5) 共享发展,注重解决好社会公平正义问题

让广大人民群众共享改革发展成果,是我们党坚持全心全意为人民服务根本宗旨的重要体现。坚持发展为了人民、发展依靠人民、发展成果由人民共享,形成人人共享发展成果的良性生态链。①

2. 资本市场要求

(1) 香港联交所《环境、社会及管治报告指引》

监管机构在注重上市公司现行运营及盈利状况的同时,越来越关注上市公司的可持续发展能力。

香港联交所在 2012 年出台了《环境、社会及管治报告指引》

---

① 张军扩、侯永志、刘培林等:《高质量发展的目标要求和战略路径》,《管理世界》2019 年第 7 期。

(简称"ESG 指引"),并在 2015 年对指引的要求提升为"不遵守即解释"。ESG 指引从环境和社会等方面提出了披露要求和关键指标,要求在港上市公司必须基于此指引,详细披露企业相关情况,并鼓励有能力的上市公司参照更高要求的国际指引进行信息披露。香港联交所于 2019 年 5 月 17 日宣布刊发有关检讨《环境、社会及管治报告指引》及相关《上市规则》条文的咨询文件(ESG 咨询),重点支持和促使发行人在 ESG 方面的治理和披露。该咨询文件一共包括 12 个层面 48 个一般披露及关键绩效指标。

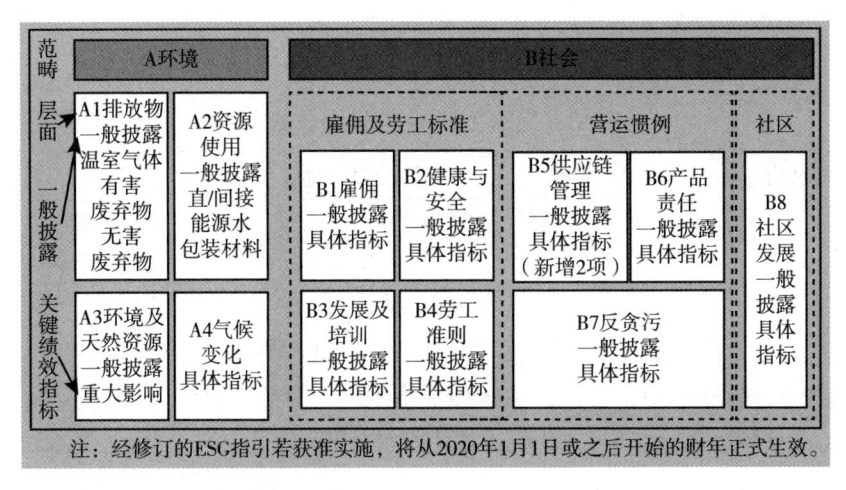

范畴	A环境		B社会					
层面	A1排放物 一般披露 温室气体 有害废弃物 无害废弃物	A2资源使用 一般披露 直/间接能源水包装材料	雇佣及劳工标准		营运惯例			社区
一般披露			B1雇佣 一般披露 具体指标	B2健康与安全 一般披露 具体指标	B5供应链管理 一般披露 具体指标(新增2项)	B6产品责任 一般披露 具体指标		B8社区发展 一般披露 具体指标
关键绩效指标	A3环境及天然资源 一般披露 重大影响	A4气候变化 具体指标	B3发展及培训 一般披露 具体指标	B4劳工准则 一般披露 具体指标	B7反贪污 一般披露 具体指标			

注:经修订的ESG指引若获准实施,将从2020年1月1日或之后开始的财年正式生效。

图 5 《环境、社会及管治报告指引》12 个层面的指标分布

(2)明晟(MSCI)ESG 评级

目前世界上成熟的 ESG 投资指数和 ESG 评价体系包括明晟(MSCI)ESG 指数体系以及评价方法、汤森路透 ESG 评价体系、道琼斯(DJSI)可持续发展指数、富时罗素(FTSE)指数体系等。

其中,MSCI 本身具有超过 900 项 ESG 相关指数,主要可分为以下 8 个大类:MSCI ESG 领导者指数(MSCI ESG Leaders Indexes)、MSCI SRI 指数(MSCI SRI Indexes)、MSCI ESG 全球指数(MSCI ESG Universal Indexes)、MSCI 全球反武器指数(MSCI Global ex Controversial Weapons

Indexes)、MSCI 全球环境指数（MSCI Global Environmental Indexes）、巴克莱 MSCI ESG 固定收益指数（Barclays MSCI ESG Fixed Income Indices）、自定义 MSCI ESG 指数（Custom MSCI ESG Indexes）、MSCI ACWI 可持续影响力指数（MSCI ACWI Sustainable Impact Index）。

MSCI ESG 的评价指标一共包括三个核心 10 项主题 37 项关键评价指标，具体来看，包括环境方面的气候变化、自然资源、污染和消耗、环境治理机遇四项主题，社会方面的人力资本、产品责任、利益相关者反对意见、社会机遇四项主题，以及治理方面的公司治理、公司行为两项主题（见表3）。

表3 MSCI ESG 关键评价指标

三大核心	10 项主题	ESG 评级 37 个关键评价指标	
环境	气候变化	碳排放	融资环境因素
		单位产品碳排放	气候变化脆弱性
	自然资源	水资源稀缺	稀有金属采购
		生物多样性和土地利用	
	污染和消耗	有毒物质排放和消耗	电力资源消耗
		包装材料消耗	
	环境治理机遇	提高清洁技术的可能性	发现可再生能源的可能性
		建造更环保的建筑的可能性	
社会	人力资本	人力资源管理	人力资源发展
		员工健康与安全	供应链劳动力标准
	产品责任	产品安全和质量	隐私和数据安全
		化学物质安全性	尽职调查
		金融产品安全性	健康和人口增长风险
	利益相关者反对意见	有争议的物资采纳	
	社会机遇	社会沟通的途径	医疗保健的途径
		融资途径	员工医疗保健的机会

续表

三大核心	10项主题	ESG评级37个关键评价指标	
内部治理	公司治理	董事会	股东
		工资、股利、红利等	会计与审计
	公司行为	商业道德	腐败和不稳定性
		反竞争行为	金融系统不稳定性
		财税透明度	

3. 国际标准指南

本文构建 ESG 评价指标体系也参考了联合国可持续发展目标（SDGs）、GRI 标准、ISO26000 社会责任指南等国际标准指南倡议。

（1）联合国可持续发展目标（SDGs）

可持续发展目标（SDGs）诞生于 2012 年联合国可持续发展大会（又称"里约+20"峰会）。SDGs 旨在制定一套普遍适用于所有国家而又考虑到各国不同的国情、能力和发展水平，同时尊重国家政策和优先目标以平衡可持续发展的三大支柱（环境保护、社会发展和经济发展），更加强调统筹考虑社会发展、经济发展和环境保护之间的内在联系，改变以往未能足够重视环境支柱的弊端，解决人类和地球面对的持续性问题和新兴挑战。可持续发展目标将根本性地改变片面追求经济增长的传统发展观，坚持包容性增长和经济、社会、环境协调发展的可持续发展理念。可持续发展目标旨在从 2015 年到 2030 年以综合方式彻底解决社会、经济和环境三个维度的发展问题，转向可持续发展道路。可持续发展目标无论是广度、深度、难度、力度，都远远超越千年发展目标，为全球可持续发展描绘了一幅雄心勃勃的蓝图。[1]

2015 年，联合国 193 个成员国在联合国可持续发展峰会上发布

---

[1] 联合国可持续发展官网，https://www.un.org/sustainabledevelopment/zh/。

2030议程，并正式通过17个可持续发展目标。联合国可持续发展目标已经成为全球各国、各大型企业，特别是国际一流企业关注程度最高的可持续发展标准，2030议程规定，在落实时必须考虑具体国家的现实、能力和发展水平，并尊重该国的发展战略和优先项目。近年来，大部分国家都处于国际政策"国家化"的进程，即将议程与国家战略和计划整合在一起。

图6　联合国可持续发展目标（SDGs）

（2）GRI标准

全球报告倡议组织（GRI）可持续发展报告统一标准于2016年10月首次发布，是GRI报告框架经过超过15年坚持的多元利益相关方参与流程，不断发展和进化的结果。GRI标准以GRI第四代指南G4为基础，在形式上进行了改良，以全新的模块化结构呈现，由36个模块化的独立结构标准文件组成，包括通用标准和针对不同议题的特定议题标准，以帮助提升企业在公司治理和关键经济、环境、社会议题上的管理和绩效水平。其中通用标准包括报告基础、一般标准披露项和管理方法。特定议题标准则涵盖了经济、环境、社会三个方面的披露项目，例如，温室气体排放、能源和水的使用、劳工实践等。

(3) ISO26000 社会责任指南

ISO26000 是国际标准化组织在 2011 年 11 月发布的一份社会责任指南国际标准，中国是参与标准制定的成员国之一。这个标准第一次在全球统一了社会责任定义，明确了社会责任的原则和核心主题，首次将企业社会责任推广到社会责任，从而将几乎所有国家的所有私立、公立和非营利部门的组织纳入社会责任体系当中。ISO26000 标准共有七大主题——组织治理、人权、劳工实践、环境、公平运营实践、消费者、社区参与和发展，七大主题项下设有 37 个核心议题 217 个细化指标。ISO26000 国际标准侧重于各种组织生产实践活动中的社会责任问题，主要从社会责任范围、理解社会责任、社会责任原则、承认社会责任与利益相关方参与、社会责任核心主题指南、社会责任融入组织指南等方面展开描述，统一社会各界对社会责任的认识，为组织履行社会责任提供一个可参考的指南性标准，提供一个将社会责任融入组织实践的指导原则。[①]

4. 上市公司发展内在需要

(1) 防范环境和社会风险

环境风险是环境受到危害的不确定程度以及事故发生后给环境带来的影响，通过自然环境的媒介作用对人、财产、生态环境构成威胁的一种潜在危险状态，社会风险是在业务发展过程中，存在对社会和群众生产和生活影响较大、持续时间较长并且容易导致较大社会冲突的不确定性。因此，上市公司需要识别、评估及管理对其业务产生重要影响的环境和社会风险等以及供应链每个环节的环境及社会风险，补充和完善公司全面风险管理体系，评估及厘定有关环境、社会及治理的风险，建立合适及有效的环境、社会及治理风险管理及内外部监

[①] 孙中瑞、周方：《卓越绩效评价准则中社会责任的研究——基于 ISO26000 的分析》，《标准科学》2012 年第 10 期。

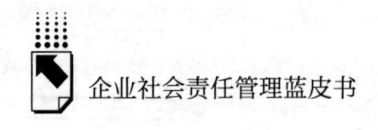

控系统，降低环境和社会风险，提高综合管理绩效，提升企业可持续发展的竞争力，确保业务稳健发展。

（2）抓住可持续发展机遇

除考虑企业的现行运营及盈利状况外，资本市场越来越关注企业的可持续发展能力，也凸显投资者和其他持股者对非财务数据与日益俱增的需求及期望。上市公司通过提升ESG实践，对接ESG重要的议题领域，有效梳理业务开发的最新趋势和方向，把握战略主动，拓宽业务融资渠道，提升可持续融资能力，更好地满足投资者的融资要求，并可以在"一带一路"市场机遇中，稳固传统市场，开拓新市场，拓展可持续多元综合业务，创新业务发展模式，实现业务转型升级，增强核心竞争力，打造多元化综合服务商，提升业务开发能力，创造业务价值。

同时，上市公司通过提升ESG管理有助于将政府、客户、金融机构、合作伙伴、国际组织等利益相关方共同关注的应对气候变化、资源短缺、人口增长等全球性挑战，转化为市场开拓和业务发展的历史性新机遇，创新业务发展理念，获得更多投资与建设多元综合业务领域的市场机会。

（3）提升品牌影响力

上市公司通过提升ESG实践水平，同国际领先的发展要求与标准的对接，参与到国际社会高度关注的可持续业务领域中，努力在国际伙伴关系中寻找共同点、扩大价值点，实现互惠、共赢、互利，提升国际话语权和影响力，构建同国际主流价值观一致的话语体系，更广泛地参与到全球治理进程中，有助于打造可持续品牌形象，在国际市场中提升品牌影响力。

（二）指标构建原则

1. 科学性原则

以中国特色社会主义思想为指导，以上市公司可持续发展实践为依据，科学合理地设计指标体系。

2. 适用性原则

参考资本市场要求、国际社会标准指南倡议，结合上市公司发展实践，形成适用于高质量发展要求、资本市场要求、上市公司自身发展需求的指标体系。

3. 可行性原则

通过官方权威、完整可靠、实时准确的信息渠道，获取上市公司在环境、社会和治理三个维度的信息。

4. 前瞻性原则

评价基于高质量发展要求、资本市场要求、公司自身发展需求设计评价指标和评价方法，评价结果对上市公司的可持续发展具有很好的指导作用。

（三）指标体系

本评价指标体系将环境、社会和治理三个维度作为开发区营商环境可持续发展评价的一级指标。本评价指标体系是由3个一级指标、12个二级指标和33个三级指标构成的三层次指标体系。

本评价指标体系的指标主要有以下几种来源。

1. 现有国家政策要求

本指标体系构建依据国家宏观政策要求，包括防范化解三大攻坚战、高质量发展、五大新发展理念等国家政策中关于可持续发展方面的具体要求。

2. 现有评价指标体系

现有评价指标体系分为国际社会标准指南倡议、国内外评级机构评价指标、国内外ESG指数评级评价指标以及监管机构评价指引等现有评价指标。

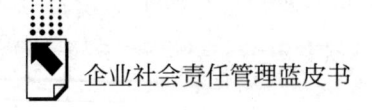

3. 中国上市公司 ESG 发展实践

此类指标是现有 ESG 评价指标体系中传统 ESG 评价指标没有涉及的，但对于上市公司加强 ESG 管理是非常重要的实践指导性指标，故纳入本指标体系（见表4）。

表4 中国上市公司 ESG 评价指标

一级指标	二级指标	三级指标
环境	环境管理	环保理念、环境管理政策、环保技术/环保产品、环保投入占营业收入比重
	资源能源利用	综合能源消耗量或下降比率、水资源消耗量、可再生能源使用
	废弃物排放	固体废弃物减排、废气排放量或减排量、废水排放量或减排量
	应对气候变化	应对气候变化融入战略或社会责任、应对气候变化政策或措施
社会	员工权益与发展	员工公平招聘、员工薪酬与福利、职业安全健康、员工培训投入、员工关爱
	供应链管理	供应链环境社会风险管理、供应商识别与评估
	客户权益保护	产品质量管理、客户服务措施
	社区发展	社区参与、员工志愿者活动、对外捐赠占营业收入比重
治理	组织治理	董事会多元化、董事会 ESG 职责、股东关系管理
	风险管理	制订风险防控计划、风险评估
	合规运营	合规管理、合规能力建设
	信息披露	信息披露渠道、利益相关方参与

（四）指标赋值赋权

按照重要性、引导性、前瞻性和实践性原则，依据优化后的指标赋值和赋权原则，指标赋值赋权能体现 ESG 评价的领先性和客观性。并且本次 ESG 评价指标在基本权重的评价体系下，还会根据不同的指标对于企业的重要及影响程度，每项 ESG 评估指标依据行业的不同被赋予不同的权重。在对 ESG 信息进行评价打分后，评估体系将会加权计算出一家公司的整体 ESG 绩效分数。

本文通过对企业 ESG 评价指标赋权进行优化，以及对企业 ESG 三级评价指标赋值原则进行确认，得到了企业 ESG 评价体系。通过对样本企业进行 ESG 评价，依据得分高低，依次划分出 A、B、C 三个等级，并细分成 AAA、AA、A、BB、B、C 共六个级别。[①]

三 评价研究实施

本研究遵循科学性、全面性和准确性原则，基于企业 ESG 评价体系，在前期准备环节完善了评价信息系统，在信息收集环节优化了评价信息收集范围，在信息审核环节健全了评价信息审核机制，最终得到了中国上市公司 ESG 评价情况。[②]

（一）评价信息系统

2018 年，在中国上市公司 ESG 评价前期准备过程中，研究团队优化了企业 ESG 评价信息系统，建立了企业 ESG 评价信息数据库，更好地将企业的基本信息和企业的 ESG 信息集成在一起，实

---

① 以下报告中评级 AAA、AA、A 均统一归为 A 级，评级 BB、B 均统一归为 B 级。
② 肖红军、王晓光、李伟阳：《中国上市公司社会责任能力成熟度报告（2017~2018）No.3》，社会科学文献出版社，2018。

现了企业ESG评价结果计算的自动化，提高了企业ESG信息收集工作的效率；并且通过企业ESG评价信息系统直接实现了企业ESG评价结果的汇总，避免了在企业ESG评价和结果汇总过程中可能出现的问题。

（二）评价信息收集范围

本研究收集了282家上市公司的基本信息，主要通过"国泰安数据服务中心"所开发的中国上市公司研究系列数据库和"Wind咨讯"所开发的中国上市公司数据库获取。这两个数据库均对中国上市公司基本信息进行归纳、汇总，为本研究所需的基本信息的收集提供了极大的便利。[①]

对于上市公司的ESG信息，主要获取渠道包括企业网站、年报、可持续发展报告、社会责任报告、环境报告等专项报告、公告、媒体采访等。其中，企业社会责任报告对相应上市公司在2018年所开展的社会责任工作进行了详细的总结，企业财务报告对相应上市公司在2018年的财务状况进行了详细的总结，企业官方网站披露了大量关于企业的社会责任信息；为了获得上市公司可能存在的社会责任负面信息，本研究在上交所、深交所、政府部门网站等权威网站对上市公司的负面信息进行了检索。

（三）评价信息审核机制

本研究需要对所收集中国企业ESG评价信息的真实性、完备性以及依据所收集到的信息开展的三级指标赋值的准确性进行审核。

第一，对收集到的信息的真实性进行审核，保证了对上市公司所收集到的信息，均对应于特定的三级指标所标识的企业社会

---

① 联合国可持续发展官网，https://www.un.org/sustainabledevelopment/zh/。

责任意愿、行动或绩效，从而避免由信息对应错误所带来的企业ESG评价结果的真实性调整。如医药行业上市公司在年报中将职业健康安全作为质量管理体系的内容进行了介绍，而能源行业上市公司在年报中则将职业健康安全作为安全管理体系的内容进行了介绍，对此，需要区别对待，以保证信息的真实性和行业实质性。[①]

第二，对收集到的信息的完备性进行审核，进一步搜集缺省三级指标项可能存在的企业ESG信息，从而最大限度地避免信息的缺失，提高信息的完备性。如对于"合规运营"指标，部分上市公司在年报里并没有进行独立的信息披露，而是作为公司治理的内容进行了介绍，针对此情况需要进行二次收集，以保证信息的完备性。[②]

第三，对三级指标赋值进行审核，保证了三级指标得分满足企业ESG信息与相应的ESG赋值标准的一致，从而保证了企业ESG评价三级指标赋值的准确性。如针对同一个三级指标，不同上市公司的赋值水平不因行业特性而有所不同，以保证赋值水平的一致性和评价结果的可比性。[③]

参考文献

张军扩、侯永志、刘培林等：《高质量发展的目标要求和战略路径》，《管理世界》2019年第7期。

[①] 联合国可持续发展官网，https://www.un.org/sustainabledevelopment/zh/。
[②] 联合国可持续发展官网，https://www.un.org/sustainabledevelopment/zh/。
[③] 肖红军、王晓光、李伟阳：《中国上市公司社会责任能力成熟度报告（2017~2018）No.3》，社会科学文献出版社，2018。

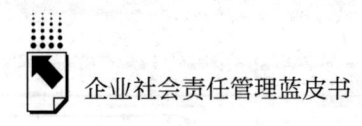

联合国可持续发展官网，https：//www.un.org/sustainabledevelopment/zh/。

孙中瑞、周方：《卓越绩效评价准则中社会责任的研究——基于ISO 26000的分析》，《标准科学》2012年第10期。

肖红军、王晓光、李伟阳：《中国上市公司社会责任能力成熟度报告（2017~2018）No.3》，社会科学文献出版社，2018。

B.3
中国上市公司 ESG 评价分析

中国上市公司 ESG 基础评价分析课题组*

摘　要： 本文系统评价了中国上市公司 ESG 的表现。通过对 282 家中国上市公司进行分析发现，中国上市公司 ESG 评价得分整体较低：董事会层面对 ESG 重视不足，合规管理能力有待提升；环境（E）维度实践水平欠佳，尤其以应对气候变化及环境管理两个指标得分较低；社会（S）维度实践水平普遍偏高，比较注重保护员工权益，促进员工自身发展，但是供应链管理未能得到充分重视。在 11 个行业大类中，金融行业的 ESG 表现较好，可选消费行业的 ESG 表现较差，在不同股票指数成分股上市公司的 ESG 表现中上证 50 的 ESG 表现最佳。

关键词： 上市公司　ESG 评价　金融行业　上证 50

一　上市公司研究样本说明

（一）样本选取说明

1. 指数来源

中国上市公司 ESG 评价分析是指针对在上海证券交易所和深圳

---

* 中国上市公司 ESG 基础评价分析课题组成员：王晓光、付先凤、任娜。执笔人：任娜，北京融智企业社会责任研究院研究员，主要从事企业 ESG 管理咨询、海外投资风险管理、利益相关方尽职调查等研究。

证券交易所上市的公司开展的有关ESG实践水平的评价分析。本次研究选择的样本为深证100、上证50以及被纳入MSCI的234只成分股的上市公司，样本数量总计282家。

深证100总收益指数，是中国证券市场第一只定位投资功能和代表多层次市场体系的指数，由深圳证券交易所委托深圳证券信息公司编制维护，指数包含了深圳市场A股流通市值最大、成交最活跃的100只成份股。深证100指数的成份股代表了深圳A股市场的核心优质资产，成长性强，估值水平低，具有很高的投资价值。[①]

上证50指数，是上海证券市场规模大、流动性好的最具代表性的50只股票组成样本股，综合反映上海证券市场最具市场影响力的一批优质大盘企业的整体状况。[②]

纳入明晟指数（MSCI指数）ESG评价的234只成分股，即2018年5月15日，MSCI（明晟）在中国A股公司中挑出234家A股，纳入比例为2.5%，调整后市值分别占MSCI中国指数和MSCI新兴市场指数的1.26%和0.39%，于6月1日生效。即2018年6月1日起，首批234只A股将纳入MSCI新兴市场指数。所有被纳入的234家A股公司都将接受ESG（环境、社会和治理）评测，不符合标准的公司将会被剔除。比起纳入A股的比例和名单，对于MSCI和海外投资机构而言，更看重的是ESG。

2.信息来源

本研究的信息来源主要有三个渠道：国泰安数据服务中心"中国上市公司研究系列数据库"，Wind资讯"中国上市公司数据库"，

---

① 深证100指数，百度百科，https://baike.baidu.com/item/%E6%B7%B1%E8%AF%81100%E6%8C%87%E6%95%B0/8394120?fr=aladdin。

② 上证50指数，百度百科。

企业年度报告、社会责任报告和官方网站以及权威组织平台。[①]

国泰安数据服务中心"中国上市公司研究系列数据库"收录了中国上市公司近年来的所有可能涉及的基本数据信息。在国泰安数据服务中心"中国上市公司研究系列数据库"方面，我们主要收集企业的基本信息，比如企业规模、上市时间、企业营利性信息、企业成长性信息以及企业公司治理信息等。Wind 资讯涵盖了中国上市公司研究方面的大部分数据，因此本研究从该数据库中获取了样本企业名单，并从国泰安数据服务中心收集对应的企业信息，最终构成完整的中国上市公司样本信息数据。[②]

企业年度报告、企业社会责任报告和企业官方网站是企业自主披露社会责任信息的重要平台和载体，其中企业年度报告主要披露企业财务方面的信息，企业社会责任报告披露企业在社会责任领域的管理实践信息，企业官方网站则及时披露了大量的企业新闻和产品服务信息。所以，通过企业年度报告、企业社会责任报告和企业官方网站收集到的信息基本覆盖了企业所有的财务信息和非财务信息。[③]

（二）样本特征介绍

1. 上市地点分布

282 家样本企业的上市地点分别为深圳和上海，其中有 155 家企业在上海上市，占比 54.96%，有 127 家企业在深圳上市，占比 45.04%。

2. 行业属性分布

按行业性质对上市公司进行划分，包括材料、电信服务、房地

[①] 肖红军、王晓光、李伟阳：《中国上市公司社会责任能力成熟度报告（2017～2018）No. 3》，社会科学文献出版社，2018。
[②] 肖红军、王晓光、李伟阳：《中国上市公司社会责任能力成熟度报告（2017～2018）No. 3》，社会科学文献出版社，2018。
[③] 肖红军、王晓光、李伟阳：《中国上市公司社会责任能力成熟度报告（2017～2018）No. 3》，社会科学文献出版社，2018。

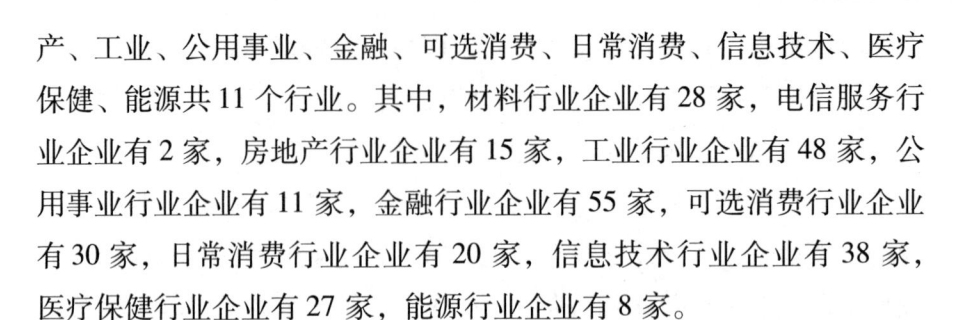

产、工业、公用事业、金融、可选消费、日常消费、信息技术、医疗保健、能源共11个行业。其中，材料行业企业有28家，电信服务行业企业有2家，房地产行业企业有15家，工业行业企业有48家，公用事业行业企业有11家，金融行业企业有55家，可选消费行业企业有30家，日常消费行业企业有20家，信息技术行业企业有38家，医疗保健行业企业有27家，能源行业企业有8家。

3. 企业性质分布

按企业性质对上市公司进行划分，中央国有企业72家，地方国有企业73家，民营企业88家，外资企业5家，集体企业1家，公众企业43家。

4. 财务数据分布

2018年，样本企业内的上市公司总资产的平均值为7410.56亿元，净资产同比增长率的平均值为15.31%，营业收入的平均值为1004.23亿元，市值的平均值为1295.72亿元（见表1）。

表1 2018年样本上市公司基本特征分布

指标	均值	中值	峰度	标准差	偏度	极大值	极小值
总资产（亿元）	7410.56	623.67	49.81	30108.89	6.78	276995.40	33.36
净资产同比增长率（%）	15.31	9.70	22.52	25.97	4.26	195.30	-27.65
资产负债率（%）	56.26	57.33	-0.76	21.85	-0.17	93.79	4.35
营业收入（亿元）	1004.23	254.97	60.84	2668.74	6.96	28911.79	2.05
净利润（亿元）	100.41	24.40	51.26	303.75	6.69	2976.76	-69.84
市值（亿元）	1295.72	521.34	27.95	2563.41	4.95	21027.97	94.25
市盈率（%）	35.82	20.46	30.08	56.72	4.17	521.67	-214.51
基本每股收益（元）	1.06	0.71	140.88	1.91	10.32	28.02	-1.67

二 上市公司研究评价结果

(一) 研究发现1: 中国上市公司 ESG 评价得分较低, 只有 2.83% 的企业评级为 AAA 级

2018 年中国上市公司的 ESG 评价平均得分为 38.48 分, 整体处于 B 级。在 282 家上市公司中, ESG 评价处于 A 级的有 95 家, 占比 33.69%, 处于 B 级的有 161 家, 占比 57.09%, 处于 C 级的有 26 家, 占比 9.22% (见图1)。这表明中国上市公司 ESG 实践水平还处于基础阶段, ESG 表现有待进一步提升, 大多数上市公司还需要提升自身的环境、社会和治理实践能力, 提升 ESG 表现, 从而获得更好的资本市场 ESG 评级, 增强企业自身的可持续发展能力, 提升盈利水平, 降低 ESG 风险。

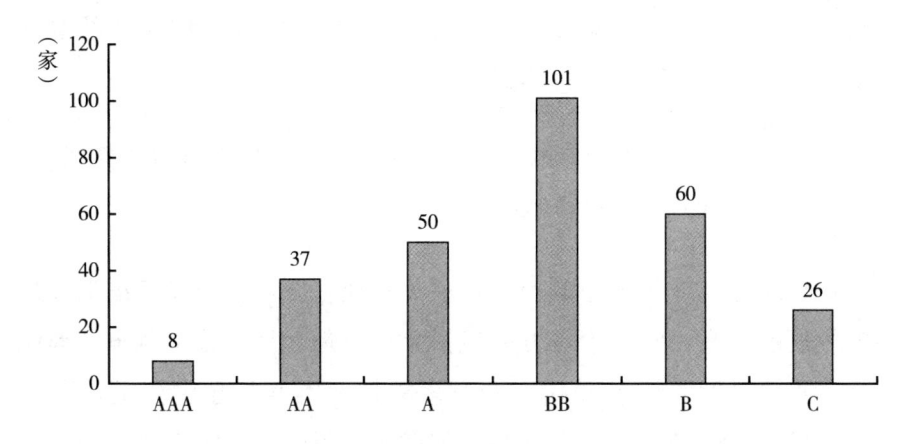

图1 2018 年样本量企业 ESG 评级分布

样本中 ESG 评价得分最高的是海螺水泥, 金融业上市公司整体得分较高 (见表2)。

表2　2018年中国上市公司ESG评级情况前五名

行业属性	企业名称	行业市值排名	行业营业收入排名	行业净利润排名
材料	安徽海螺水泥股份有限公司	1	4	1
医疗保健	上海复星医药（集团）股份有限公司	8	5	7
金融	中国建设银行股份有限公司	2	3	2
金融	中国人民保险集团股份有限公司	10	7	20
金融	兴业银行股份有限公司	9	13	8

注：表中行业市值排名、营业收入排名、净利润排名均为截至2019年3月1日的上市公司排名。

随着全球及中国企业社会责任的蓬勃发展，责任金融已经成为时代议题，而上市公司的治理能力、环境影响、社会贡献等非财务表现也日益受到关注。中国上市公司ESG表现较差，首先是社会责任在中国的发展尚处于初期阶段，企业履行社会责任的意识较差，缺乏主动积极承担社会责任的意识；其次是信息披露水平较差，中国上市公司很少主动公开披露企业ESG信息，容易造成与利益相关方的沟通不畅，不利于上市公司的透明运营。

（二）研究发现2：中国上市公司董事会对ESG重视不足，且合规管理能力有待提升

ESG理念及评价体系的内容包括了企业在经营中需要考虑的多层次多维度的因素，其中治理方面包括公司治理、反不公平竞争、风险管理、税收透明、董事会独立性及多样性等因素。在中国上市公司ESG评价中，治理维度得分较低，平均分仅为34.5分，与社会维度的平均得分有一定差距（见图2）。

从得分的分布区间来看，仅有42家企业治理得分在60分及以上，占比14.89%，有123家企业得分在30~60分（含30分），占比43.62%，有117家企业得分在30分以下，占比41.49%（见图3）。

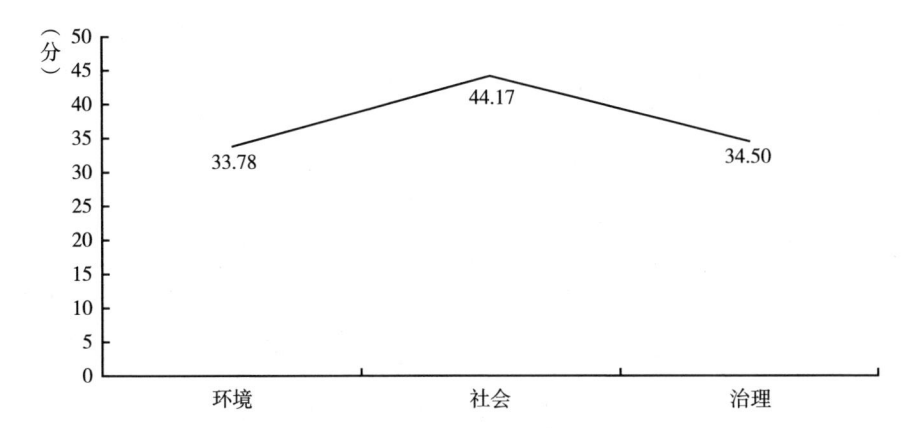

图2 2018年中国上市公司环境、社会、治理维度平均得分

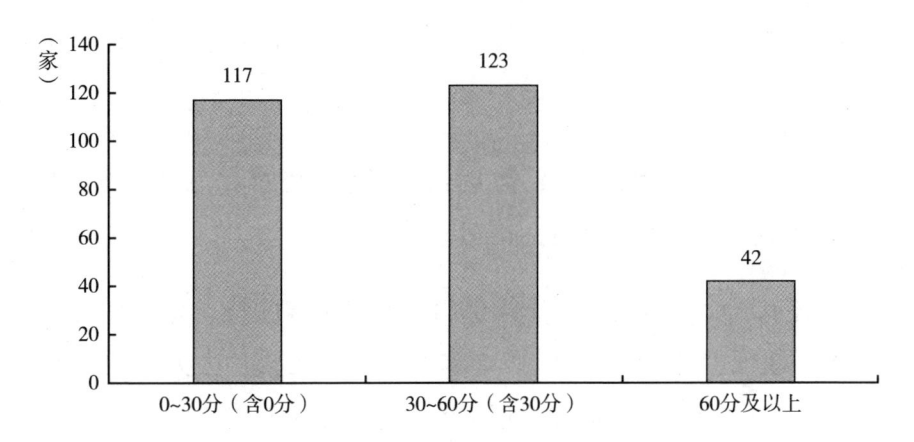

图3 2018年中国上市公司治理维度得分分布

研究发现，中国上市公司ESG战略融入多停留在愿景层面，部分上市公司仍然是基于监管要求而被动制定相关ESG战略，缺乏具实质性指导意义的ESG战略目标；在机制建设层面，企业管理机制向上延伸至治理层面不足，ESG公司治理架构缺失，上市公司董事会普遍对ESG管理重视不足，仅个别企业设立ESG管理制度，明确人员委任、董事会职责权限和议事规则等；在议题管理层面，企业的合规管理情况较差，合规管理能力有待进一步提升。

2019年5月17日,香港联交所发布有关检讨《环境、社会及管治报告指引》(简称"ESG指引")及相关《上市规则》条文的咨询文件,对上市公司ESG管理及信息披露提出了更高的要求,其中新增"强制披露董事会对于ESG工作的管理及参与"的要求。2019年12月18日,香港联交所正式刊发新修订的《上市规则》及《环境、社会及管治报告指引》(以下简称新版"ESG指引"),现行指引的修订标志着香港联交所对ESG报告发行人的关注重点从"报告"转向"管理",强调董事会在ESG议题的治理架构下的角色。这需要上市公司通过完善的ESG治理,提高董事会及高级管理层对ESG工作的重视,将ESG作为提升企业可持续发展能力的工具,从而满足监管要求,获取较高的ESG指数,得到责任投资人的青睐,促进公司市值提升。

(三)研究发现3:环境(E)维度实践水平较差,应对气候变化及环境管理两个指标得分明显较低

在环境层面,中国政府监管部门推动和引导的特点尤为突出,由中国政府政策主导"自上而下"的绿色金融顶层设计大力推动了中国整体经济结构的转型和优化。2016年8月,七部委联合出台《关于构建绿色金融体系的指导意见》,首次明确了中国绿色金融的整体发展路径;2017年6月,七部委联合印发五个建设绿色金融改革创新试验区总体方案,进一步推动绿色金融发展。在一系列政策推动下,中国形成了一套较为完善的中国特色绿色金融体系,包括环境风险分析、环境权益交易、绿色信贷、绿色证券、绿色保险、绿色基金等。

2018年,在中国上市公司ESG评价中,环境维度得分最低,平均分仅为33.78分,从其得分的分布情况来看,60分及以上的仅有51家,占比18.08%,30~60分(含30分)的有101家,占比35.82%,30分以下的有130家,占比46.1%(见图4)。

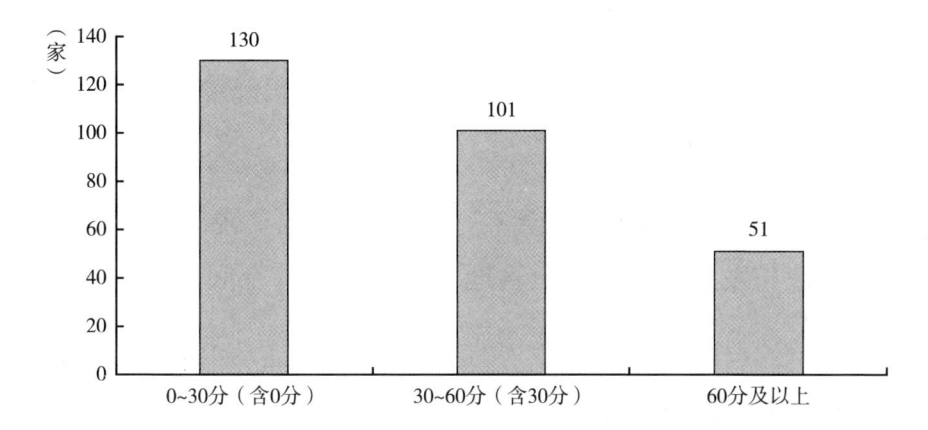

图4 2018年中国上市公司环境维度得分分布

从环境维度的二级指标来看，环境管理的平均得分为28.17分，应对气候变化的平均得分为21.74分，低于资源能源利用、废弃物排放这两项二级指标的平均得分（见图5）。

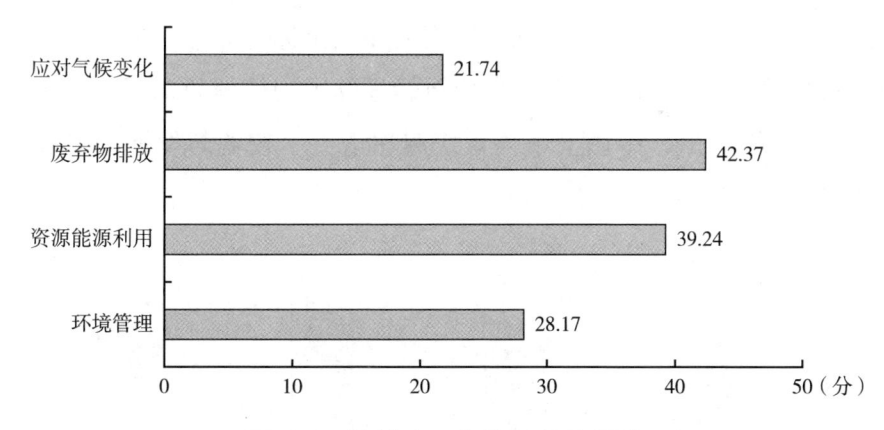

图5 环境维度二级指标平均得分

中国上市公司环境（E）维度实践水平较差，主要表现在企业忽视环境信息披露，上市公司绿色治理发展呈现"倒逼"现状，重行为而轻机制建设。企业需要在顶层设计层面确定公司绿色发展的愿景、使命、文化、战略，并提供一定的制度保障，从而提升公司的绿色发展水平和可持续发展能力。因此，中国上市公司应从理念、战略和制度层面真正将环境管理融入顶层设计中，提升环境治理能力，降低对环境的负面影响。

（四）研究发现4：社会（S）维度实践水平较高，普遍注重员工权益与发展，但供应链管理水平还有提升空间

上市公司作为中国经济发展的主要力量，在主动承担社会责任方面责无旁贷。随着社会的进步，社会和公众对企业的要求不断提高，员工、供应链、消费者和投资者等要求企业承担起相应社会责任的压力也日渐增强，追求良好品牌形象的驱动力也迫使大型企业必须开始补这一课。企业应该提升自身对员工、供应链等的社会责任意识，不能仅作为自保型的商业策略，而应采取积极进取、前瞻性的态度。

2018年，在中国上市公司 ESG 评价中，社会维度得分最高，平均分为44.17分。其中，在社会维度的二级指标得分中，员工权益与发展的平均得分为46.74分，供应链管理的平均得分为37.37分（见图6）。可以看出，中国上市公司普遍注重员工权益与发展，但是供应链管理水平有待进一步提升。

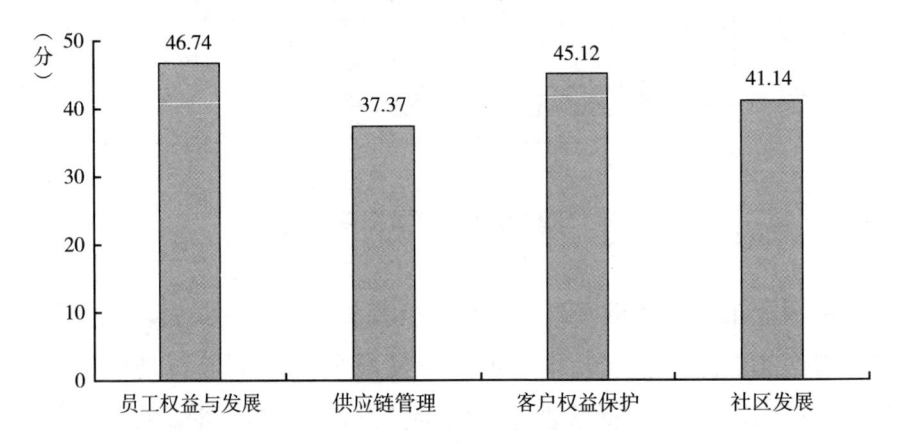

图6 中国上市公司社会维度二级指标平均得分分布

在全球化的影响下，企业对供应链的依赖程度日渐升高。供应链管理不仅包括合规部分，还包括相关认证以及供应链管理标准，预防性准则的实施以及定量和定性的关键业务绩效指标。稳健的供应链管理帮助企业缓解风险，从而保证其长期发展，这种保障将使企业业务从中受益，并帮助长期提高股东价值。

研究发现，中国上市公司供应链管理水平有待进一步提升，目前大部分企业供应商、分包商管理以传统的财务风险和资质审核为主，而根据ESG管理中的供应商管理重点，将环境和社会等ESG要素充分纳入供应链管理中是企业未来供应链管理的重点，如加强供应商在绿色环保方面的要求、监督分包商落实职业健康保护和安全生产的措施，另外，为供应商、分包商能力提升提供必要的支持也是香港联交所ESG指引中供应链管理的重要工作之一。企业建立以自身为核心的供应链以及产业链联盟，并以绿色、安全、责任为主题，防范供应链环境和社会风险，有助于推动提升在国际价值链中的形象和地位。

（五）研究发现5：金融行业上市公司ESG整体得分较高，可选消费行业得分较低

按照Wind资讯的分类，样本量内上市公司归属的行业（一级行业）共分为11个大类。统计显示，ESG水平最高的三个行业分别是金融行业、能源行业、公用事业行业，得分分别是48.53分、43.84分、43.31分；得分最低的三个行业是可选消费行业、信息技术行业、房地产行业，得分分别是31.11分、32.73分、34.28分（见图7）。

金融行业是经营金融商品的特殊行业，它包括银行业、保险业、信托业、证券业和租赁业。近10年来，中国政府监管部门、行业协会、证券交易所等机构陆续出台多项指引文件，大力推动上市金融公司进行ESG信息披露，引导上市金融公司管理其在运营过程中对环

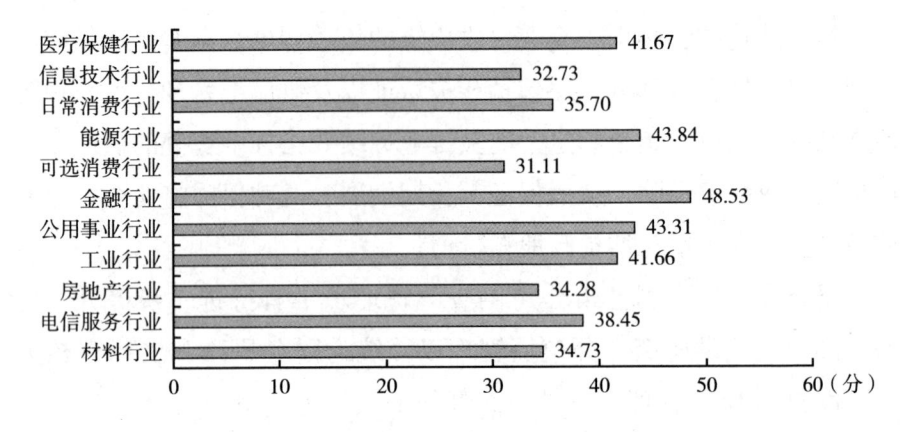

行业	得分
医疗保健行业	41.67
信息技术行业	32.73
日常消费行业	35.70
能源行业	43.84
可选消费行业	31.11
金融行业	48.53
公用事业行业	43.31
工业行业	41.66
房地产行业	34.28
电信服务行业	38.45
材料行业	34.73

图7 中国上市公司ESG按行业平均得分分布

境、社会造成的影响，并不断提升公司治理水平。据不完全统计，截至2018年6月30日，A股和H股上市金融公司合计约290家。伴随着强监管政策的出台，越来越多的上市金融公司开始披露ESG信息，并逐步完善ESG信息管理工作。

在中国金融行业中，银行业的ESG信息披露工作起步较早且发展较快。信托、基金等金融行业也正在迎头赶上，做出很多有益尝试，在协会层面比如开展行业社会责任工作评价或制定ESG投资指引等，在公司层面比如加入联合国环境署金融倡议及联合国全球契约共同合作的一项投资者倡议（PRI）、组建ESG投资研发团队等，这些举措势必对未来的金融业发展产生长远影响。

可选消费行业ESG得分最低，可选消费是除必需消费以外的消费，涵盖了家庭消费生活的方方面面，包括汽车与汽车零配件、耐用消费品、纺织服装与奢侈品、消费者服务、传媒、零售业等，如美的、格力、比亚迪、华谊兄弟等都是可选消费。可选消费行业具有需求性较弱、周期性强、更新换代快等特征，因此，对于环境、社会和治理层面的具体实践，可选消费更加注重关注短期内的业绩水平，容易忽视ESG的长期价值。

参考文献

肖红军、王晓光、李伟阳：《中国上市公司社会责任能力成熟度报告（2017～2018）No.3》，社会科学文献出版社，2018。

行业篇
Industry Report

B.4 重点行业上市公司 ESG 评价分析

重点行业上市公司 ESG 评价分析课题组*

摘　要： 本文重点评价分析了房地产、工业、公用事业、可选消费、能源、日常消费、信息技术、材料、金融、医疗保健 10 个重点行业上市公司的 ESG 实践水平。研究发现，能源行业与金融行业上市公司 ESG 评价综合得分较高，信息技术行业与可选消费行业上市公司 ESG 评价综合得分较低。大多数行业上市公司的 ESG 整体实践水平表现一般，还有进一步提升的空间。

关键词： 重点行业　ESG 实践水平　上市公司

---

* 重点行业上市公司 ESG 评价分析课题组成员：肖红军、付先凤、赵浚雅、任娜；执笔人：赵浚雅、任娜。

一 房地产行业上市公司 ESG 评价分析

房地产行业是国民经济发展中的重要产业，产业链长，关联度高，对就业、税收和经济增长的贡献大。一个地区经济的发展、城镇化水平的提高、人口规模和收入的增长都是房地产市场繁荣和健康发展的基础条件。2019年12月的中央经济工作会议指出"稳地价、稳房价、稳预期"，这是中央经济工作会议连续第二年未单独提到房地产问题。会议确定，要抓好重点工作，确保民生特别是困难群众基本生活得到有效保障和改善。其中提出，要加大城市困难群众住房保障工作，加强城市更新和存量住房改造提升，做好城镇老旧小区改造，大力发展租赁住房。要坚持房子"是用来住的、不是用来炒的"定位，全面落实因城施策，稳地价、稳房价、稳预期的长效管理调控机制，促进房地产市场平稳健康发展。[①]

（一）基本特征分布

2018年房地产行业中国上市公司有效样本共有15家。这些上市公司总资产的平均值为3882.85亿元，其中最高的是15286.63亿元，最低的是196.60亿元；净资产增长率的平均值为14.18%；资产负债率的平均值为76.36%；营业收入的平均值为855.06亿元；净利润的平均值为89.08亿元；市值的平均值为782.35亿元，其中最高为3035.76亿元，最低为212.83亿元（见表1）。

---

① 《中央经济工作会议定调2020房地产：稳地价、稳房价、稳预期》，https://new.qq.com/omn/FIN20191/FIN2019121201445900.html。

表1　2018年房地产行业上市公司财务基本特征

指标	总资产（亿元）	净资产增长率（%）	资产负债率（%）	营业收入（亿元）	净利润（亿元）	市值（亿元）	市盈率（%）	基本每股收益（元）
均值	3882.85	14.18	76.36	855.06	89.08	782.35	12.47	1.56
中值	2306.99	13.95	77.97	503.12	75.65	420.51	8.99	1.09
标准差	4134.27	10.57	10.45	1046.99	75.65	752.60	10.12	1.31
偏度	1.75	2.20	-1.05	1.70	1.74	2.06	2.95	1.18
峰度	2.69	6.41	0.19	1.92	3.67	4.43	9.65	0.79
极小值	196.60	4.13	54.54	11.48	5.44	212.83	5.08	0.20
极大值	15286.63	47.86	89.49	3484.26	337.73	3035.76	47.23	4.69

（二）研究发现1：房地产行业上市公司ESG整体水平表现偏弱，仅二成企业评级为A

2018年，15家房地产行业上市公司中，有3家企业评级为A，占比为20%；有3家企业评级为C，占比为20%（见图1）。ESG整体表现偏弱。

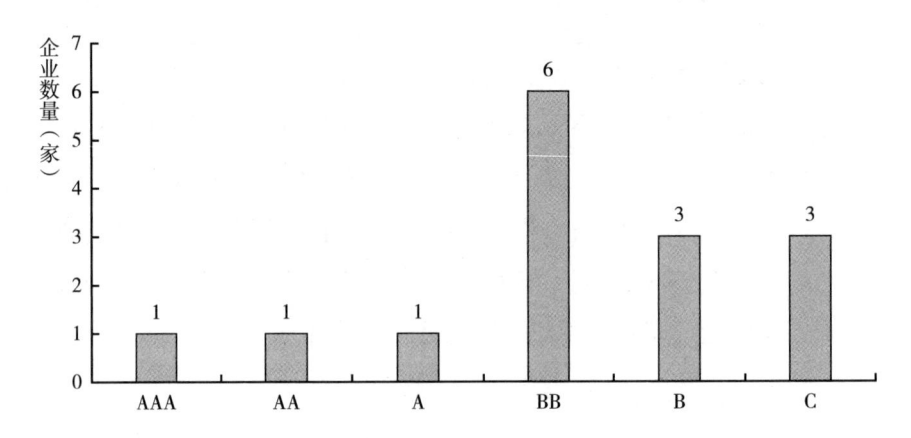

图1　2018年房地产行业ESG评级分布

研究发现，房地产行业中，评级为 AAA 的上市公司为招商蛇口，其市值、营业收入、净利润排名较为靠前。招商蛇口是国内转型城市运营商最为明确的地产公司之一，同时于 2015 年吸收合并招商地产实现无先例重组上市，打造了国企改革的典范和中国资本市场创新标杆。评级为 AA 的上市公司为张江高科，其市值、营业收入、净利润排名比较靠后。张江高科以科技投行作为战略发展方向，着力打造新型产业地产营运商、面向未来高科技产业整合商和科技金融集成服务商。评级为 A 的上市公司为保利地产，其市值、营业收入、净利润排名均为前三（见表2）。保利地产成立于 1992 年，是中国保利集团控股的大型国有房地产上市公司，也是国家一级房地产开发资质企业。在 2019《财富》世界 500 强中，中国保利集团排名第 242 位。在 2019 年中国服务业企业 500 强榜单，中国保利集团排名第 33 位。房地产行业 ESG 评级较好的上市公司其市值、营业收入和净利润都有较好的表现。

表 2　2018 年房地产行业 ESG 评级情况

评级	企业名称	市值排名	营业收入排名	净利润排名
AAA	招商局蛇口工业区控股股份有限公司	3	4	3
AA	上海张江高科技园区开发股份有限公司	12	15	15
A	保利房地产（集团）股份有限公司	2	3	2

注：表中市值排名、营业收入排名、净利润排名均为截至 2019 年 3 月 1 日的上市公司排名。

（三）研究发现2：房地产行业上市公司环境（E）维度实践水平亟须提升，加强资源能源利用和废弃物排放管理

从中国上市公司 ESG 评价的三个维度看，房地产行业上市公司的环境维度得分仅为 28.87 分，社会维度的得分为 38.82 分，公司治

理维度的得分为34.93分（见图2）。近年来，各种绿色建筑政策密集出台，地产项目获得绿色建筑评价标识呈爆发式增长。与此同时，越来越多的房地产企业逐渐推出绿色发展理念，转型绿色发展已经成为不少房地产企业的选择。然而相比治理和社会维度，房地产企业环境维度得分较低，环境（E）维度实践水平亟须进一步提升。

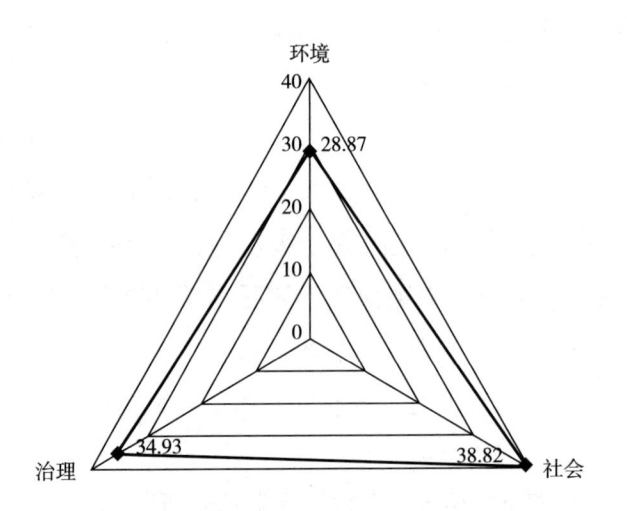

图2　2018年中国上市公司房地产行业ESG三大维度得分（单位：分）

在房地产行业企业环境的二级指标维度下，资源能源利用为12.90分，废弃物排放为10.90分，环境管理为44.55分，应对气候变化为47.80分（见图3）。这表明，房地产行业顺应国际趋势，较为关注应对气候变化和环境管理等核心议题。而资源能源利用和废弃物排放得分较低则是企业重视程度不够、相关法律法规不健全、缺乏政策性的支持和引导等多方面原因造成的。

据世界银行统计，到2030年前全球要实现节能减排的目标，70%的减排潜力在建筑节能方面。[①] 2017年5月，住建部印发的《建

---

① 《为建筑装上"绿色大脑"》，http://www.xinhuanet.com/globe/2018-04/16/c_137114994.htm。

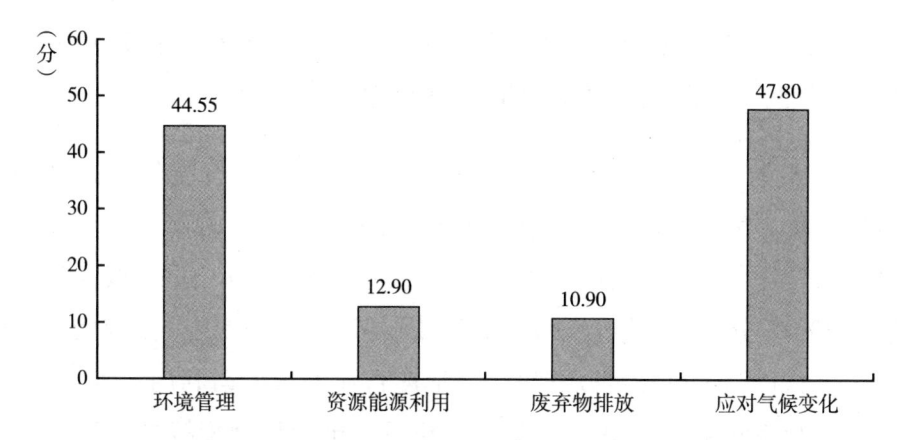

图3 2018年房地产行业企业环境维度二级指标平均得分分布

筑业发展"十三五"规划》要求，到2020年，中国城镇新建民用建筑全部达到节能标准要求，城镇绿色建筑占新建建筑比重达到50%，新开工全装修成品住宅面积达到30%，绿色建材应用比例达到40%，装配式建筑面积占新建建筑面积比例达到15%。银监会、证监会、国家发改委等多个部门均出台了相关政策，支持绿色信贷、绿色债券、绿色保险和绿色基金等绿色金融产品，这些金融工具成为推动绿色地产发展的"加速器"。

绿色建筑及可持续发展信息披露是房地产企业获得绿色金融支持的关键。基于此，房地产企业应积极披露自身在可持续发展或绿色发展领域的策略、取得的成就，通过参加绿色节能相关的展会和研讨会、召开绿色论坛等，向媒体和社会公众披露企业绿色发展信息，进一步推动企业透明运营。同时，房地产企业在新建住宅、写字楼、商业综合体中注重项目本身的绿色建筑质量，积极加大绿色技术研发力度，实现规模化的环境效益，引领行业绿色转型并承担更大的环境社会责任。

（四）研究发现3：房地产行业上市公司更加重视员工和供应链管理，但是客户权益保护问题突出

2018年，在房地产行业企业ESG三个维度中，社会维度的平均得分最高，房地产行业上市公司普遍注重社会发展。在社会维度的二级指标得分中，社区发展平均得分最高，为48.16分，员工权益与发展为38.25分，供应链管理为38.20分，客户权益保护得分较低，为30.68分（见图4）。可以看出，房地产行业上市公司利用自身优势，结合"互联网+"趋势，重视社区发展，建设复合型智慧社区，进一步推动社会的可持续发展。

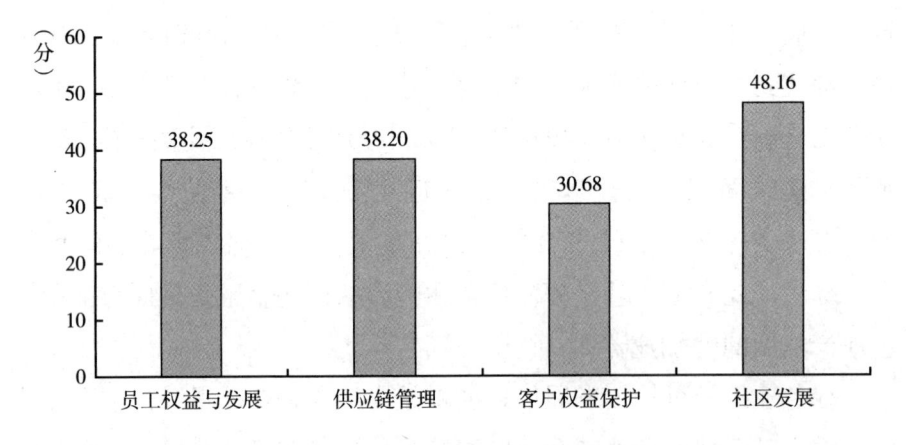

图4　2018年房地产行业企业社会维度二级指标平均得分分布

近年来，伴随中国房地产市场的蓬勃发展，关于房地产消费的投诉案件也在逐年递增。《国务院关于促进房地产市场持续健康发展的通知》中指出，房地产业关联度高、带动力强，已成为国民经济的支柱产业。房地产市场的健康发展是中国社会整体经济健康发展的重要保障。但房地产市场仍处于卖方强势市场，缺乏对消费者权益的尊重和保护。相关机构调研显示，52.94%的企业建立了明确的产品安

全制度，但仅有27.45%的企业建立了明确的消费者信息保护机制，50.98%的企业建立了明确的消费者投诉解决机制，56.86%的企业建立了完整的产品与服务信息披露机制；在评价期内，多家企业被爆出侵犯消费者权益行为。例如，海口某房地产商因宣传内容大量体现生活住宅元素，未反映真实土地性质及房屋用途，对消费者隐瞒了该楼盘土地为商业金融性质用地的事实。海口市工商行政管理局随后立案调查，认定销售商此举属于发布虚假广告行为，依据法律规定，对销售商做出罚款30万元的行政处罚。银川某房地产商通过售楼部沙盘展示、销售人员介绍、宣传彩页、微信公众号推广、围挡等宣传方式，以含有涉嫌虚假、引人误解的内容进行商业宣传，达到促销楼盘的目的，从而误导消费者购房，被市场监管部门予以罚款35万元。

基于此，房地产行业企业需要完善消费者权益保护制度，建立消费者权益保护机制，完善信息披露机制，加强企业透明运营，促进房地产行业的健康发展。

（五）研究发现4：房地产行业上市公司ESG信息披露水平较高，但仍需进一步提高企业披露信息的积极性

2018年房地产行业在治理维度的平均得分为34.93分，在治理维度的二级指标中，组织治理、风险管理、合规运营、信息披露的平均得分分别为24.53分、34.36分、36.53分、44.30分（见图5）。可以看出，房地产行业企业的组织治理水平相对较低，信息披露表现突出。

房地产行业作为中国的重要产业之一，经营风险是比较高的。房地产行业投资开发期需要大量资金投入，是中国重要的行业之一，与其他行业有很大的不同。与其他行业相比，它的经营风险是比较高的。因为房地产企业在投资开发项目时需要极大的资金投入，而且项目开发所经历的时间也比较长，投入的资金收回也需要很长时间，一旦企

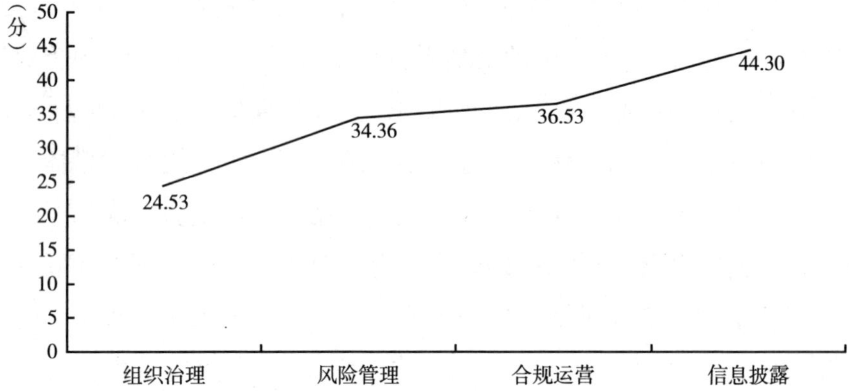
（分）
50
45
40
35
30
25
20
15
10
5
0
24.53
34.36
36.53
44.30
组织治理
风险管理
合规运营
信息披露

图 5　2018 年房地产行业企业治理维度二级指标平均得分分布

业经营管理不善，企业将蒙受极大的损失，投资者的利益也将受到极大的损害。目前上市公司的 ESG 信息披露体系还不完善，房地产行业上市公司信息披露不恰当造成信息不对称、损害投资者利益的可能性很大。

即使房地产上市公司信息披露得分最高，但房地产行业上市公司信息披露仍然存在自愿性披露意愿不足、披露信息项目数量较少、自愿性披露整体普遍质量不高、披露内容不充分等问题，严重影响了投资者的正确决策。基于此，房地产行业上市公司应完善公司治理结构，加强董事会的作用，要求管理层披露真实的 ESG 信息；提高自愿性 ESG 信息披露意识；加强适合中国企业实际情况的 ESG 信息披露制度建设；加强房地产行业上市公司自愿性 ESG 信息披露的监管，加大上市公司披露虚假自愿性 ESG 信息的惩罚力度等举措，进一步提高上市公司披露 ESG 信息积极性。

二　工业行业上市公司 ESG 评价分析

中国实现可持续发展的重点在工业，难点也在工业。由于工业能耗占全社会能耗的70%以上，工业排放污染是中国污染的主要来源。《中国制造2025》提出，到2025年重点行业单位工业增加值能耗、物耗及污染物排放达到世界先进水平。《中国制造2025》还确定了4个定量指标，即规模以上单位工业增加值能耗2020年和2025年分别较"十二五"末降低18%和34%，单位工业增加值二氧化碳排放量分别下降22%和40%，单位工业增加值用水量分别降低23%和41%，工业固体废物综合利用率分别提高到73%和79%。

（一）基本特征分布

2018年工业行业中国上市公司有效样本共有48家。这些上市公司总资产的平均值为2108.05亿元，其中最高为18618.40亿元，最低为95.17亿元；净资产增长率的平均值为13.74%；资产负债率的平均值为58.59%；营业收入的平均值为1269.39亿元；净利润的平均值为49.22亿元；市值的平均值为698.44亿元，其中最高为2204.02亿元，最低为是125.03亿元（见表3）。

表3　2018年工业行业上市公司财务基本特征

指标	总资产（亿元）	净资产增长率（%）	资产负债率（%）	营业收入（亿元）	净利润（亿元）	市值（亿元）	市盈率（%）	基本每股收益（元）
均值	2108.05	13.74	58.59	1269.39	49.22	698.44	26.21	0.67
中值	883.39	8.75	59.41	388.49	27.39	484.12	18.68	0.49
标准差	3290.09	18.32	17.54	2210.42	27.39	544.89	27.50	0.50
偏度	3.29	4.30	-0.74	3.26	3.13	1.08	3.95	1.14
峰度	12.63	22.65	0.44	11.82	12.19	0.21	20.42	0.71
极小值	95.17	0.58	7.42	30.95	4.18	125.03	4.99	0.03
极大值	18618.40	119.91	86.91	11993.25	382.41	2204.02	180.9	2.20

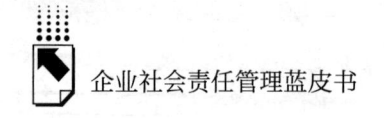

（二）研究发现1：工业行业上市公司ESG整体水平表现较好，19家企业评级为A

2018年，在48家工业行业上市公司样本中，19家企业评级为A，占比为39.58%。1家企业评级为C，占比为2.08%（见图6）。ESG整体表现较好。

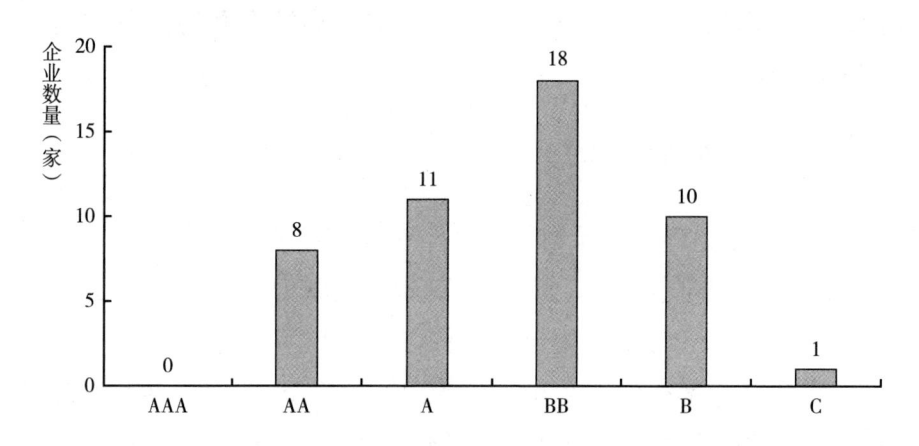

图6 2018年工业行业ESG评级分布

研究发现，工业行业中，评级为AA的有中国建筑、中国南方航空、中国东方航空等8家上市公司，评级为A的有中国中铁、三一重工、中国远洋等11家上市公司。ESG评级为A以上的上市公司市值、营业收入、净利润排名都较为靠前。中国建筑是中国专业化发展最久、市场化经营最早、一体化程度最高、全球规模最大的投资建设集团。13次获得中央企业负责人经营业绩考核A级，位居2019年度《财富》世界500强第21位、《财富》中国500强第3位、全球品牌价值500强第44位，连续获得标普、穆迪、惠誉三大国际评级机构信用评级A级，为全球建筑行业最高信用评级。中国中铁作为全球最大建筑工程承包商之一，目前在全球90多个国家和地区设有机构和实施项目，连续13年进入世界企业500强，

2018年在《财富》世界500强企业排名第56，在中国企业500强排名第13。中国南方航空是中国运输飞机最多、航线网络最发达、年客运量最大的航空公司。中国南方航空集团有限公司登上福布斯2018年全球最佳雇主榜单，在中国服务业企业500强榜单排名第55（见表4）。

表4 2018年工业行业ESG评级情况

评级	行业属性	企业名称	市值排名	营业收入排名	净利润排名
AA	工业	中国建筑股份有限公司	1	1	1
	工业	中国南方航空集团有限公司	16	10	22
	工业	中国东方航空集团有限公司	15	13	25
	工业	上海电气集团股份有限公司	17	14	21
	工业	中远海运发展股份有限公司	35	37	35
	工业	中国国际海运集装箱（集团）股份有限公司	32	16	19
	工业	上海隧道工程股份有限公司	45	26	31
	工业	广深铁路股份有限公司	43	36	42
A	工业	中国船舶重工集团动力股份有限公司	30	28	36
	工业	中国中铁股份有限公司	7	2	4
	工业	宁德时代新能源科技股份有限公司	4	29	18
	工业	中国远洋控股股份有限公司	20	12	38
	工业	三一重工股份有限公司	12	20	11
	工业	深圳市汇川技术股份有限公司	28	47	39
	工业	中国电力建设集团有限公司	19	5	9
	工业	中国中车集团有限公司	2	7	6
	工业	中国航发动力股份有限公司	25	34	40
	工业	新疆金风科技股份有限公司	21	30	20
	工业	北京碧水源科技股份有限公司	38	42	37

注：表中市值排名、营业收入排名、净利润排名均为截至2019年3月1日的上市公司排名。

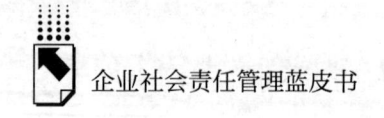

（三）研究发现2：工业行业上市公司环境（E）维度实践水平整体较好，资源能源利用亟须提高

从中国上市公司 ESG 评价的三个维度看，工业行业上市公司的环境维度得分为 36.87 分，社会维度的得分为 47.71 分，治理维度的得分为 35.97 分（见图7）。在工业绿色发展的背景下，工业行业上市公司顺应趋势，积极落实国家政策，环境（E）维度实践水平整体较好。

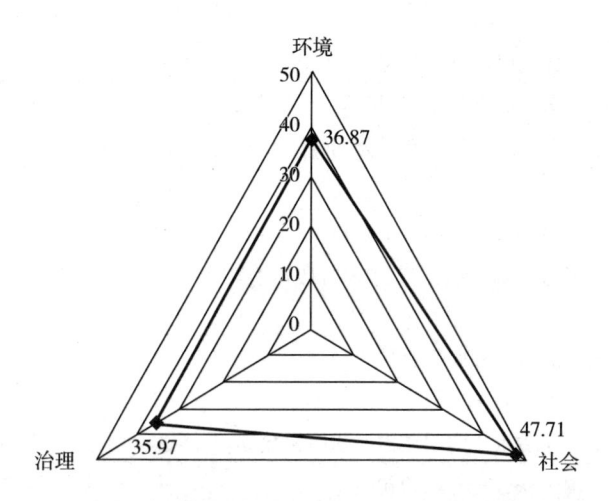

图7 2018年中国上市公司工业行业ESG三大维度得分（单位：分）

在工业行业企业环境的二级指标维度下，资源能源利用平均得分为 25.54 分，废弃物排放为 34.02 分，环境管理为 51.25 分，应对气候变化为 50.19 分（见图8）。这表明，工业行业上市公司顺应国际趋势，较为关注应对气候变化和环境管理等核心议题。而资源能源利用和废弃物排放得分较低则是企业重视程度不够、相关法律法规不健全、缺乏政策性的支持和引导等多方面因素造成的。

在新形势下，党的十八届五中全会提出了绿色发展新理念；《中国制造2025》提出，全面推行绿色制造，加快制造业绿色改造升级，

```
(分) 60   51.25                           50.19
     50
     40                     34.02
     30         25.54
     20
     10
      0
         环境管理    资源能源利用    废弃物排放    应对气候变化
```

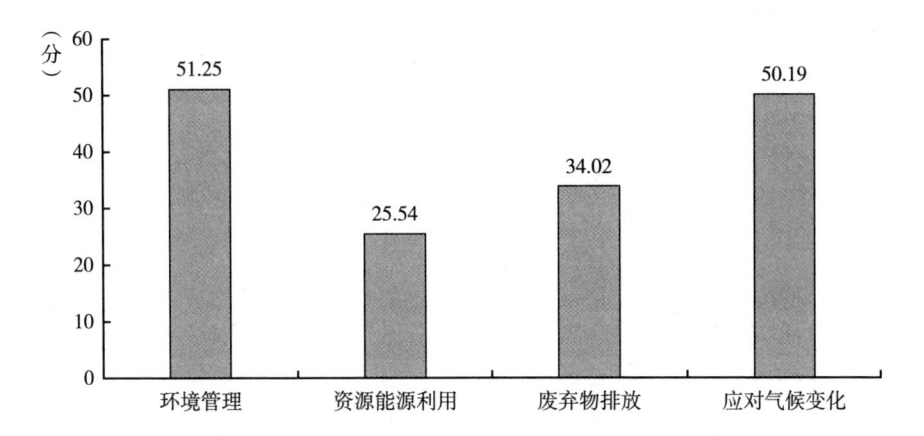

图 8 2018 年工业行业企业环境维度二级指标平均得分分布

积极构建绿色制造体系；为落实绿色发展理念，加快实施《中国制造 2025》，工业和信息化部制定《工业绿色发展规划（2016～2020年)》（以下简称《规划》），为"十三五"时期工业绿色发展确立了明确的目标、原则和推进方略。

　　工业行业履行环境责任需要做好以下工作。一是对原有工业经济系统进行绿色化或生态化改造，包括开发新的生产工艺、减少或替代有毒有害物质使用、高效和循环利用原材料、减少能源消耗、降低污染物排放及净化治理等。这些都能减轻对环境的压力，并提高资源利用效率，是传统工业部门必须完成的转型任务。二是发展能源资源节约型、生态环境友好型的绿色制造业或绿色产业，既包括能够有效利用能源资源、保护生态环境的新兴产业，也包括充分运用自然规律和资源循环利用原理的传统产业。三是大力发展太阳能、水能、风能、生物质能等可再生能源，加快调整能源结构，积极发展能源互联网，实现能源的清洁、安全和高效利用。绿色发展存在一定程度的"正外部性"。实现绿色工业化，既要加强政府监管，实行最严格的环境保护制度，提升环境治理能力；又要弘扬企业家精神，激发企业积极性，让企业在环境治理中发挥主体作用。新时代的企业家不应仅仅是技术和商业模式的创新者，也应是绿色工业化和生态文明的引领者。①

同时，工业绿色发展是涉及形成什么样的工业制造体系、产业结构、国际分工格局等的发展战略性问题，已经不再是单纯的环境治理问题。要实现工业绿色发展，关键是大力发展现代服务业，促进现代服务业与制造业深度融合，提高全要素生产率和研发对经济增长的贡献率。抓住新一轮科技革命和产业变革机遇，提供绿色产品和服务，构建绿色制造体系。加快推进能源行业转型发展，逐步提升中国环境标准，加大节能环保产业投入，推动实现绿色循环低碳发展，从源头上解决生态环境问题。②

（四）研究发现3：工业行业上市公司组织治理水平较弱，董事会对ESG重视不足

2018年工业行业在治理维度的平均得分为35.97分，在治理维度的二级指标中，组织治理、风险管理、合规运营、信息披露的平均得分分别为22.27分、41.28分、38.72分、50.38分（见图9）。可以看出，工业行业的信息披露水平表现突出，风险管理能力普遍较好，合规运营能力有待进一步提升，但是组织治理水平相对较低，董事会对ESG的重视不足，董事会多元化水平需要进一步提高。

香港联交所ESG指引在国际、中国内地以及香港的相关发展背景下，发生了一系列的要求变化，持续提升上市公司的ESG披露水平，并更加强调董事会层面对ESG的重视程度，持续关注环境和社会等发展议题，并于2019年5月17日发布咨询文件——检讨《环

---

① 谢贤鑫：《农户生态耕种行为及其影响因素研究》，江西农业大学硕士学位论文，2019。
② 《史丹：以新发展理念引领新型工业化》，https://www.sohu.com/a/307357163_739032。

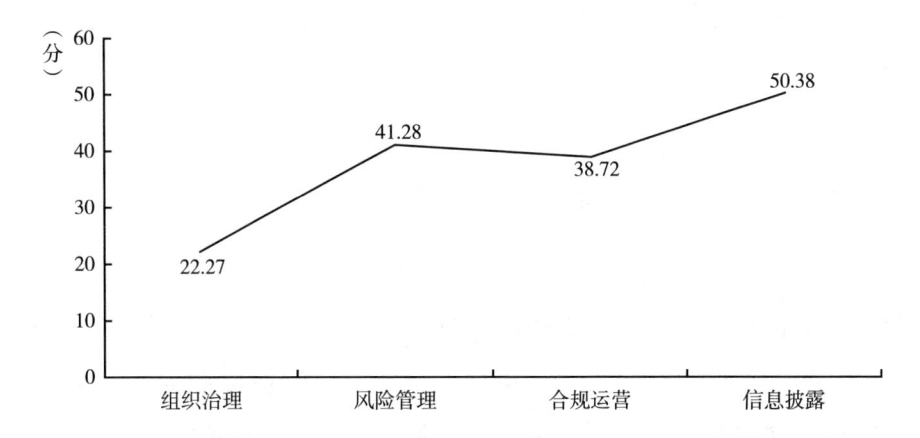

图9 2018年工业行业企业治理维度二级指标平均得分

境、社会及管治报告指引》及相关《上市规则》条文。2019年12月,香港联交所刊发《环境、社会及管治报告指引咨询总结》,采纳咨询文件的修订意见,并定于2020年开始执行。新增有关董事会参与ESG治理情况的强制性披露要求。发行人须在报告中披露一份董事会声明,阐述董事会对于ESG事务的管理状况。包括:董事会对于ESG事务的总体监管情况;董事会对于业务相关的重大性ESG风险的识别、评估及管理过程;董事会如何按ESG相关目标检讨进度。

因此建议工业行业上市公司,一是在战略层面按照香港联交所ESG要求,加强ESG治理,加强董事会对ESG事务的监管,在董事会及其下设委员会的职责权限、议事规则和汇报程序中,纳入对环境、社会及治理事务的监管。二是完善ESG管理组织架构,构建一套运行有效的企业社会责任管理体系,以实质性推动ESG管理。三是将经济、环境、社会等可持续发展理念融入业务运营,明确ESG管理的目标方向、重点内容和实施路径。四是识别、评估及管理重要的ESG相关事宜(包括对业务的环境和社会等风险)的过程,以加强与业务相关的ESG风险管理。五是明确设定ESG目标并披露董事会如何按 ESG 相关目标检讨进度。六是阐述董事会对 ESG 事务的管理状况。

（五）研究发现4：工业行业上市公司社会（S）维度实践水平整体较好，供应链管理仍需加强

2018年，工业行业企业在 ESG 三个维度中的社会维度的平均得分最高。在社会维度的二级指标得分中，社区发展平均得分最高，为53.20分，员工权益与发展为48.54分，客户权益保护为49.04分，供应链管理得分较低为42.79分，工业行业供应链管理仍需进一步加强（见图10）。

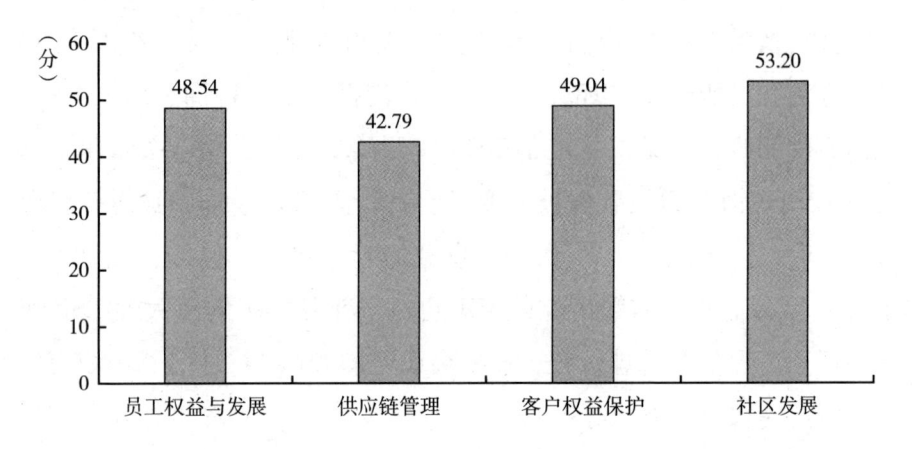

图10 2018年工业行业企业社会维度二级指标平均得分

完善的供应链管理可以让企业以最低成本来获取最大的利益，同时可以提高企业的工作效率和生产效率。在众多的企业管理环节中，供应链管理是维系整个企业正常运转的重要环节。供应链管理包括供应链环境社会风险管理、供应商识别与评估、产品质量管理和客户服务措施。基于此，工业行业上市公司在进行供应链管理时，一是主动积极建立供应链风险管理体系；二是完善供应商的识别和评估流程；

三是建立质量管理体系,加强产品与服务的国际国内认证;四是完善客户服务管理机制,加强内部培训,开展客户服务专题等活动,更好地推动供应链管理在企业的正向作用。

三 公用事业行业上市公司 ESG 评价分析

城市公用事业是城市生产经营、居民日常生活所不可缺少的,是城市生存与发展的基础和基本条件。公用事业的发达和完善,能提高整个城市的劳动生产效率、工作效率,节约社会劳动,为居民创造优美的生活环境和良好的生活条件。它反映了城市面貌和文化水准。公用事业作为社会发展的基础,直接关系经济的发展和人民生活水平的提高。受资源、规模经济效益以及政府对社会发展规划要求的制约,公用事业在经营上不太可能形成充分的竞争,而是具有一定的垄断性。2016 年,习近平总书记强调供给侧结构性改革,是提高社会生产力水平、落实好以人民为中心的发展思想的根本动力,煤电油气等公用事业在供给侧结构性改革的进程中正在发生悄然且不容忽视的变革。同时市场经济改革不断深入,公用事业行业也面临着企业服务效率低且缺乏改革和创新意识,各个领域间缺乏有效互动等问题。为此,公用事业行业应加强社会责任管理,提升公共服务水平和可持续发展能力。[1]

(一)基本特征分布

2018 年公用事业行业中国上市公司有效样本共有 11 家。这些上市公司总资产的平均值为 1718.87 亿元,其中最高为 4199.03 亿元,

---

[1] 《石油行业绿色供应链管理实施模式》,https://wenku.baidu.com/view/974721ef5ef7ba0d4a733bd0?fr=hittag&album=doc&tag_type=1。

最低为320.44亿元；净资产增长率的平均值为12.65%；资产负债率的平均值为55.40%；营业收入的平均值为478.86亿元；净利润的平均值为42.31亿元；市值的平均值为775.37亿元，其中最高为3960.00亿元，最低的是190.46亿元（见表5）。

表5 2018年公用事业行业上市公司财务基本特征

指标	总资产（亿元）	净资产增长率（%）	资产负债率（%）	营业收入（亿元）	净利润（亿元）	市值（亿元）	市盈率（%）	基本每股收益（元）
均值	1718.87	12.65	55.40	478.86	42.31	775.37	28.31	0.39
中值	1096.96	9.99	65.53	393.05	18.26	432.29	16.59	0.30
标准差	1260.19	11.71	17.14	451.83	18.26	1030.22	30.46	0.29
偏度	0.68	1.36	-0.70	1.91	2.97	3.06	3.04	1.17
峰度	-0.85	1.52	-0.82	4.30	9.31	9.72	9.59	0.46
极小值	320.44	0.69	21.12	8.64	6.91	190.46	12.11	0.07
极大值	4199.03	40.76	74.17	1698.61	226.11	3960.00	122.26	1.03

（二）研究发现1：公用事业行业上市公司ESG整体水平表现较好，有近四成企业评级为A

2018年，11家公用事业行业上市公司样本中，评级为A的有4家，占比为36.36%；评级为C的有1家，占比为9.09%（见图11），ESG整体表现较好。

研究发现，公用事业行业中，评级为AAA的为中国长江电力，评级为AA的有华电国际电力、中国核能电力、深圳能源，其上市公司市值、营业收入、净利润排名都较为靠前。中国长江电力作为世界水电行业的引领者，其水电装机容量全球排名第一，达到4549.5万千瓦，拥有世界前12大水电站中的3座，所属电站全部为100%可再生能源，市值位居全球电力公司前列，并获评"电力行业首批AAA

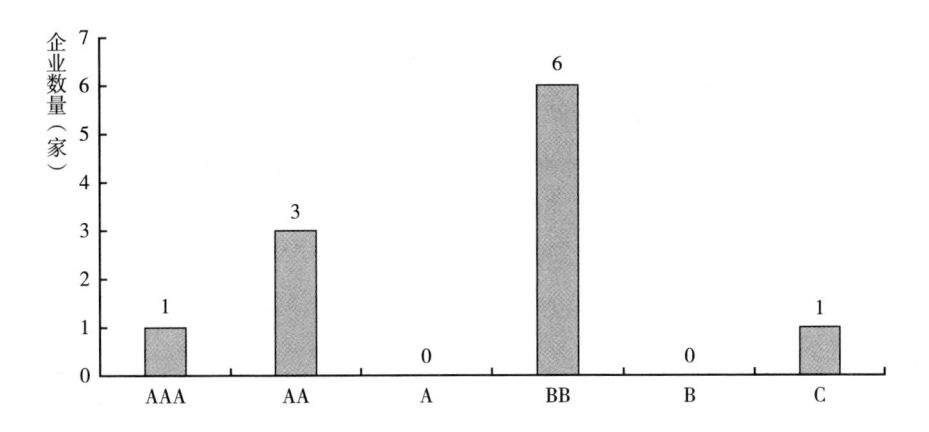

图 11　2018 年公用事业行业 ESG 评级分布

级信用企业"。华电国际电力股份有限公司及其附属公司是中国最大型的上市发电公司之一，其企业文化是为员工营造良好的成长环境，实现员工与企业的和谐统一，共同成长，协调发展；积极承担应负的社会责任，持续供应优质经济能源，满足社会动态需求。中国核能电力股份有限公司于2008年成立，于2015年上市，致力于做国际一流核电企业，为公众创造清洁低碳生活。公司始终将可持续发展理念融入日常管理，不断丰富"魅力核电，美丽中国"的责任理念，完善社会责任工作机制，开展富有特色的社会责任项目；连续5年发布社会责任报告，客观全面地披露在履行社会责任方面的绩效；高度关注民生，积极支持社会公益事业发展；自觉履行社会责任，推动行业的可持续发展。深圳能源现辖34家成员企业，形成了以能源电力、能源环保、能源燃气为核心业务，以能源资本、能源置地为支撑业务的"三轮两翼"产业体系，从区域性电力企业逐步向全国性乃至国际化的综合能源服务企业转型，主要经营指标连续多年位居全国同行业前列，在产业市场和资本市场上树立起"诚信、绩优、规范、环保"的良好形象，打造具有竞争力的国际化综合能源企业（见表6）。

表6　2018年公用事业行业ESG评级情况

评级	企业名称	市值排名	营业收入排名	净利润排名
AAA	中国长江电力股份有限公司	1	4	1
AA	华电国际电力股份有限公司	7	2	8
	中国核能电力股份有限公司	3	6	2
	深圳能源集团股份有限公司	10	8	11

注：表中市值排名、营业收入排名、净利润排名均为截至2019年3月1日的上市公司排名。

（三）研究发现2：公用事业行业上市公司环境（E）维度实践水平整体表现突出，推动行业可持续发展

从中国上市公司ESG评价的三个维度看，公用事业行业上市公司的环境维度表现突出，得分为45.55分，社会维度的得分为40.94分，治理维度的得分为38.95分（见图12）。党的十九大报告提出，在21世纪中叶将中国建成富强、民主、文明、和谐、美丽的社会主义现代化强国，将生态文明提高到中华民族永续发展的千年大计的新高度。报告要求从推进绿色发展，着力解决突出环境问题，加大生态系统保护力度以及改革生态环境监管体制四个层面加快生态文明体制改革，实现美丽中国的目标。党的十九大报告中的建设生态文明无疑对公用事业践行环境社会责任提出了更高的要求。

公用事业环境管理主要包括弘扬绿色发展理念、绿色采购和保护生物多样性和自然栖息地等核心议题；资源能源利用包括开展节能服务等议题，废弃物排放包括促进清洁能源发展等核心议题（见图13）。

1. 环境管理方面

绿色发展是以效率、和谐、持续为目标的经济增长和社会发展方式。绿色发展需要每一个人、每一个家庭、每一家公司、每一个政府

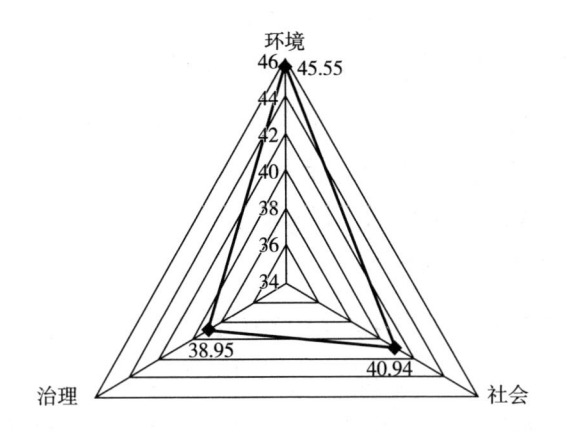

图12　2018年中国上市公司公用事业行业ESG三大维度得分（单位：分）

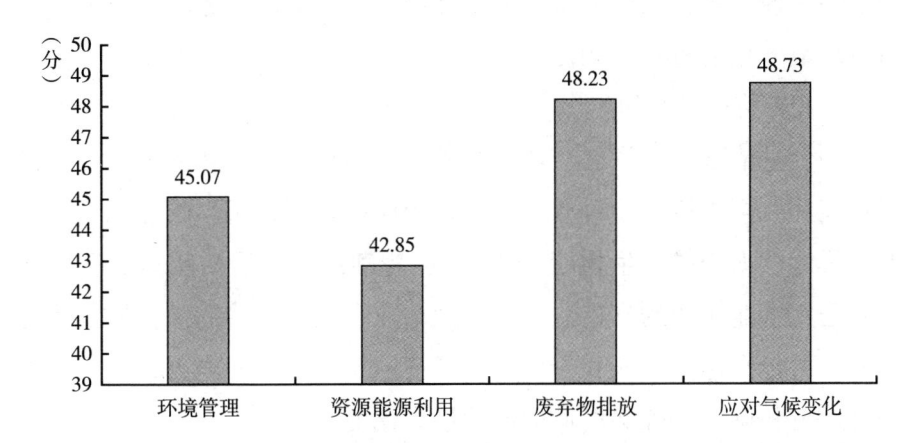

图13　2018年公用事业行业企业环境维度二级指标平均得分分布

部门树立理念，身体力行。而理念的树立是一个长期的、潜移默化的过程，需要坚持不懈地推进。公用事业企业作为能源运输分配的中枢系统，在弘扬绿色发展理念方面具有先天的优势和责无旁贷的责任。公用事业企业弘扬绿色发展理念的主要方式包括推进绿色办公，开展以节电为主题的消费者教育，参与或发起环保公益项目等，通过身体力行的宣传、教育和启发，让节能环保、自然和谐的理念深入人心。

绿色采购是指政府和企业经济主体一系列采购政策的制定、实施以及考虑到原料获取过程对环境的影响而建立的各种关系，其中与原料获取过程相关的行为包括供应商的选择评价。具体体现在：优先购买对环境负面影响较小的环境标志产品，促进供应商企业环境行为的改善等。供电企业根据政府和公众的期望，将绿色采购纳入公司的社会责任议题中。

2. 资源能源利用方面

开展节能服务有利于促进用电客户减少对能源的消耗，节约生产运营成本，提升竞争力。同时，通过能源节约间接减少整个社会的能源消耗和环境排放。为用电客户开展节能诊断、合同能源管理等节能服务是企业提升供电服务水平的一项重要工作。随着企业对环境问题的关注，该项服务的环境价值日益凸显，开展节能服务已经成为企业履行环境责任的重要议题之一。

3. 废弃物排放方面

即促进清洁能源发展，清洁能源是指不排放污染物的能源，它包括核能和可再生能源。可再生能源是指原材料可以再生的能源，如水能、风能、太阳能、生物能（沼气）、海潮能等。清洁能源的发展离不开公用事业企业的支持。公用事业企业在促进清洁能源发展方面的主要作为包括超前介入和布局，保障清洁能源项目的电力送出；合理安排运行和调度，确保清洁能源的最大化消纳。

4. 应对气候变化方面

应对气候变化是全球性的环境议题，每年一届的全球气候行动峰会、广泛推行的低碳经济、有关气候话题的影视作品等众多事件让应对气候变化成为全球关注的焦点，但是，近两年随着全球经济形势的严峻，对气候变化议题的关注度有所下降。应对气候变化的核心是减少以二氧化碳为代表的温室气体的排放，推动清洁能源、电动汽车等低碳产业的发展，促进广大公用事业企业减少能源消耗和污染排放。电网企业可以在这个过程中充分发挥自身的平台优势，提高对电力资源的优化配置，推动煤炭、石油等高排放能源逐步向清洁的电能过渡，促进对清洁能源的消费，提高企业经济效益。不过，气候变化本身也会造成大量极端天气，增加公用事业企业的安全稳定运行和维护的工作难度。

（四）研究发现3：公用事业行业上市公司社会（S）维度实践水平整体较好，重视员工权益与发展

2018年，公用事业行业企业在ESG三个维度中的社会维度的平均得分较高。在社会维度的二级指标得分中，员工权益与发展平均得分最高，为51.30分，供应链管理次之，均分为44.50分，社区发展为38.20分，客户权益保护得分较低为26.60分，公用事业行业的客户权益保护仍需要进一步提升（见图14）。

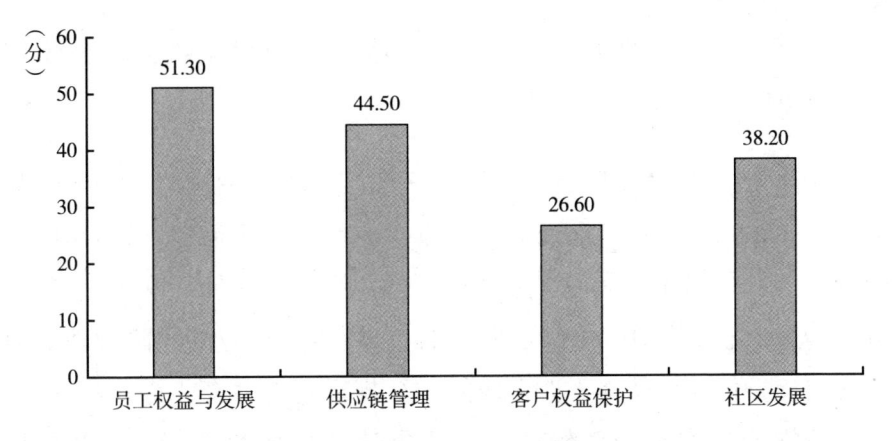

图14　2018年公用事业行业企业社会维度二级指标平均得分

以公用事业电力企业为例，由于其行业特性，部分岗位面临较高的职业安全风险，保护员工的安全健康也成为电力企业的重要议题。电力企业的基层工作包括带电作业、电力抢修、架线巡线、设备安检等内容，常常面临接触高压带电设备、深入偏远危险地区或在自然灾害环境下作业等危险，一旦发生员工安全健康事故，不仅给员工及其

家庭带来巨大苦难，也会对其他员工的身心构成重创，甚至影响企业安定团结的工作氛围。

客户是企业的发展根基，保障客户权益，构建良好的客户关系管理氛围将有助于企业持续健康发展。保障客户权益，打造精品工程有利于中国企业树立良好的国际形象并推进公用事业行业整体发展。客户权益保护的理念和管理举措随着监管、经济环境与客户关系的演变而有所变化。客户权益保护工作涉及方方面面，包括公司职能部门、事业部门和项目部门之间的协作，上下联动协作，对外的联络协作和传统手段与现代手段相结合。基于此，公用事业企业应以社会责任工作牵头单位为支持单位，以其他职能部门为执行单位，采取相应的客户权益举措，例如加强信息沟通、完善客户权益和隐私、完善客户服务管理体系等来保障客户权益。

（五）研究发现4：公用事业行业上市公司风险管理整体较好，组织治理需要进一步提升

2018年，公用事业企业在ESG三个维度中的治理的平均得分最低，为38.95分。在治理维度的二级指标中，组织治理、风险管理、合规运营、信息披露的平均得分分别为26.41分、49.39分、36.38分、39.91分（见图15）。可以看出，公用事业行业的风险管理能力表现突出，信息披露水平普遍较好，合规运营能力有待进一步提升，但是组织治理水平相对较低，董事会对ESG的重视不足，董事会ESG管理水平需要进一步提高。

风险管理是治理的重点工作之一，良好全面的风险管理是缩小企业与世界一流企业差距、助推企业业务良好开展的保障。公用事业企业风险管理能力水平较高，值得其他行业企业学习借鉴，其完善的风险管理举措如下。

①明确风险管理全面性、系统性、有效性原则。

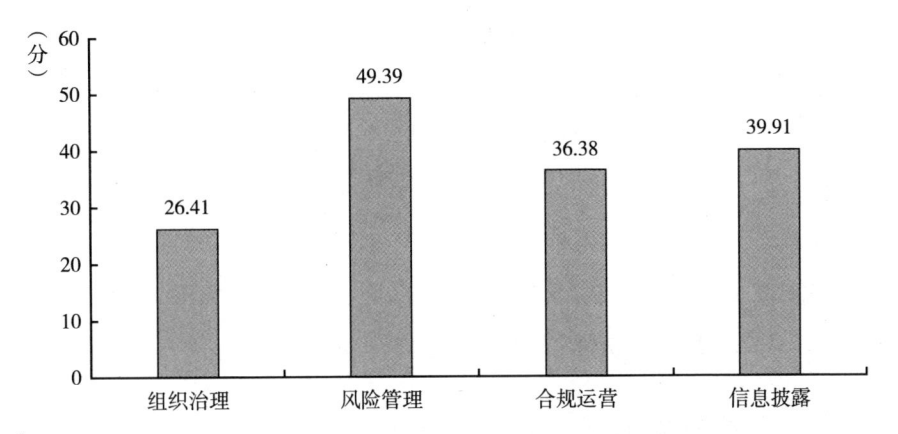

图15 2018年公用事业行业企业治理维度二级指标平均得分

②树立风险管理的总体目标和理念，融入企业战略和文化。

③搭建责任清晰、全面覆盖的风险管理组织架构。

④构建健全的风险制度，加强项目管理手册的风险管理。

⑤针对风险进行评估，对风险评估中的重大风险领域，提出明确的风险应对策略和解决方案。

⑥搭建风险数据库。

⑦在每年的风险管理报告中增加风险相关内容。

⑧定期对风险进行监督与改进。

⑨进行风险责任追究管理。

四 可选消费行业上市公司ESG评价分析

可选消费也叫非必需消费，指除必需消费以外的消费，涵盖了家庭消费生活的方方面面，包括媒体、酒店餐饮与休闲、专营零售、互联网零售、多元化零售、服装与奢侈品、家庭耐用消费品、汽车、汽车零配件、休闲设备与用品、综合消费者服务等。在标普美国可选消费指数中，知名的公司包括亚马逊、家得宝、迪士尼、麦当劳、星巴克、百胜餐饮集团、耐克、通用汽车、福特汽车、万豪、喜达屋等。可选消费龙头公司的出现和成功离不开公司发源地的经济周期影响。比如1971年成立的星巴克，1972年成立的耐克受益于美国高速发展的经济，以及成立于2001年的永辉超市受益于中国高速发展的经济。但可选消费对品牌的维系成本很高，负面新闻对品牌的打压是毁灭性的。如露露2013年和2015年的产品召回，星巴克2012年的"逃税门"，以及2012年功能性饮料的官司对怪物的影响。

（一）基本特征分布

2018年可选消费行业中国上市公司有效样本共有30家。这些上市公司总资产的平均值为1026.34亿元，其中最高为7827.70亿元，最低为72.02亿元；净资产增长率的平均值为17.26%；资产负债率的平均值为48.13%；营业收入的平均值为903.56亿元；净利润的平均值为58.96亿元；市值的平均值为865.96亿元，其中最高为4103.67亿元，最低为136.41亿元（见表7）。

表7 2018年可选消费行业上市公司财务基本特征

指标	总资产（亿元）	净资产增长率（%）	资产负债率（%）	营业收入（亿元）	净利润（亿元）	市值（亿元）	市盈率（%）	基本每股收益（元）
均值	1026.34	17.26	48.13	903.56	58.96	865.96	15.42	1.24
中值	331.07	8.55	49.06	197.50	23.49	421.59	15.14	0.97
标准差	1523.96	34.91	14.88	1664.13	23.49	1012.69	47.72	0.99
偏度	3.18	4.64	-0.28	3.88	2.42	2.21	-3.61	1.39
峰度	12.65	23.53	-0.85	17.66	5.96	4.54	18.64	12.72
极小值	72.02	-4.55	19.51	39.74	-0.68	136.41	-214.51	-0.02
极大值	7827.70	195.30	73.77	8876.26	360.09	4103.67	106.94	4.36

（二）研究发现1：可选消费行业上市公司ESG整体水平表现一般，仅一成多企业评级为A

2018年，30家可选消费行业上市公司样本中，有4家企业评级为A，占比为13.33%；有5家企业评级为C，占比为16.67%。ESG整体水平一般（见图16）。

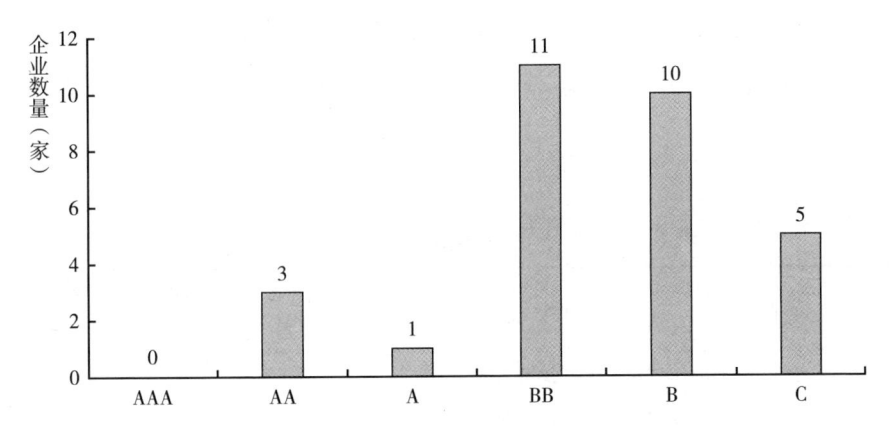

图16 2018年可选消费行业ESG评级分布

研究发现，在可选消费行业中，评级为AA的有上海汽车集团、苏宁易购、广州汽车集团，评级为A的有福耀玻璃，其上市公司市值、营业收入、净利润排名都较为靠前。上海汽车集团是国内A股市场最大的汽车上市公司，在2019年中国制造业企业500强榜单排名第2、2019年中国机械500强企业位居第3、"一带一路"中国企业100强榜单排名第55；2019年人民日报"中国品牌发展指数"100榜单，上海汽车集团排名第3；2020年获得2020《财经》长青奖"可持续发展绿色奖"。苏宁易购集团是中国领先的O2O智慧零售商，在2019年《财富》中国500强排行榜位列第39、《财富》世界500强排行榜位列第333；2019年12月，苏宁易购入选2019中国品牌强国盛典榜样100品牌。广州汽车集团创立于2005年6月28日，由广州汽车集团有限公司整体变更成立。在2018年《财富》世界500强排行榜中，广汽集团位居第202，比2017年排名上升36位；2019年12月18日，人民日报"中国品牌发展指数"100榜单，广汽集团排名第38。福耀玻璃是国内最具规模、技术水平最高、出口量最大的汽车玻璃生产供应商，多年来一直是最具成长性的50家蓝筹A股上市公司，同时还是"中国最佳企业公民"。2019年12月，福耀玻璃工业集团股份有限公司入选2019中国品牌强国盛典榜样100品牌；2020年1月4日，获得2020《财经》长青奖"可持续发展普惠奖"（见表8）。

表8　2018年可选消费行业ESG评级情况

评级	行业属性	企业名称	市值排名	营业收入排名	净利润排名
AA	可选消费	上海汽车集团股份有限公司	3	1	1
AA	可选消费	苏宁易购集团股份有限公司	9	3	4
AA	可选消费	广州汽车集团股份有限公司	7	9	5
A	可选消费	福耀玻璃工业集团股份有限公司	14	15	10

注：表中市值排名、营业收入排名、净利润排名均为截至2019年3月1日的上市公司排名。

（三）研究发现2：可选消费行业上市公司环境（E）维度实践水平整体表现较弱，资源能源利用需要进一步提升

从中国上市公司ESG评价的三个维度看，可选消费行业上市公司的环境维度表现较为薄弱，得分为29.89分，社会维度的得分为41.21分，治理维度的得分为26.67分（见图17）。可选消费行业在环境领域中的社会责任表现为建立环境管理体系、促进资源节约与环境保护、应对气候变化等。可选消费行业企业的环境（E）维度实践

水平较差，需要在资源能源利用和废弃物排放等方面进一步提升其实践能力。

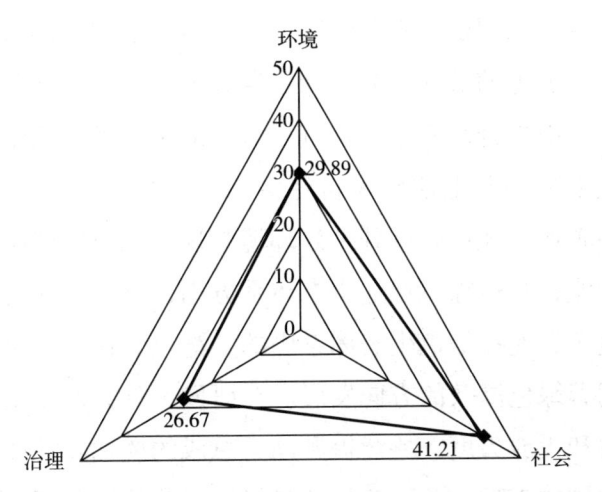

图 17　2018 年中国上市公司可选消费行业 ESG 三大维度得分（单位：分）

在可选消费行业企业环境的二级指标维度下，资源能源利用为 27.03 分，废弃物排放为 28.59 分，环境管理为 31.99 分，应对气候变化为 29.27 分（见图 18）。可以看出，可选消费行业环境管理较为成熟，但是资源能源利用和废弃物排放及应对气候变化仍需要进一步提升。

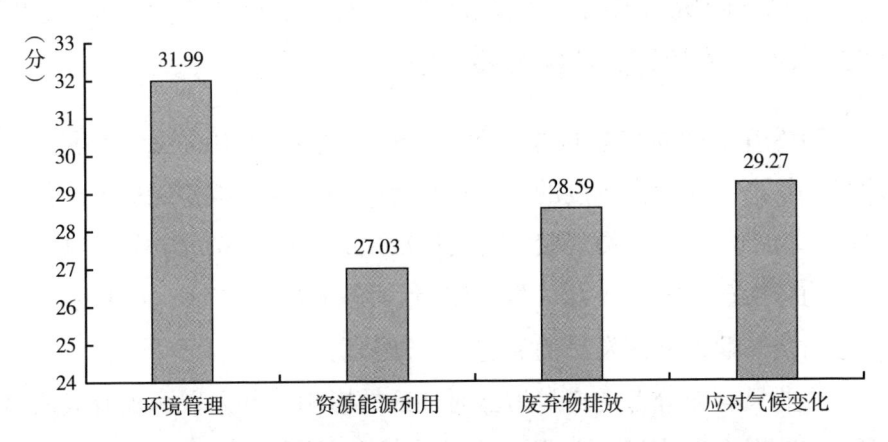

图 18　2018 年可选消费行业企业环境维度二级指标平均得分

以可选消费行业中的汽车行业为例，节能环保是所有汽车企业的社会责任。汽车行业有其作为制造工业的独特性：竞争基本达到饱和状态，劳动成本和固定成本非常高，需要持续的产品创新开发。在寡头下竞争依靠人为缩短的产品生命周期和差异化的品牌及车型，并力争在售后服务中提升利润水平。汽车行业的企业从一辆车的装配生产到最后的报废都不断地遇到来自环保部门的挑战，为了履行社会责任，做良心企业，他们必须处理好环境管理和绿色供应链管理。基于此，汽车行业在打造绿色产业生态体系方面，坚持环保发展理念，并充分发挥整车企业在绿色生态体系中的关键核心作用，带动整个产业生态体系朝着绿色高效的方向发展。在研发设计方面，全面加大新能源产品开发和投放力度，持续提升动力总成的燃油经济性水平，优化整车产品的排放表现，并不断提高材料和工艺的绿色环保标准；在生产制造方面，强化源头管理，并将废气、废水、危废控制数据与环保局联网，确保环保信息公开透明，并采取多种举措对"三废"持续优化管理和减量治理，不断探索清洁环保技术的应用和资源的再利用，减少对环境的污染；在物流运输方面，持续优化运力结构，进一步提高水路和铁路运输比例，降低运输环节的能耗排放。

（四）研究发现3：可选消费行业上市公司社会（S）维度实践水平整体较好，社区发展亟须加强

2018年，可选消费行业企业在ESG三个维度中的社会维度的平均得分较高。在社会维度的二级指标得分中，客户权益保护平均得分最高，为41.53分，员工权益与发展次之，均分为41.02分，供应链管理均分为37.88分，社区发展最低，均分为37.27分（见图19），可选消费行业的社区发展仍需进一步加强。

企业只有充分考虑自身运营对社区的影响，并采取积极有效的措施，帮助当地解决民生问题、支持当地传统活动、关怀当地弱势群

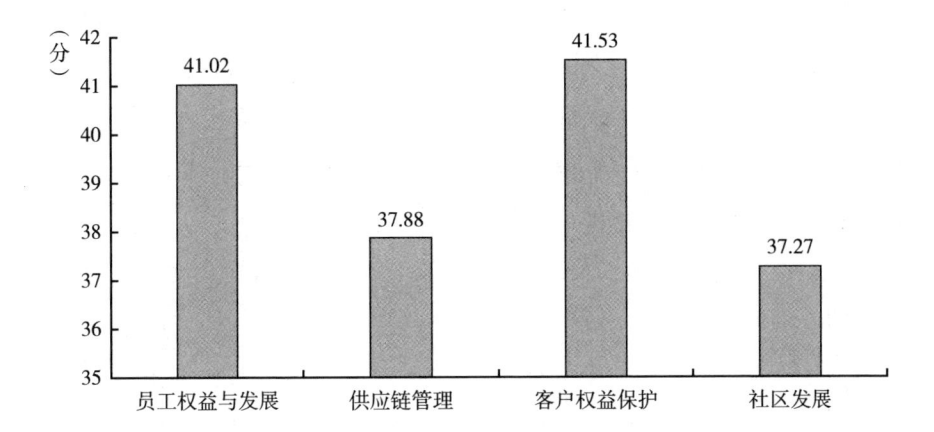

```
(分)
42                        41.53
41  41.02
40
39
38         37.88
37                                  37.27
36
35
   员工权益与发展  供应链管理  客户权益保护  社区发展
```

图 19　2018 年可选消费行业企业社会维度二级指标平均得分

体、支持当地教育等，才能赢得社区居民的支持与尊重。作为负责任的企业公民，可选消费行业企业持续开展各项公益活动，并携手相关社区组织，为社区的灾难救助、健康和社会福利等慈善活动作出贡献。在供应链管理方面，以可选消费行业中的汽车行业为例，绿色供应链管理要求汽车企业对供应链的上下游做到环境上的绿色标准，对供应商应做到包装材料的可降解可循环利用并在可能的条件下减少使用。对于重金属部件（铬、汞等）必须妥善处理并告知。严格遵循ISO9001 质量体系和 ISO14001 环境体系，供应商管理层不能有企业股东参与。而对下游的消费者，建立安全的汽车运输平台，对卡车进行封闭包装避免液体泄漏或交通事故的发生，控制最大运输车辆的行驶速度等。

（五）研究发现4：可选消费行业上市公司信息披露水平较高，董事会对 ESG 重视不足

2018 年，可选消费行业企业在 ESG 三个维度中的治理的平均得分最低，为 26.67 分。在治理维度的二级指标中，组织治理、风险管理、合规运营、信息披露的平均得分分别为 17.93 分、30.48 分、20.59 分、41.86 分（见图 20）。可以看出，可选消费行业的信息披露水平表现突出，风险管理能力普遍较好，合规运营能力有待进一步提升，但是组织治理水平相对较低，董事会对 ESG 的重视不足，董事会 ESG 管理水平需要进一步提高。

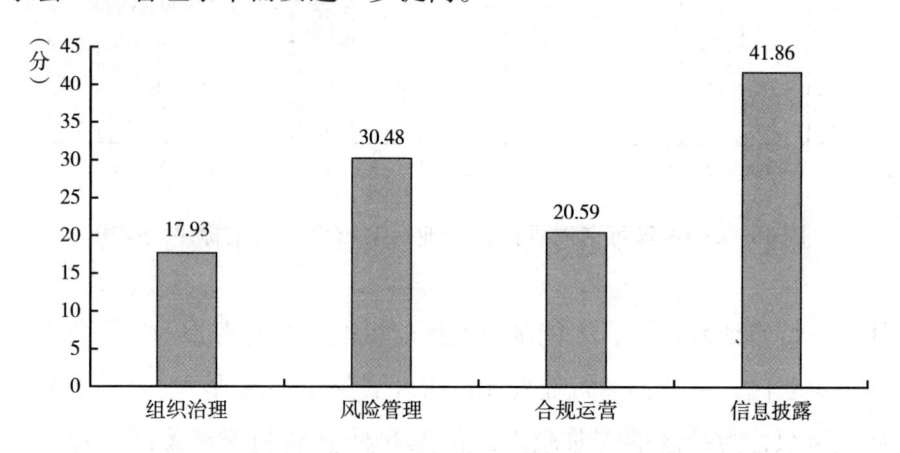

图 20　2018 年可选消费行业治理维度二级指标平均得分

为了应对当前资本市场越加严格的监管要求，增强公司合规运营能力，落实投资者保护各项要求，控制经营风险，实现持续规范发展，可选消费行业应当加强内部合规管理。一是要明确合规管理体系核心，即合规文化包括企业合规价值观以及来自高层领导的积极支持和承诺。二是要保障合规管理体系人员、技术、制度三项关键支柱。三是要管理合规管理体系治理与领导力、风险评估与尽职调查、培训与沟通、员工报告、案件管理与调查、测试与监控、第三方合规、持续改进等要素，进一步加强企业合规运营能力。

五　能源行业上市公司 ESG 评价分析

当前，世界正经历一轮新的变革，积极探索新的发展引擎，以化石能源为主体的能源消费结构带来了环境污染和气候变化等严峻挑战，全球能源结构转型是顺应全球经济、社会、环境实现可持续发展的重要环节，推动以清洁能源为主体的结构调整趋势初步形成。中国作为最大的发展中国家和主要经济体，积极推动能源结构转型。同时，为实现中国2020年非化石能源占一次能源消费的比重为15%，加快建立清洁低碳、安全高效的现代能源体系，促进可再生能源产业持续健康发展的目标，中国能源行业企业的经营目标及发展战略亟须调整，能源行业的社会责任受到空前的关注。

（一）基本特征分布

2018年能源行业中国上市公司有效样本共有8家。这些上市公司总资产的平均值为6176.98亿元，其中最高为24322.66亿元，最低为301.49亿元；净资产增长率的平均值为6.75%；资产负债率的平均值为43.63%；营业收入的平均值为7177.90亿元；净利润的平均值为224.03亿元；市值的平均值为2784.82亿元，其中最高为10779.94亿元，最低为180.56亿元（见表9）。

表9 2018年能源行业上市公司财务基本特征

指标	总资产（亿元）	净资产增长率（%）	资产负债率（%）	营业收入（亿元）	净利润（亿元）	市值（亿元）	市盈率（%）	基本每股收益（元）
均值	6176.98	6.75	43.63	7177.90	224.03	2784.82	51.59	0.76
中值	928.98	8.10	43.46	824.94	81.65	637.39	8.93	0.55
标准差	8496.23	5.80	14.16	11103.46	81.65	3598.57	109.40	0.63
偏度	1.54	-0.23	0.42	1.48	0.71	1.58	2.82	1.57
峰度	1.26	-1.68	-0.98	0.38	-1.72	1.92	7.97	3.07
极小值	301.49	-1.22	24.03	110.52	0.80	180.56	7.68	0.02
极大值	24322.66	14.56	65.57	28911.79	616.18	10779.94	340.84	2.21

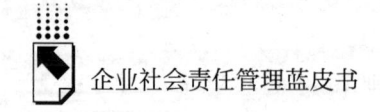

（二）研究发现1：能源行业上市公司ESG整体表现较好，有近四成企业评级为A

2018年，8家能源行业上市公司样本中，有3家评级为A，占比为37.5%；没有评级为C的企业（见图21）。ESG整体表现较好。

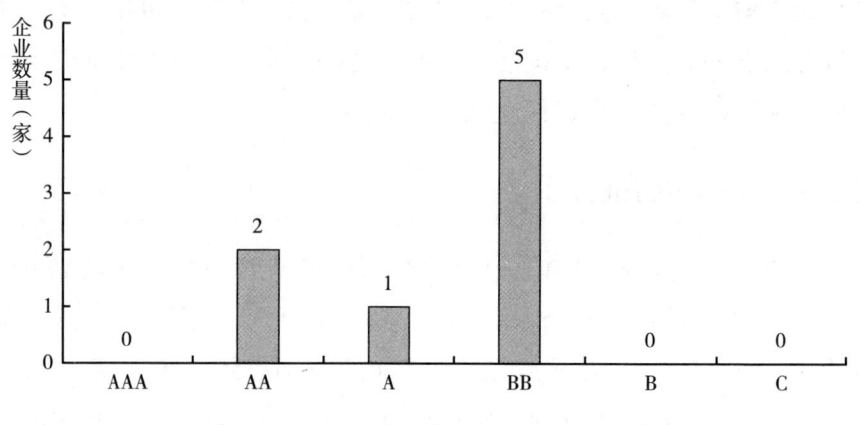

图21　2018年能源行业ESG评级分布

研究发现，在能源行业中，评级为AA的有中国石化、陕西煤业，评级为A的有中国海洋石油，其上市公司市值、营业收入、净利润排名都较为靠前。中国石化是一家上中下游一体化、石油石化主业突出、拥有比较完备销售网络、在境内外上市的股份制企业，在2019年《财富》世界500强企业中排名第2、2019中国制造业企业500强榜单排名第1。陕西煤业是陕西省省属特大型能源化工企业，通过调整产业结构、技术进步，实现了产业升级，通过发展循环经济，延长了产业链，经济规模和实现利润跃上了新的台阶。陕西煤业在2018年《财富》世界500强排行榜发布排名第294、位列2019年《财富》世界500强榜单第281。中国海洋石油是中国最大的海上油气生产商，经过30多年的改革与发展，已经形成了油气勘探开发、专业技术服务、炼化与销售、天然气及发电、金融服务等五大业务板块突出、产业链完整、业务遍及40多个国家和地区的国际能源公司，可持续发展能力显著提升。中国海洋石油在2019年《财富》杂志世界500强企业中排名第63、在2018年《石油情报周刊》杂志世界最大50家石油公司中位列第32；截至2018年底，公司的穆迪评级为A1，标普评级为A+，展望均为稳定（见表10）。

表10　2018年能源行业ESG评级情况

评级	行业属性	企业名称	市值排名	营业收入排名	净利润排名
AA	能源	中国石油化工集团有限公司	2	1	1
AA	能源	陕西煤业化工集团有限责任公司	4	5	4
A	能源	中国海洋石油集团有限公司	6	8	8

注：表中市值排名、营业收入排名、净利润排名均为截至2019年3月1日的上市公司排名。

（三）研究发现2：能源行业上市公司环境（E）维度实践水平表现较好，应对气候变化水平较高

从中国上市公司ESG评价的三个维度看，能源行业上市公司的环境维度表现较好，得分为49.33分，社会维度的得分为48.36分，治理维度的得分为45.73分（见图22）。能源行业在环境领域中的社会责任表现为建立环境管理体系、促进资源节约与环境保护、应对气候变化等。

在能源行业企业环境的二级指标维度下，应对气候变化平均得分为74.00分，环境管理为65.78分，资源能源利用为33.34分，废弃物排放为43.30分（见图23）。可以看出，能源行业企业的环境（E）维度实践水平较高，应对气候变化水平较高，但仍需在资源能源利用和废弃物排放等方面进一步提升其实践能力。

企业社会责任管理蓝皮书

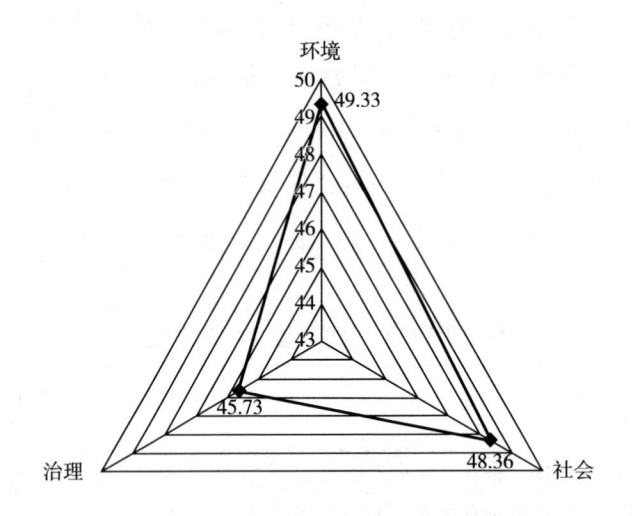

图22 2018年中国上市公司能源行业ESG三大维度得分（单位：分）

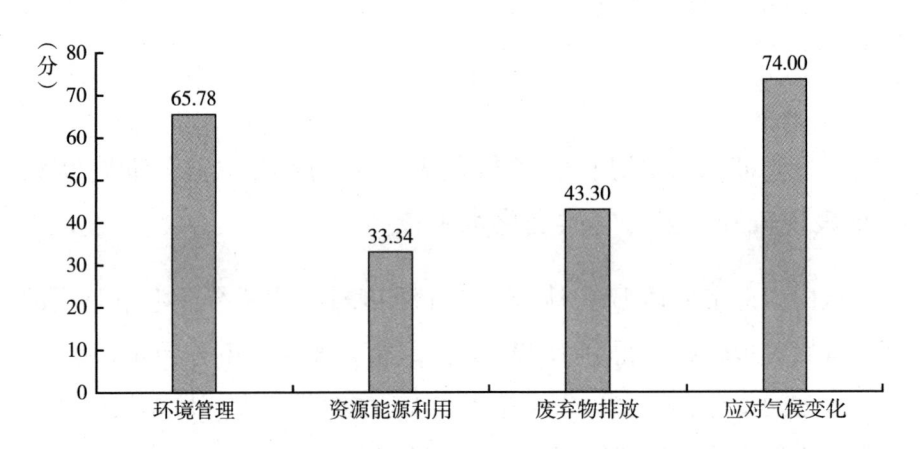

图23 2018年能源行业企业环境维度二级指标平均得分

2016年6月29日，G20能源部长会议主题是"构建低碳、智能、共享的能源未来"，也是中国能源行业为之努力的目标。在低碳发展路径上，中国政府对世界做出了庄严承诺：碳排放2030年前后达到峰值，并争取尽早达峰；单位GDP二氧化碳排放比2005年下降60%~65%；非化石能源占一次能源比重为20%左右。同时，中国碳交易市场 2017 年也在全国范围内全面铺开。就目前来看，能源行业应对气候变化得分最高为 74 分，说明当前能源行业信息披露渠道通畅且信息披露充分完善，对碳排放和温室气体排放的精确度都有所提高。

（四）研究发现3：能源行业上市公司社会（S）维度实践水平表现较好，亟须进一步提升供应链管理水平

2018 年，能源行业企业在 ESG 三个维度中的社会维度的平均得分较高。在社会维度的二级指标得分中，社区发展平均行分最高，为 57.92 分，员工权益与发展次之，为 53.51 分，客户权益保护为 48.75 分，供应链管理为 39.10 分（见图 24），供应链管理水平仍需进一步提升。

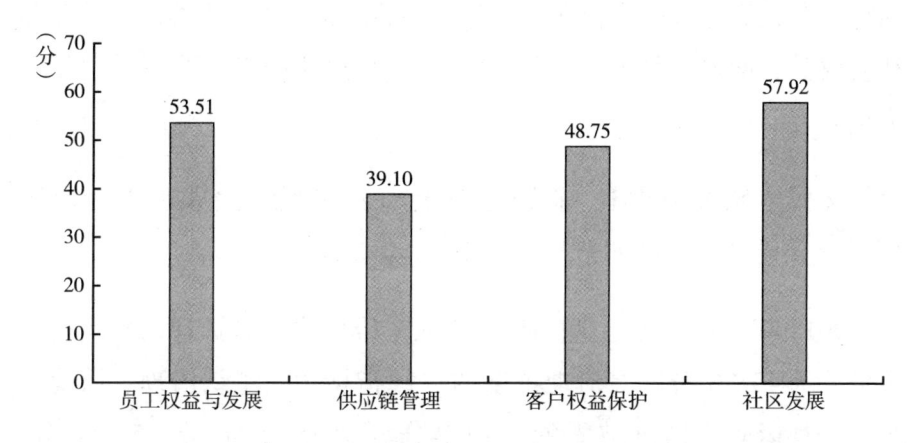

图 24　2018 年能源行业企业社会维度二级指标平均得分

随着高质量发展推进，能源行业竞争异常激烈，而石油是国家工业经济的命脉。如何在国际环境中建立一套先进合理的并且符合中国国情的能源行业供应链是需要国内能源公司思考的问题。以能源行业的石油行业供应链为例，行业的主要产品是能源产品，表现为成品

油、天然气和化工产品。按照产品生产销售供应链的这一条主线，石油行业的供应链大致可分为原材料供应、勘探与生产、运输、炼油、化工、分销、客户等环节。同时石油行业也是一个产生重大污染源的行业。首先，石油产品（包括原油、天然气、成品油、石油化工产品）本身就是一种不可再生的污染物，容易造成大气、地下水、海洋的污染；其次，油气勘探、开发、炼化、储运过程中容易对野外环境、周边环境造成破坏；最后，整个石油供应链中原材料和资源的浪费比较严重，资源利用率不高。[①] 随着环保意识的增强，越来越多的客户要求石油企业提供更为安全、环境友好型的产品与服务，员工要求工作对生命安全、健康与环境不造成损害，媒体与公众对企业绿色化经营越来越多地关注、期待与监督。相关方开始逐步意识到，在供应链管理运作过程中，应该同时注重环境污染问题的研究。因此，石油行业实施绿色供应链管理来提升企业的形象、带来良好环境效益和社会效益、增强竞争优势在实现资源环境的可持续发展方面就显得尤为重要。

（五）研究发现4：能源行业上市公司组织治理水平相对较低，董事会ESG管理水平需要进一步提高

2018年，在能源行业企业ESG三个维度中，其治理的平均得分最低，为45.73分。在治理维度的二级指标中，组织治理、风险管理、合规运营、信息披露的平均得分分别为32.58分、52.14分、47.95分、55.13分（见图25）。可以看出，能源行业的信息披露水平表现突出，风险管理能力普遍较好，合规运营能力有待进一步提升，但是组织治理水平相对较低，董事会对ESG的重视不足，董事会ESG管理水平需要进一步提高。

---

① 陈四清：《经济转型与金融视角》，中国金融出版社，2014。

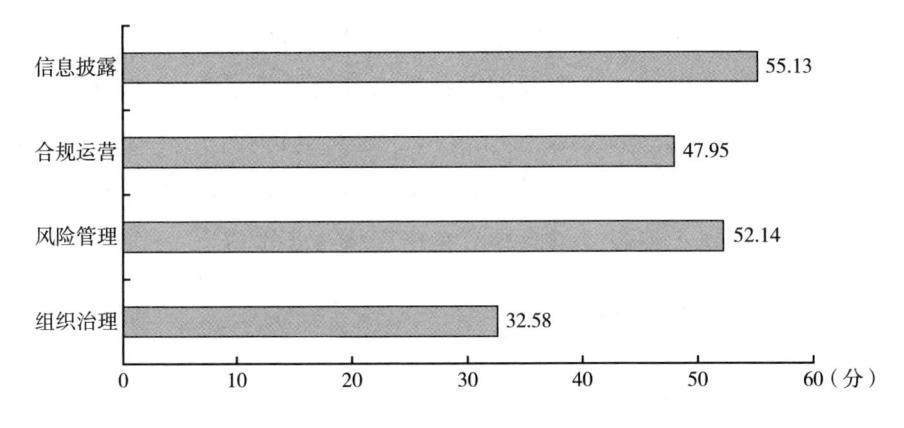

维度	得分
信息披露	55.13
合规运营	47.95
风险管理	52.14
组织治理	32.58

图 25 2018 年能源行业企业治理维度二级指标平均得分

ESG 报告是回应投资者及利益相关方的重要途径，可以让投资者对企业更有信心，让员工得以更好地发展，给用户更有品质的产品和服务，让公司实现良性可持续发展，进而达到更好地回报社会的目的。目前能源行业的上市公司的 ESG 报告的披露情况表现较佳，积极性高，ESG 报告的管理机制也比较健全完备。能源行业普遍重视 ESG 报告的主要原因在于其在 ESG 方面的风险性较高，是否进行有效管理将影响到公司的财务表现，同时能源企业承受的环保舆论压力比较大，投资者更为关注。另外，很多能源企业为国有企业，发布 ESG 报告也很好地履行了企业社会责任，但很多企业需要提升 ESG 报告数据的准备性和完整性。

六 日常消费行业上市公司 ESG 评价分析

日常消费行业是满足人们多样化、多层次服务消费需求的行业。21 世纪以来，中国日常消费行业规模持续扩大，各类市场主体数量大幅增长，日常消费行业内部发展分化明显，线上供给方式带动了日常消费行业快速发展，大型中心城市日常消费行业发展处于领先地位，日常消费行业的国际贸易和国际投资显著增加，促进了居民消费升级和产业转型发展。未来，中国日常消费行业将呈现六大趋势：日常消费行业进入持续快速发展阶段，日常消费行业内部结构调整加快，供给升级将进一步加快，线上线下供给方式将实现深度融合，空间集聚程度进一步提高，双向开放新格局将逐步形成。①

（一）基本特征分布

2018年日常消费行业中国上市公司有效样本共有20家。这些上市公司总资产的平均值为421.51亿元，其中最高为1598.47亿元，最低为118.29亿元；净资产增长率的平均值为9.01%；资产负债率的平均值为42.45%；营业收入的平均值为387.78亿元；净利润的平均值为48.81亿元；市值的平均值为2021.61亿元，其中最高为15069.22亿元，最低为194.29亿元（见表11）。

表11　2018年日常消费行业上市公司财务基本特征

指标	总资产（亿元）	净资产增长率（％）	资产负债率（％）	营业收入（亿元）	净利润（亿元）	市值（亿元）	市盈率（％）	基本每股收益（元）
均值	421.51	9.01	42.45	387.78	48.81	2021.61	61.69	2.70
中值	340.75	10.51	41.11	275.35	17.05	973.90	42.81	1.05
标准差	336.29	9.97	12.69	259.53	78.22	3295.96	80.97	6.10
偏度	2.43	-0.23	0.42	0.50	3.34	3.54	4.05	4.06
峰度	7.26	-0.69	-0.59	-1.25	12.30	13.63	17.07	17.09
极小值	118.29	-11.24	24.25	67.55	2.29	194.29	18.68	0.05
极大值	1598.47	25.94	69.43	871.36	352.04	15069.22	397.55	28.02

---

① 王微、刘涛、赵勇：《我国消费性服务发展现状及未来趋势》，《调查研究报告》2018年8月16日。

（二）研究发现1：日常消费行业上市公司ESG整体水平表现一般，仅二成企业评级为A

在20家日常消费行业上市公司样本中，ESG评级为A的只有4家，占比为20%；评级为B的有15家，占比75%；评级为C的有1家，占比为5%（见图26）。日常消费行业ESG整体水平一般。

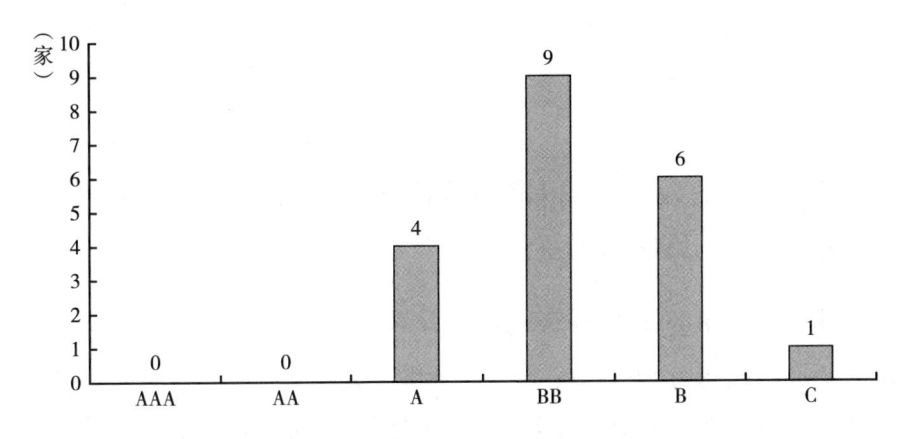

图26 2018年日常消费行业ESG评级分布

研究发现，在日常消费行业中，评级为A的上市公司包括双汇集团、新希望集团、顺鑫农业、五粮液集团，其市值、营业收入、净利润在行业内排名均比较靠前（见表12）。2013年5月双汇集团以71亿美元收购世界上最大生猪养殖企业美国史密斯菲尔德食品公司的全部股份，使双汇集团成为世界上最大的肉类加工企业。新希望集团是中国农业产业化国家级重点龙头企业、中国最大的饲料生产企业、中国最大的农牧企业之一，拥有中国最大的农牧产业集群，是中国农牧业企业的领军者。五粮液集团的品牌价值更是高达472.06亿元，位居全国最有价值品牌第四，连续15年保持中国食品品牌价值之冠。评级为A的这些日常消费行业企业的公司总资产规模、品牌价值均在行业内领先。

表 12　2018 年日常消费行业 ESG 评级分布情况

评级分布	企业名称	市值排名	营业收入排名	净利润排名
A	河南双汇投资发展股份有限公司	9	7	5
	新希望集团有限公司	10	5	10
	北京顺鑫农业股份有限公司	16	17	16
	四川省宜宾五粮液集团有限公司	2	9	2

注：表中市值排名、营业收入排名、净利润排名均为截至 2019 年 3 月 1 日的上市公司排名。

（三）研究发现2：日常消费行业上市公司治理水平亟须提高，董事会对 ESG 重视不足

从中国上市公司 ESG 评价的三个维度看，日常消费行业上市公司的环境维度得分为 39.95 分，社会维度的得分为 46.54 分，治理维度的得分仅为 28.16 分（见图 27）。特别是治理下设的合规运营这一二级指标平均得分仅为 16.16 分，其他二级指标中，风险管理、信息披露的平均得分分别为 29.74 分、45.54 分，在组织治理这一指标中日常消费行业平均得分为 28.27 分高于所有样本上市公司的平均得分 21.98 分。这表明，日常消费行业的信息披露水平表现较好，合规运营能力有待进一步提升，组织治理层面虽然高于样本上市公司的平均水平，但是董事会对 ESG 的重视仍然不足，董事会 ESG 管理水平需要进一步提高。

2019 年 5 月 17 日，香港联交所发布有关检讨《环境、社会及管治报告指引》（简称"ESG 指引"）及相关《上市规则》条文的咨询文件，香港联交所 ESG 指引的修订进一步深化了上市公司对 ESG 管理的要求，逐步实现由"汇报"向"管理"的转变。在意识层面，上市公司需要重视 ESG 管理，尤其要受到公司董事会及高管层面的

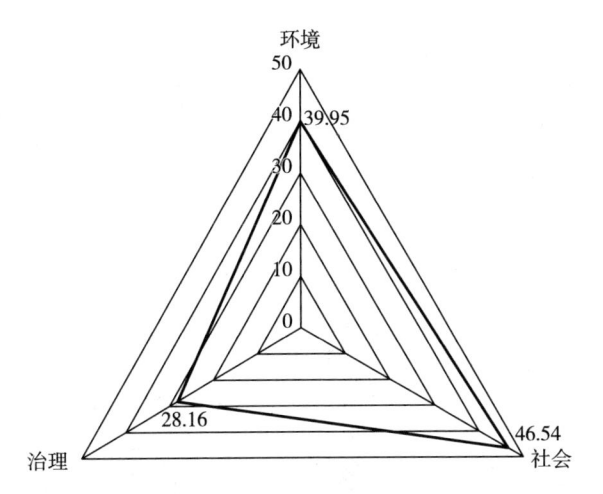

图 27　2018 年中国上市公司日常消费行业 ESG 三大维度得分（单位：分）

重视。上述研究发现表明日常消费行业上市公司的董事会对 ESG 重视不足，尚未在意识层面加强 ESG 管理，不利于上市公司回应监管要求，且在 ESG 评级领域难以获得良好的评级表现，从而对上市公司的盈利产生一定影响。

因此，建议日常消费行业上市公司，一是在战略层面按照香港联交所 ESG 要求，加强 ESG 治理，加强董事会对 ESG 事务的监管，在董事会及其下设委员会的职责权限、议事规则和汇报程序中，纳入对环境、社会及治理事务的监管；二是完善 ESG 管理组织架构，构建一套运行有效的企业社会责任管理体系（CSRMS），以实质性推动 ESG 管理；三是将经济、环境、社会等可持续发展理念融入业务运营，明确 ESG 管理的目标方向、重点内容和实施路径。

（四）研究发现3：日常消费行业信息披露水平较高，普遍注重发布社会责任报告

在日常消费行业治理的二级指标中，组织治理、风险管理、合规运营的平均得分分别为 28.27 分、29.74 分和 16.16 分，信息披露的

平均得分最高,为45.54分(见图28)。可以看出,日常消费行业上市公司信息披露水平较高。

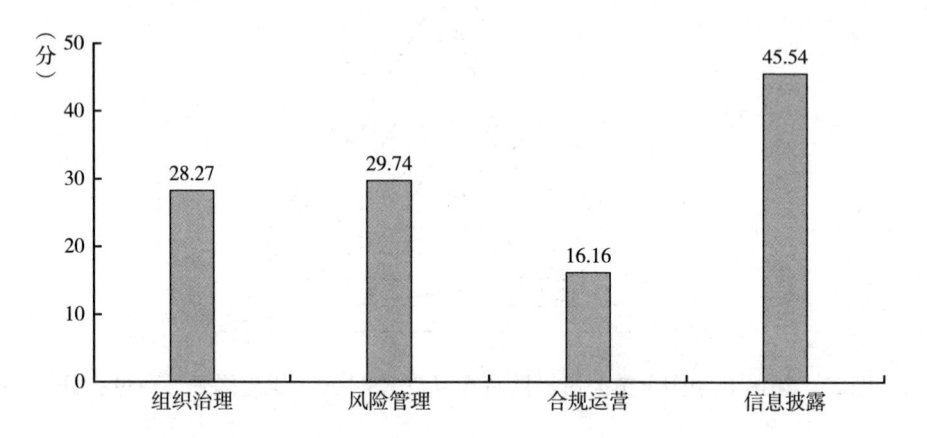

图28　2018年日常消费行业治理维度二级指标平均得分

统计发现,在日常消费行业的20家企业中,仅有2家企业未发布社会责任报告,占比10%(见图29)。可以看出,日常消费行业

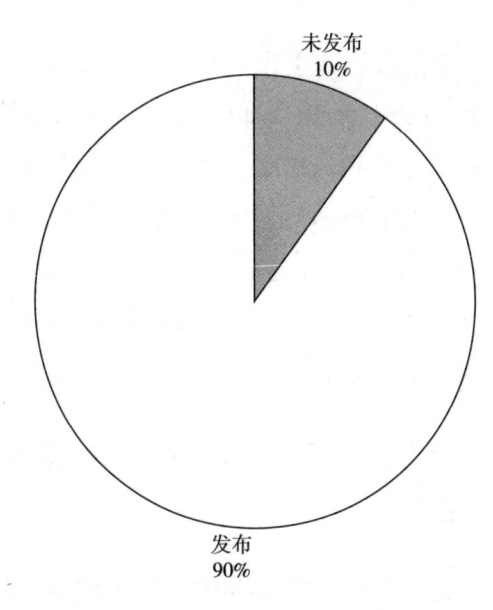

图29　2018年日常消费行业上市公司社会责任报告发布情况

上市公司普遍注重发布社会责任报告。企业社会责任报告是企业非财务信息披露的重要载体，是企业与利益相关方沟通的重要桥梁。日常消费行业上市公司注重发布社会责任报告，说明其重视以发布社会责任报告的信息披露形式与利益相关方进行沟通。

（五）研究发现4：日常消费行业普遍注重客户权益保护，产品质量管理与客户服务水平较高

2018年，日常消费行业上市公司在社会维度的二级指标得分中，客户权益保护的平均得分为53.66分，其他二级指标的平均得分如员工权益与发展、供应链管理、社区发展的平均得分分别为39.19分、43.5分和37.61分（见图30）。可以看出，日常消费行业的客户权益保护得分最高，日常消费行业更加注重客户权益的保护。

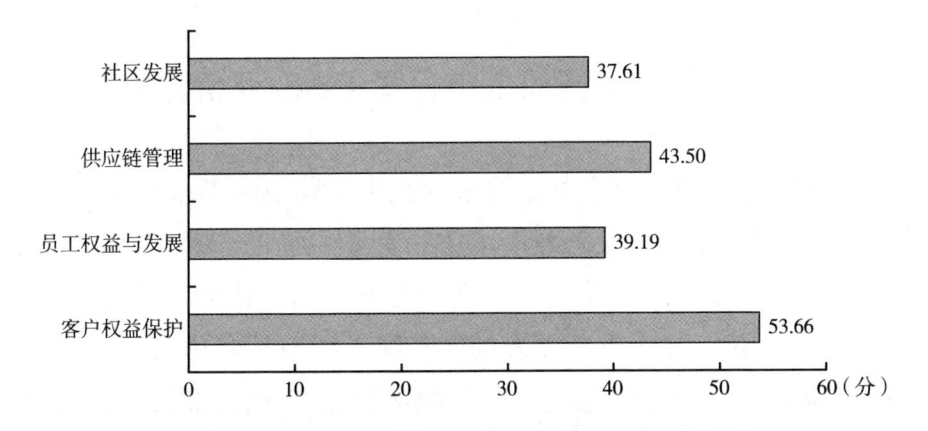

图30　2018年日常消费行业社会维度二级指标得分

日常消费行业的主要客户是消费者，消费者权益保护在日常消费行业中非常重要。当前，中国经济处于从高速发展转向高质量发展、从生产为中心转向消费者优先、从投资主导转向消费拉动的新阶段。人民对美好生活的需求日益增长，对放心消费环境的期盼持续迫切，从能消费转向敢消费、愿消费，任重而道远。党中央、国务院把消费

者权益保护上升为全局重要工作,中央经济工作会议强调"形成强大国内市场,改善消费环境"。消费者权益保护事业正处于群众所需所急所盼、政府高度重视、各界协同共治的机遇期。

党的十九大报告指出,中国经济由高速增长阶段转向高质量发展阶段。高质量发展,归根结底是要高质量地满足人民群众对美好生活的需求。而保护好消费者的权益,其实是和高质量发展紧密结合在一起的内在要求。反过来说,只有始终关注消费者权益和需求,抓好科技创新,才能从需求侧倒推供给侧提质升级,实现高质量发展。在日常消费行业中,企业面临众多的消费者,注重消费者权益保护有利于树立企业的良好形象,在消费者中树立良好的口碑,赢得更多消费者的支持,促进企业自身的业务发展,最终促进行业发展,助力国家高质量发展。

七 信息技术行业上市公司 ESG 评价分析

随着信息化在全球的快速发展,世界对信息的需求快速增长,信息产品和信息服务对于各个国家、企业、单位、家庭、个人都不可缺少。信息技术已成为支撑当今经济活动和社会生活的基石。在这种情况下,信息产业成为世界各国,特别是发达国家竞相投资、发展的产业部门。信息技术行业是 11 个一级行业之一,可以细分成电子、信息、5G、半导体、互联网、物联网、人工智能、云计算等很多的行业或主题。信息技术行业无论是从估值还是从成长,从国家战略还是市场环境方面,都是一个具有发展前景和市场价值的行业。①

信息技术代表着当今先进生产力的发展方向,信息技术的广泛应

---

① 徐敢利:《科技信息对现代社会的影响》,《黑龙江科技信息》2013 年第 22 期。

用使信息的重要生产要素和战略资源的作用得以发挥，使人们能更高效地进行资源优化配置，从而推动传统产业不断升级，提高社会劳动生产率和社会运行效率。

未来，信息技术行业能够推动企业实现数字化、信息化、自动化管理。随着信息技术的广泛应用和不断发展，未来以电子商务、软件和通信技术为核心的 IT 技术对企业经营和管理将产生重大而深远的影响。企业也需要创造性地运用信息技术才能改变整个行业和企业的竞争规则，从而赢得新的竞争优势。在未来网络化和智能化的信息环境中，驱动现代企业成长的力量将由机会和业务转向管理和创新，信息技术应用将会对后两种驱动力量起到强大的支撑作用。企业规模的扩大、业务和管理趋于复杂，企业务必靠加强管理来提升企业的运营效率和效益，单纯依靠人的控制和一些简单的辅助手段已经不足以保证业务运作和管理的有效，因此，企业需要引入一些专门的信息系统，例如企业资源计划（ERP）、客户关联管理（CRM）以及企业内部的管理信息系统。并且企业在内部的管理平台上整合现有的系统资源，同整个价值链上的合作伙伴建立贴合统一标准的信息共享和交流机制，使得跨企业、跨行业的供应链流程更加畅通和便捷。

（一）基本特征分布

2018 年信息技术行业中国上市公司有效样本共有 38 家。这些上市公司总资产的平均值为 446.20 亿元，其中最高为 3040.28 亿元，最低为 51.32 亿元；净资产增长率的平均值为 23.58%；资产负债率的平均值为 45.13%；营业收入的平均值为 349.37 亿元；净利润的平均值为 18.40 亿元；市值的平均值为 667.77 亿元，其中最高为 3131.46 亿元，最低为 188.12 亿元（见表 13）。

表13 2018年信息技术行业上市公司财务基本特征

指标	总资产（亿元）	净资产增长率（%）	资产负债率（%）	营业收入（亿元）	净利润（亿元）	市值（亿元）	市盈率（%）	基本每股收益（元）
均值	446.20	23.58	45.13	349.37	18.40	667.77	39.09	0.63
中值	259.75	10.98	47.50	194.55	10.43	409.97	33.66	0.52
标准差	614.77	39.51	17.99	676.95	33.77	665.56	33.45	0.59
偏度	2.88	2.64	-0.12	4.90	2.54	2.78	0.12	-1.23
峰度	8.72	7.59	-0.95	26.91	11.99	7.87	2.54	4.68
极小值	51.32	-27.65	13.06	21.34	-69.84	188.12	-62.31	-1.67
极大值	3040.28	174.57	77.08	4153.78	169.02	3131.46	136.60	1.61

（二）研究发现1：信息技术行业上市公司ESG整体水平偏低，超半数企业评级为B

工信部政策法规司范斌副司长在SJ/T 11728-2018《电子信息行业社会责任管理体系》行业标准发布会上指出，电子信息行业社会责任标准建设近年来成绩显著，社会责任治理水平不断提升，《电子信息行业社会责任管理体系》行业标准的发布对完善电子信息行业社会责任标准体系、推进电子信息企业社会责任意识和管理能力提升以及推进企业履责长效机制的建设具有重要意义。2018年，在38家信息技术行业上市公司中，评价结果为A的有10家，占比为26.32%，评级为C的有8家，占比为21.05%（见图31）。可以看出，信息技术行业上市公司的ESG整体水平偏低。信息技术行业企业需要适应当前新的形势要求，遵循《电子信息行业社会责任管理体系》中给出的方法，推进企业社会责任理念和实践全面融入企业日常管理，不断推进企业负责任的全球品牌形象和核心竞争力提升，助力电子信息技术产业转型升级与提质增效。

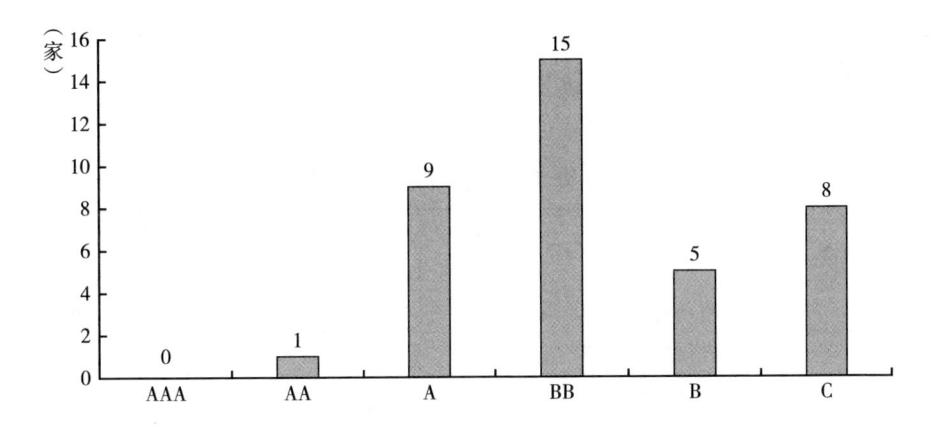

图31　2018年信息技术行业上市公司ESG评级分布

在评级结果为A的上市公司中，没有企业评级为AAA，有1家企业评级为AA，为蓝思科技，有9家企业评级为A，其中包括京东方、欧菲光、纳思达等上市公司（见表14）。蓝思科技市值和营业收入在行业内排名均比较靠前，但是净利润排名落后，蓝思科技推行"以人为本，诚信务实，勇于创新，乐于奉献"的经营理念，不断实践"尊重、专业、诚信、奉献"的企业精神。经过十几年的发展，公司集聚了境内外先进生产技术和具有丰富实践经验的专业和管理人才，加上业界一流的生产环境和设备，锻造了蓝思科技超一流的品质，赢得了全球许多知名企业的赞誉。京东方在行业内市值、营业收入、净利润排名均靠前，2019年6月11日，京东方入选"2019福布斯中国最具创新力企业榜"，10月23日，2019《财富》未来50强榜单公布，京东方排名第34。上市公司在行业内财务特征的相关排名与其ESG等级评价呈正相关关系，上市公司的公司业绩对其ESG等级评价具有一定的正向影响，但并不起决定性作用，如蓝思科技虽然净利润排名较靠后，但是其依据具有社会责任理念的经营理念和企业精神，赢得了较高的ESG评级。对于上市公司来说，若想获得更高的ESG评级，赢得资本市场的良好机遇，在公司理念和公司管理中融入ESG理念，推动ESG管理，更有利于企业获得良好的ESG表现，实现自身的长期可持续发展。

表14　2018年信息技术行业ESG评级情况

评级	企业名称	市值排名	营业收入排名	净利润排名
AA	深圳市蓝思科技有限公司	14	14	30
A	京东方科技集团股份有限公司	5	3	4
	深圳欧菲光科技股份有限公司	28	8	37
	深圳市大族激光科技股份有限公司	20	22	12
	纳思达股份有限公司	31	19	18
	浙江大华技术股份有限公司	17	17	10
	深圳信维通信股份有限公司	21	30	22
	江苏亨通光电股份有限公司	30	10	9
	歌尔股份有限公司	9	16	25
	恒生电子股份有限公司	11	35	29

注：表中市值排名、营业收入排名、净利润排名均为截至2019年3月1日的上市公司排名。

（三）研究发现2：信息技术行业上市公司环境（E）维度实践水平较差，环境管理意识有待进一步提升

2018年，在ESG三个维度中，信息技术行业企业的环境维度平均得分仅为25.65分，社会维度的平均得分为37.03分，治理维度的平均得分也仅为26.93分（见图32）。信息技术行业企业在环境领域中的社会责任表现为建立环境管理体系、开展资源节约与环境保护、开发环保技术和产品等，信息技术行业企业的环境（E）维度实践水平较差，需要在环境管理、资源节约与环境保护等方面进一步提升其实践能力。

在信息技术行业企业环境维度的二级指标中，环境管理的平均得分仅为14.51分，资源能源利用的平均得分为20.12分，废弃物排放

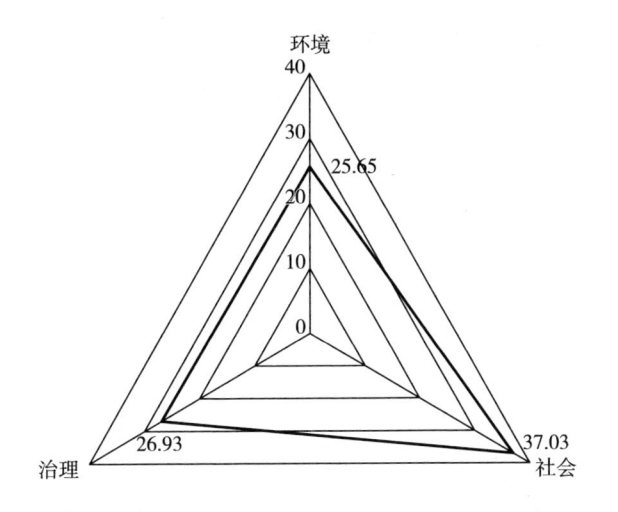

图 32　2018 年信息技术行业上市公司 ESG 维度得分分布（单位：分）

的平均得分为 32.14 分，应对气候变化的平均得分为 32.63 分（见图 33）。可以看出，信息技术行业企业环境管理水平较差，需要在理念、战略、政策制度、实践等层面进一步提升环保理念，制定环境管理政策制度体系，开发环保技术、环保产品，适当增加环保投入为环境实践提供资金支持。

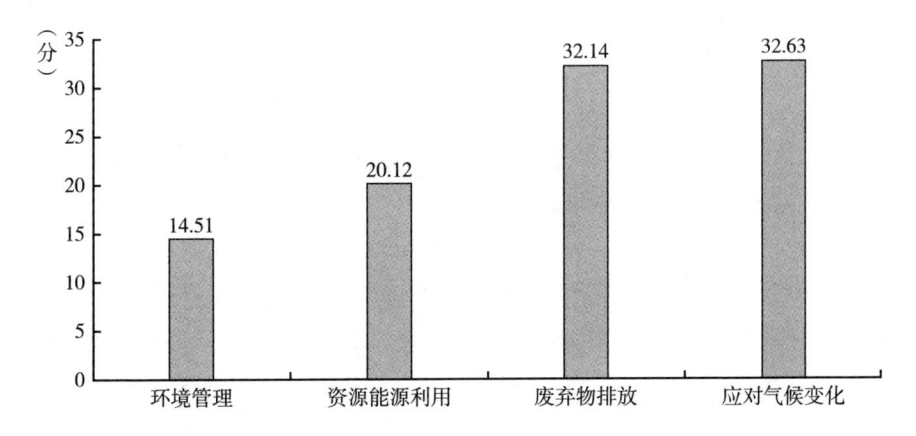

图 33　2018 年信息技术行业企业环境维度二级指标平均得分

信息技术的迅猛发展，促进了经济的增长、社会的进步与人类生活的改善，给世界带来了巨大而深刻的变革和空前的便利，把人类社会的物质文明和精神文明推进到一个前所未有的新高度。然而，在惊叹信息技术创造无数社会财富的同时，也必须承认另外一个事实：信息技术并非万能的，IT 的迅猛发展对人类赖以生存的环境造成了破坏，突出地表现为能源消耗、碳排放和污染物扩散等问题。信息技术的发展对环境的影响具有两面性：信息技术既是改善环境的"生产力"，又在一定程度上是损害环境的"破坏力"。[①]

因此，本文对信息技术行业践行环境责任的举措建议包括以下几点：一是制订绿色发展规划，企业要从战略层次上综合考虑企业的绿色发展，制订企业长期性和全局性的绿色发展规划指导企业运营；二是增加绿色研发和环保投入，支持创新开发绿色信息技术，推进节能减排；三是推动绿色制造，在生产等全周期产业链中节约自然资源，降低废气等排放物排放，从根本上把"末端治理"转变为"源头治理"；四是推动资源再生利用，缓解资源压力，降低环境污染；五是传播绿色理念，信息技术行业企业需要在生产经营中以身作则，加强社会责任感，向公众和相关方传递绿色理念，并把它作为一项长期活动持续开展下去。

（四）研究发现3：信息技术行业上市公司重视社区参与，利用专业优势开展社区服务

2018 年，在信息技术行业企业 ESG 三个维度中，其社会维度的平均得分最高，信息技术行业上市公司普遍注重社会发展。在社会维度的二级指标得分中，员工权益与发展的平均得分最高，为 39.11

[①] 李伟、穆红莉：《信息技术发展背景下的 IT 企业环境责任——基于企业视角的分析》，《改革与战略》2011 年第 9 期。

分，社区发展的平均得分也较高，为37.49分，供应链管理和客户权益保护的平均得分分别是35.15分和35.29分（见图34）。可以看出，信息技术行业上市公司注重社区发展，重视社区参与，通过开展社区服务等活动推动企业履行社会责任。

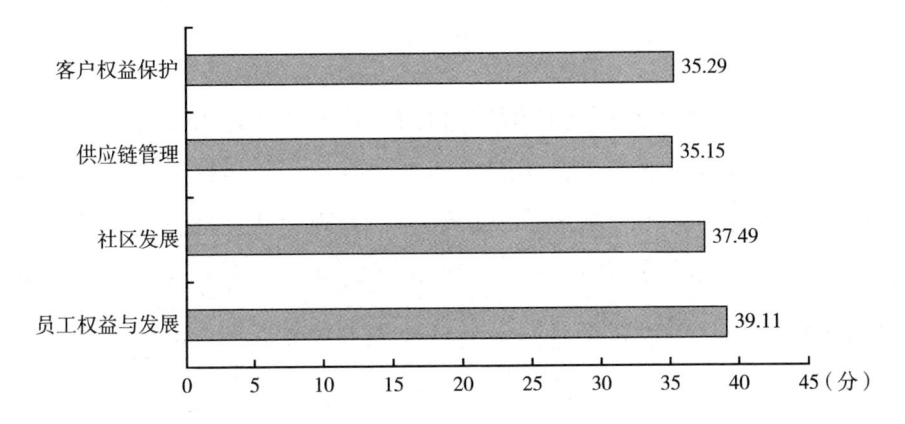

二级指标	平均得分
客户权益保护	35.29
供应链管理	35.15
社区发展	37.49
员工权益与发展	39.11

图34　2018年信息技术行业企业社会维度二级指标平均得分

信息技术行业企业重视社区参与和发展，积极开展专业的志愿活动，企业的高层管理者也非常重视志愿服务，统计显示，较多的高层管理者参与了员工志愿者活动或提供了专业的志愿服务。

信息技术行业企业充分意识到社区服务的关键在于利用自身技术优势和影响力，将相应的资金、技术、人力等资源投入社区服务，并利用自身的专业优势帮助公益组织等提高社区服务能力，积极参与社区建设，打造社会创新生态圈。[①] 例如，智慧社区是利用新一代信息技术为社区居民提供舒适便利的生活环境，是一种社区管理和服务的创新模式。在中国城镇化进程不断推进的背景下，智慧城市的概念日益受到关注，而作为城市的"分子"，智慧社区建设也被提上日程。信息技术行业企业通过自身的信息技术优势，将信息技术运用到社区

---

① 《电子信息行业社会责任建设发展报告（2016年度）》。

服务中，给社区居民提供优质便利的服务，加强社区信息化，建立多元的信息沟通渠道，提升居民对社区的归属感，有利于促进社会和谐，推动基层治理能力现代化建设。

（五）研究发现4：信息技术行业上市公司风险管理水平较低，信息技术风险问题亟须引起重视

2018年信息技术行业在治理维度的平均得分为26.93分，相对较低，信息技术行业上市公司的治理水平有待进一步提升。在治理维度的二级指标中，组织治理、风险管理、合规运营、信息披露的平均得分分别为27.05分、16.58分、30.85分、44.91分（见图35）。可以看出，信息技术行业企业的风险管理水平相对较低，信息披露表现突出。

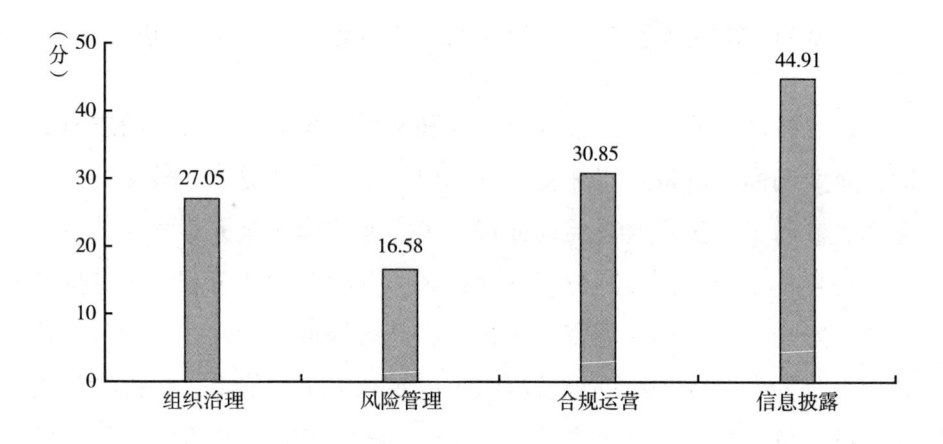

图35　2018年信息技术行业治理维度二级指标平均得分

信息技术是网络经济的支柱，也是网络企业发展的根本要素。但是，信息技术的发展过程具有两面性：一方面，信息技术在经济发展中起着越来越重要的作用，网络企业对信息技术的依赖日益加深；另一方面，信息技术在给网络企业带来巨大助益的同时，也带来了巨大的风险。然而在信息技术风险管理中，多数企业存在重技术、轻管理的现象，认为信息技术风险管理主要是技术人员的任务，导致风险管理常常出现脱节现象。风险技术管理人员所发现的风险隐患，经常不能顺畅地传达到有效管理层，造成风险预警的延迟。[①]

信息技术行业企业需要加强风险管理，重视信息技术风险问题，从"技术"转为"管理"，一是提高风险防范意识，普及风险管理知识。虽然风险防范不能给企业带来直接效益，但高度的风险警惕性有助于网络企业及早发现风险，采取相应的控制措施，避免风险扩散给企业造成更大的损失。二是营造良好风险文化，完善风险管理体系。信息技术风险不仅是一个"技术"问题，同时也是一个"管理"问题，风险管理的各个阶段是环环相扣的，有了完善的管理体系和良好的风险文化，才能保障风险管理体系顺利实施，及早发现风险隐患，采取相应的措施，将风险的负面影响降到最低。[②]

八　材料行业上市公司 ESG 评价分析

传统的建筑材料（简称"建材"）一般较为粗放，即对环保、健康等因素的关注较少，其将重点都放在建材本身的质量性能上。因此，传统的建材容易对长期的可持续发展造成较大的影响。由于如今人们对建材的需求大大增加，加之国家对可持续发展的观念进一步呼吁，更节约资源、保护环境的新型建材应运而生，并逐渐在市场上活跃。无论是在生产还是在装修方面，这些新型建材都能满足消费者日益严格的要求，不仅节源、绿色、环保，还能提高建筑物的宜居度，甚至能对原有的废弃物进行处理利用。

[①] 朱秀芬：《网络企业信息技术风险管理体系研究》，《商场现代化》2008 年第 2 期。
[②] 《中央经济工作会议定调 2020 房地产：稳地价、稳房价、稳预期》，https://new.qq.com/omn/FIN20191/FIN2019121201445900.html。

随着21世纪的到来,在科学发展观的指引下,材料领域明确了必须走资源节约型、环境友好型的新型工业化道路。目前中国已初步建立起以节能50%为目标的建筑节能设计标准体系,部分地区执行更高的65%节能标准。而对于建筑节能,最关键的环节就是新型节能建材的使用和推广。同时,通过对新型建材的使用,建筑节能也将取得显著成效。①

（一）基本特征分布

2018年材料行业中国上市公司有效样本共有28家。这些上市公司总资产的平均值为805.97亿元,其中最高为3351.41亿元,最低为135.21亿元;净资产增长率的平均值为19.51%;资产负债率的平均值为49.10%;营业收入的平均值为673.10亿元;净利润的平均值为48.61亿元;市值的平均值为531.94亿元,其中最高为2350.24亿元,最低为144.57亿元（见表15）。

表15 2018年材料行业上市公司财务基本特征

指标	总资产（亿元）	净资产增长率（%）	资产负债率（%）	营业收入（亿元）	净利润（亿元）	市值（亿元）	市盈率（%）	基本每股收益（元）
均值	805.97	19.51	49.10	673.10	48.61	531.94	27.24	1.22
中值	522.16	15.59	49.42	547.88	24.66	346.86	15.72	0.80
标准差	783.50	19.21	16.13	676.73	64.95	483.35	34.49	1.38
偏度	1.90	2.45	-0.71	1.94	2.84	2.44	2.53	1.85
峰度	3.63	8.52	0.02	4.73	8.55	6.61	6.32	3.08
极小值	135.21	-0.63	14.27	50.04	1.96	144.57	2.89	0.06
极大值	3351.41	96.27	73.26	3047.79	298.58	2350.24	148.47	5.63

---

① 《建筑材料发展方向:新型节能材料成趋势》,https://www.better88.com/xyxw/jzclfzfxxx_1.html。

（二）研究发现1：材料行业上市公司ESG整体水平表现一般，五成以上企业评级为B

2018年，28家材料行业上市公司样本中，7家企业评级为A，占比为25%；有19家企业评级为B，占比67.86%；有2家企业评级为C，占比为7.14%（见图36）。可以看出，五成以上企业评级为B，材料行业上市公司ESG整体表现一般。

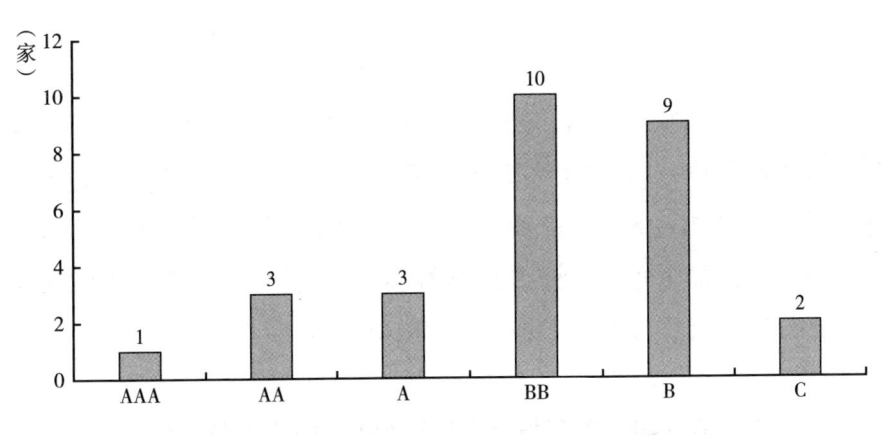

图36 2018年材料行业上市公司ESG评级分布

在2018年样本量内，材料行业仅有1家企业评级为AAA，为海螺水泥，并且海螺水泥也在所有样本量中排名前三；其次，宝山钢铁、金隅集团、天齐锂业等材料行业企业评级也较为靠前。

2019年11月22日，海螺水泥荣获2019中国企业ESG"金责奖"——最佳公司治理（G）责任奖。一直以来，海螺水泥非常重视自身的社会责任建设，通过构建ESG责任体系助力实现企业可持续发展目标。在公司治理方面，海螺水泥大力倡导"诚信廉洁、依法经营"的理念，根据"防范在先、监管于中、惩治在后"的原则，坚持制度与管理并行。公司下设监察审计室和工程审计部，稳步推进效能监察常态化，强化重点领域监察审计。为进一步规范效能监察工作，促进各级管理人员履行职责，下发《海螺水泥公司效能监察工作暂行办法（试行稿）》，为效能监察工作提供了制度依据和流程支撑，并据此对权力集中、资金密集、资源富集等容易滋生腐败的重点领域、关键岗位和关键环节开展了规章制度执行及工作流程的监督检查。

可以看出，海螺水泥在履行社会责任尤其是在公司治理领域表现突出，获得了较好的 ESG 评级。同时，宝山钢铁、金隅集团、天齐锂业等企业其市值、营业收入及净利润等财务指标在行业内排名靠前，其 ESG 评级表现也较好，天齐锂业作为从中国西部走出来的锂业巨头，近年来发展迅速，公司相继在澳大利亚和智利等国，布局了锂矿资源和生产基地，截至 2018 年底，天齐锂业已经是亚洲规模领先以及世界第二大的锂生产商。天齐锂业积极履行社会责任，并将其融入企业的发展过程中，还专门就社会责任制订了长期的发展规划，有着良好的社会责任管理基础（见表16）。

表16　2018 年材料行业上市公司 ESG 评级与市值排名情况

评级	企业名称	市值排名	营业收入排名	净利润排名
AAA	安徽海螺水泥股份有限公司	1	4	1
AA	上海宝山钢铁集团股份有限公司	3	1	2
AA	中国冶金科工股份有限公司	8	2	6
AA	山西太钢不锈钢股份有限公司	25	13	9
A	北京金隅集团股份有限公司	14	11	14
A	河钢集团有限公司	22	5	13
A	天齐锂业股份有限公司	16	27	17

注：表中市值排名、营业收入排名、净利润排名均为截至 2019 年 3 月 1 日的上市公司排名。

（三）研究发现2：材料行业上市公司组织治理水平较差，董事会对ESG重视不足

有效的公司治理不是简单地满足监管或证券交易所的要求，而是通过综合考虑经济利益、董事会独立性和股东投票权，采取积极行动来协调高管和股东的利益。2018年，材料行业中国上市公司ESG评价的三个维度中，环境、社会和治理的平均得分分别是32.12分、38.81分、28.17分（见图37）。可以看出，材料行业上市公司治理水平较差。

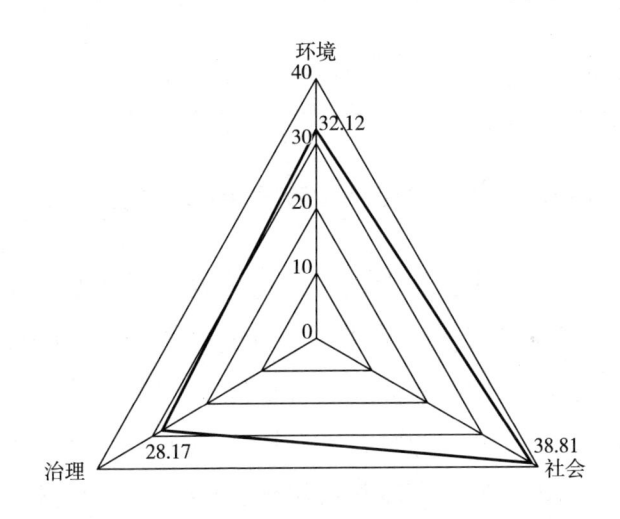

图37 2018年材料行业上市公司ESG维度平均得分（单位：分）

在治理维度的二级指标中，组织治理的平均得分是21.19分，风险管理的平均得分是32.76分，合规运营的平均得分是21.29分，信息披露的平均得分是44.54分（见图38）。材料行业的治理维度中，组织治理水平最低，董事会层面对ESG的重视不足。整体来看，材料行业上市公司缺乏对ESG理念的认识，对ESG投资产生的长远价值认识不足，自主披露ESG或社会责任信息的意识不足，很少或几

乎没有公司将 ESG 理念融入公司战略，非常谨慎地将 ESG 因子纳入管理决策。并且，发布社会责任报告的上市公司数量虽然在不断增加，但对于全国上市公司的企业总数来说显著偏低，且 ESG 实践水平一般，ESG 信息披露不全面，有待提升。

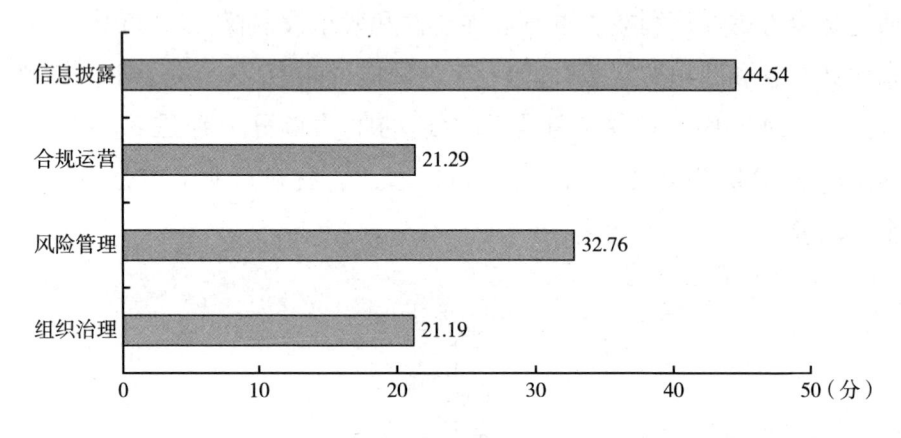

指标	得分
信息披露	44.54
合规运营	21.29
风险管理	32.76
组织治理	21.19

图38　2018年材料行业治理维度二级指标得分

在中国企业"走出去"参与"一带一路"建设的大背景下，材料行业企业更多地参与基础设施项目的建设和运营，但是受到地域、文化、语言、社会环境差异等多方面限制，再加上中资企业对社会许可重要性认识不足，受到经验、人力和财力等因素制约，近几年，因遭受当地社区居民、权威媒体和国际非政府组织等利益相关方的抨击或阻挠而停工的项目尤其是基础设施项目数量显著增多。材料行业企业更需要通过重视 ESG 理念，加强 ESG 管理，提高组织治理水平，推动跨国经营的可持续发展，促进更好地把握"一带一路"机遇，走出具有自身特色的跨国经营之路。

（四）研究发现3：材料行业上市公司缺乏供应链环境、社会风险管理意识，供应商识别与评估措施力度不足

在材料行业企业的项目中，供应链上各个环节都是环环相扣、彼此依赖和相互影响的,供应链风险在供应链节点企业间传递。2018年,材料行业上市公司在社会维度的二级指标中,员工权益与发展的平均得分是33.64分,供应链管理的平均得分是35.24分,客户权益保护和社区发展的平均得分分别是46.99分和42.08分(见图39)。材料行业的供应链管理得分较低,其供应链管理水平有待进一步提升。

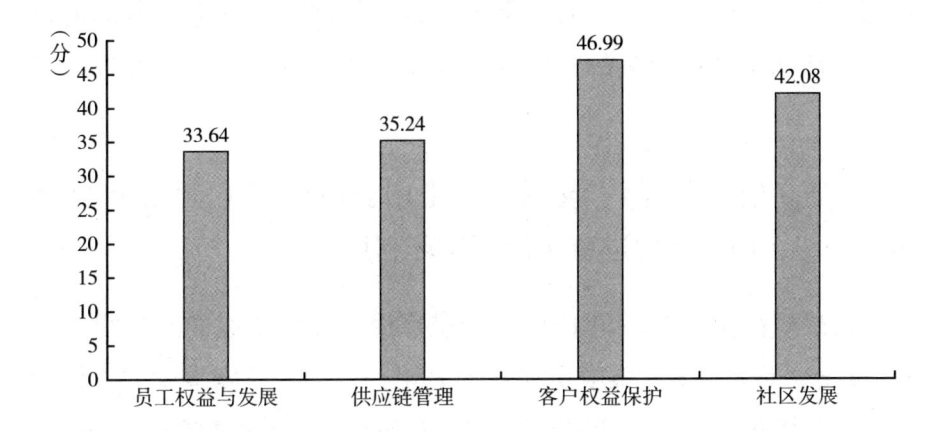

图39 2018年材料行业社会维度二级指标平均得分

供应链管理包括供应链环境、社会风险管理与供应商识别评估等方面,从2009年苹果的"毒工厂"事件,到2011年戴尔、惠普等多家知名科技公司的中国"血汗工厂"事件,再到2014年肯德基、麦当劳等众多国外快餐企业的供应商福喜"过期肉"事件,以及2017年的"舍弗勒供应链事件"和2018年的小米供应链环境污染事件等等,这些企业的供应链ESG危机一次次证明,如果企业不对自身的供应链进行可持续管理,将会引发公众对企业环境保护和社会责任的质疑,从而造成企业品牌形象受损,最终影响消费者和投资者对企业的信任。

材料行业企业需要认识到供应链风险管理的重要性,对供应链的

ESG风险实施有效的管理，一是建立供应商行为守则；二是完善供应商环境社会风险管理机制，对供应商实行识别与评估，对于风险等级高的问题要求立即整改，中低风险等级的问题可以在规定限期内完成整改，同时为存在问题的供应商提供必要的资源支持，通过能力建设及培训等手段，帮助供应商提升其在环境及社会责任方面的表现及管理水平；三是将环境保护及社会责任纳入供应链管理战略，将环境社会风险管控理念融入整个供应链的管理中，创造可持续的供应链，从而增强供应链的整体竞争能力，赢得更多消费者和投资者的青睐。

（五）研究发现4：材料行业上市公司环境（E）维度实践水平一般，仍需要促进资源能源循环利用

在材料行业上市公司ESG三个维度中，环境维度的平均得分为32.12分，环境（E）维度实践水平表现一般。在环境维度的二级指标中，环境管理、资源能源利用、废弃物排放、应对气候变化的平均得分分别为38.72分、24.66分、34.23分、41.20分（见图40），资源能源利用的平均得分最低，可再生能源使用率较低。

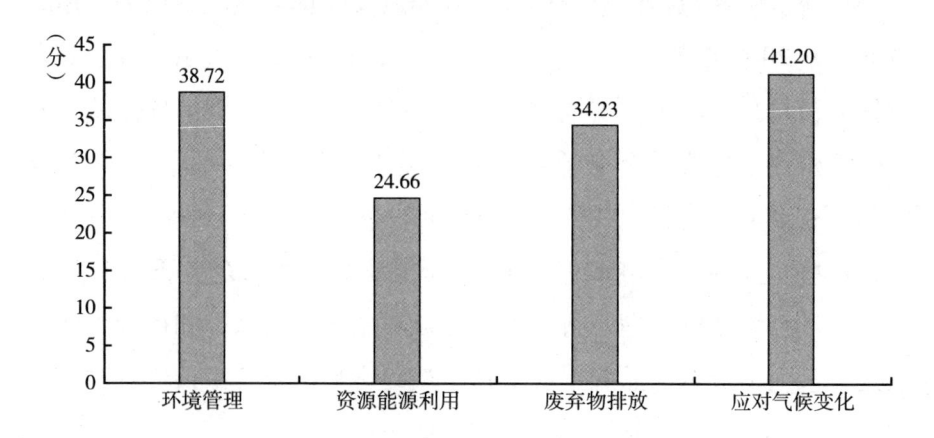

图40　2018年材料行业环境维度二级指标平均得分

材料行业的资源能源利用水平较差的主要原因在于，虽然材料行业企业正在着力推广新材料领域，并在节能环保领域也有所涉及，但是传统材料以及传统的生产工艺仍然存在，传统材料由于其材料属性及工艺，物耗、能源消耗大，并且许多产品生产技术落后，生产过程对环境污染严重，尤其是从开采到产品出厂整个生产过程容易产生废气、粉尘、烟尘、二氧化碳（CO_2）、废水以及固体废弃物等，对环境影响较大。

在海外项目建设运营中，由于自然资源的不可再生性和人类对能源消耗的需求持续增长，全球变暖、温室效应等对经济、社会发展的影响增加，世界各国政府都对生态环境给予了重视和关注。与此同时，国际金融机构将项目建设对当地生态环境的设计、环境影响评价等要求纳入基础设施项目的融资条件中，要求企业在基础设施建设的过程中必须要重视项目与当地生态环境的关系。材料行业企业在进行材料的生产和项目的建设中，尤其是在海外经营中，需要注重环境保护，在前期要树立环保理念，并遵守所在国相关环保法律法规，更好地了解当地环境政策，识别潜在的环境风险，评估可能带来的影响以做好应对；在中期尽可能采用可再生或者低碳能源，促进资源的可持续利用和保护辨识与评估，更好地防治粉尘、废气、废水、固体废弃物以及噪声等环境问题；在后期也要注意修整和复原在建设过程中受到破坏的环境，从材料生产的全生命周期中加强环境保护，促进资源能源的循环利用。

九　金融行业上市公司 ESG 评价分析

当前，中国正处于转型升级的新阶段，对多元化金融服务的需求呈现明显的上升趋势。随着经济结构更加平衡，民营、中小微企业在经济发展中的作用不断上升，给金融业企业发展带来了重大的发展机遇，这也要求金融行业企业要与时俱进，提升自身能力和水平，创新金融服务模式，为实体经济发展提供有效的服务。

金融业需要增强自身可持续发展能力。钢铁、建材、房地产、汽车等传统行业面临着越来越多的产能调整、技术升级、高污染、高能耗等风险，因此，发展绿色产业、资本和技术密集型产业是推动经济社会可持续发展的必然选择。金融行业企业面临着新的课题，如资本和技术密集度更高、产业链更长、市场互动程度更高、融资路径更复杂，这就需要金融行业要提升自身可持续发展能力，与时俱进，促进自身在不断更迭的社会环境中实现长期可持续发展。

金融行业ESG信息披露面临严格的监管要求。在中国金融行业中，银行业的ESG信息披露工作起步较早且发展较快。信托、基金等金融行业也正在迎头赶上，做出很多有益尝试，在协会层面比如开展行业社会责任工作评价或制定ESG投资指引等，在公司层面比如加入联合国责任投资原则（PRI）、组建ESG投研团队等，这些举措将对未来的金融业发展产生长足影响，引导资金流向更加环保的业态，实现金融的更加普惠。近10年来，中国政府监管部门、行业协会、证券交易所等机构陆续出台多项指引文件，大力推动上市金融公司进行ESG信息披露，引导上市金融公司管理其在运营过程中对环境、社会造成的影响，并不断提升公司治理水平。伴随着强监管政策，越来越多的上市金融公司开始披露ESG信息，并逐步完善ESG信息管理工作。

（一）基本特征分布

2018年金融行业中国上市公司有效样本共有55家。这些上市公司总资产的平均值为32155.38亿元，其中最高为276995.40亿元，最低为315.36亿元；净资产增长率的平均值为7.17%；资产负债率的平均值为82.10%；营业收入的平均值为1285.85亿元；净利润的平均值为309.95亿元；市值的平均值为2930.54亿元，其中最高为21027.97亿元，最低为220.92亿元（见表17）。

表17 2018年金融行业上市公司财务基本特征

指标	总资产（亿元）	净资产增长率（％）	资产负债率（％）	营业收入（亿元）	净利润（亿元）	市值（亿元）	市盈率（％）	基本每股收益（元）
均值	32155.38	7.17	82.10	1285.85	309.95	2930.54	49.18	0.85
中值	5033.26	6.93	84.04	170.54	54.12	1101.67	22.95	0.56
标准差	62068.79	10.83	10.45	2241.89	623.31	4655.01	85.27	1.03
偏度	2.77	0.82	-0.51	2.20	2.97	2.54	3.88	2.72
峰度	7.21	3.26	-0.92	4.24	8.71	6.01	17.96	10.41
极小值	315.36	-25.81	58.08	2.05	-18.33	220.92	-12.92	-0.34
极大值	276995.40	41.67	93.79	9768.32	2976.76	21027.97	521.67	6.02

（二）研究发现1：金融行业上市公司ESG整体水平表现突出，近半数企业评级为A

2018年，在55家金融行业上市公司样本中，评级为A的有27家，占比为49.1％；评级为B的有25家，占比45.45％；评级为C的仅有3家，占比为5.45％（见图41）。可以看出，近半数企业评级为A，金融行业ESG整体表现水平很好。

评级为A的金融行业企业中，建设银行、工商银行、平安保险等金融企业评级靠前，其市值、营业收入、净利润排名均非常靠前（见表18）。ESG评级较好的企业其经营业绩排名也比较靠前。ESG评级更高的公司在对资源的有效利用、人力资本管理方面具有优势，同时更善于制定和完成长期计划，这使它们相较于同行更具竞争优势。这样的竞争优势会帮助公司取得更高的盈利，

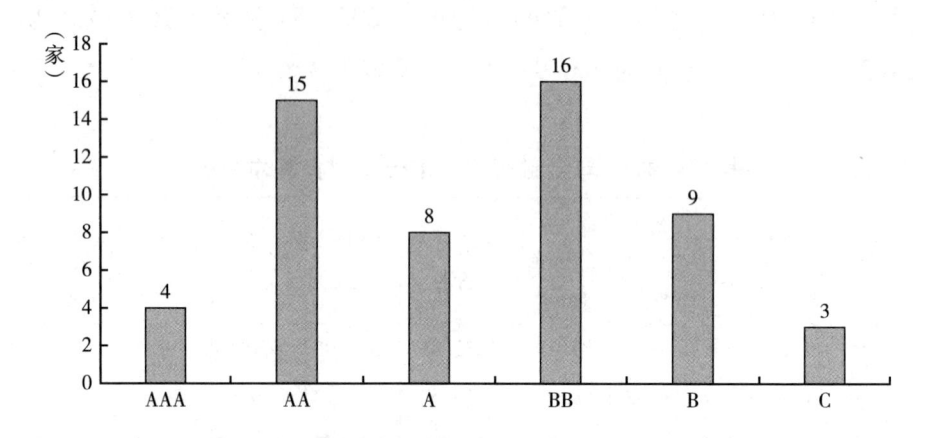

图41　2018年金融行业企业ESG评级分布

柱状图数据：AAA 4家，AA 15家，A 8家，BB 16家，B 9家，C 3家

更高的盈利会帮助公司支付投资者更高的股息。同时，ESG评级较高的公司拥有更强的抗风险管理能力。上市金融机构虽然不属于国家重点监控的高污染高排放行业，然而作为机构投资者，上市金融机构通过直接投资或者参与资本市场运作，能将资金引入环保绿色的产业，并影响高污染高排放企业的发展。金融行业企业作为提供中介服务的金融机构，不仅自身要尽量减少温室气体排放，还要推动和引导企业加强ESG管理，不断提升可持续发展能力。

表18　2018年金融行业ESG评级与市值排名情况

评级	企业名称	市值排名	营业收入排名	净利润排名
AAA	中国建设银行股份有限公司	2	3	2
	中国人民保险集团股份有限公司	10	7	20
	兴业银行股份有限公司	9	13	8
	中国平安保险(集团)股份有限公司	3	1	5

续表

评级	企业名称	市值排名	营业收入排名	净利润排名
AA	中国工商银行股份有限公司	1	2	1
	中国太平洋保险(集团)股份有限公司	13	8	17
	广发证券股份有限公司	30	31	33
	中国人寿保险(集团)公司	6	4	21
	华泰证券股份有限公司	20	29	31
	海通证券股份有限公司	19	26	30
	中国民生银行股份有限公司	15	14	10
	中信银行股份有限公司	14	12	11
	中信证券股份有限公司	16	21	24
	上海浦东发展银行股份有限公司	11	11	9
	贵阳银行股份有限公司	47	32	29
	招商银行股份有限公司	7	9	6
	华夏银行股份有限公司	27	18	14
	新华人寿保险股份有限公司	23	15	25
	交通银行股份有限公司	8	10	7
A	中国农业银行股份有限公司	4	5	3
	中国银行股份有限公司	5	6	4
	北京银行股份有限公司	26	19	15
	平安银行股份有限公司	12	16	13
	山西证券股份有限公司	55	39	50
	国金证券股份有限公司	50	44	40
	国元证券股份有限公司	48	48	43
	江苏银行股份有限公司	33	22	19

注：表中市值排名、营业收入排名、净利润排名均为截至2019年3月1日的上市公司排名。

（三）研究发现2：金融行业上市公司治理水平相对较高，董事会层面重视ESG相关事宜

2018年，在中国上市公司ESG评价的三个维度中，金融行业企

业环境、社会和治理的平均得分分别是 33.32 分、50.06 分、45.98 分（见图42）。可以看出，金融行业企业社会（S）维度实践水平最高，治理水平相对较高，且相比于其他行业，其治理的水平表现较好。

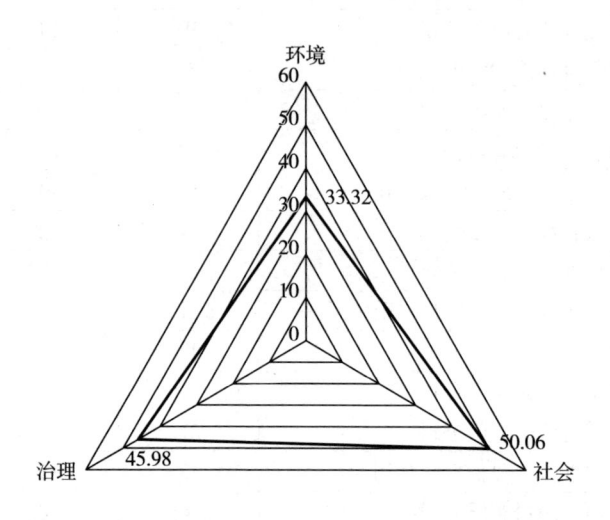

图42 2018年金融行业企业ESG三大维度平均得分（单位：分）

在金融行业治理维度的二级指标中，组织治理、风险管理、合规运营、信息披露等二级指标的平均得分分别为53.58分、56.02分、54.46分和56.05分（见图43）。可以看出，金融行业治理维度的二级指标平均得分均较高，组织治理水平表现也相对较好。

董事会参与及稳健治理是企业妥善应对ESG风险及把握相关机遇的关键。面临着越来越严格的监管要求，金融行业上市公司董事会越来越重视ESG，注重加强ESG管理，从管理入手全面提升公司可持续发展能力，获取较好的ESG表现。上市银行将ESG理念贯彻到公司治理和业务营运中，完善ESG管理的工具和手段，有助于一步提高ESG信息披露质量，从而促进公司的长期可持续发展，提升公司价值。

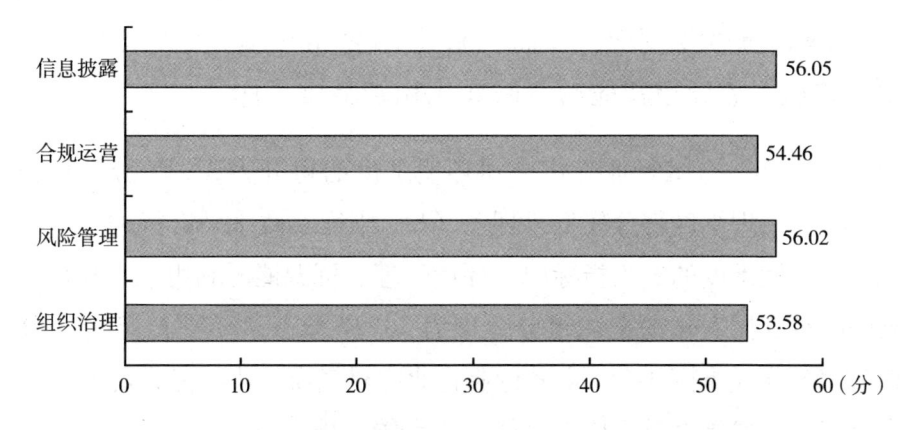

信息披露	56.05
合规运营	54.46
风险管理	56.02
组织治理	53.58

图43　2018年金融行业企业治理维度二级指标得分

第一，公司治理层面。首先要完善顶层设计，将环境和社会目标纳入公司发展战略，并将ESG理念贯彻到公司治理中，在董事会议程中加入环境和社会方面的议题，对管理层的绩效考核适当引入环境和社会效益等非财务指标，从而推动ESG管理的落地。

第二，业务营运层面。从环境和社会两个范畴出发，对组织体系、部门及岗位职责、业务流程和管理制度进行梳理和完善；明确环境与社会风险定义，在业务营运过程中对环境和社会风险进行识别和评估，构建环境和社会风险管理全流程；开发环境和社会效益核算工具，完善考核机制。

第三，IT系统层面。通过完善IT系统，提高ESG数据的收集和整理效率，实现环境和社会风险的及时监测、环境和社会效益的自动核算，以及自动生成各种监管报表和内部管理报告，为ESG管理提供有效支持。

第四，信息披露层面。针对资本市场的ESG关注点，加强ESG报告中的环境和社会范畴的信息披露，特别是定量指标披露，并积极回应评级机构关于ESG的问卷调查，以提高ESG评级。

（四）研究发现3：金融行业上市公司环境（E）维度实践水平较低，需要重视应对气候变化和碳减排工作

2018年，金融行业上市公司环境维度的得分为33.32分，相较于社会与治理维度得分较低，环境（E）维度实践水平有待进一步提升。在环境维度的二级指标中，环境管理、资源能源利用、废弃物排放、应对气候变化的平均得分分别为36.71分、32.77分、35.92分和23.66分（见图44）。金融行业企业应对气候变化的能力需要进一步提高，需要高度重视应对气候变化和碳减排工作。

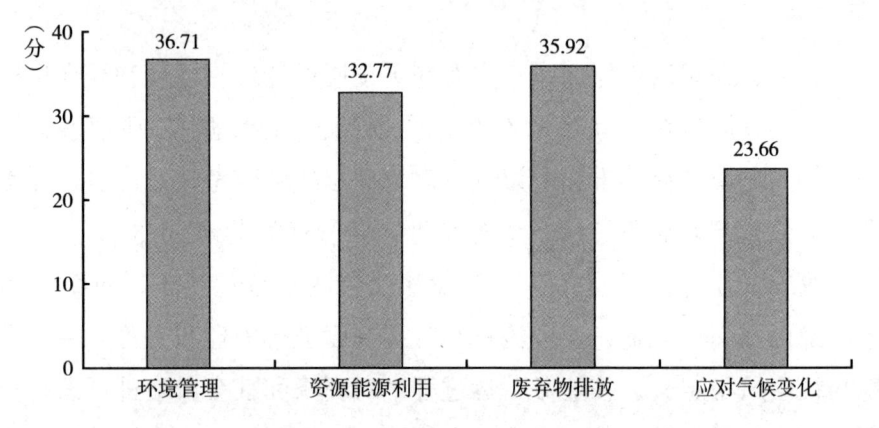

图44　2018年金融行业环境维度二级指标平均得分

2015年11月，在联合国教科文组织总部举行了"气候金融日——巴黎2015"会议，提到在全球应对气候变化挑战的行动中，金融部门扮演着关键的角色，已有越来越多的大型金融机构开始采取新的发展战略，将把对高温室气体排放行业的投资转向环境友好领域，已有大量资金转向发展低碳经济，并催生众多新技术进入市场。[①] 2018年5月，习近平总书记在生态环境保护大会上强调，要积极应对气候变

---

① 李宏策：《应对气候变化离不开金融》，《科技日报》2015年5月26日。

化，推进引导建立公平共赢的全球气候治理体系，推动构建人类命运共同体，这体现了总书记对应对气候变化的高度重视。2018年8月，生态环境部应对气候变化司司长李高提到，金融部门将被纳入应对气候变化相关部门。2018年12月，在第24届联合国气候变化大会中，世界银行和亚洲开发银行等金融机构也纷纷加大了对可持续发展和环境保护等相关方面的资金支持力度。可以看出，在全球应对气候变化的行动中，中国高度重视积极参与应对气候变化，同时，金融部门更是在应对气候变化行动中发挥着重要的作用。

建议金融行业企业通过以下几点措施应对气候变化：一是避免进一步破坏气候，减少支持煤炭行业等高污染高排放行业；二是减少直接导致气候恶化项目贷款和投资，建立管理气候变化的机制；三是为低碳经济积极提供融资服务，增加对减少温室气体排放量技术的融资，以及增加对可再生能源、提高能源效率的计划和项目的融资等，支持绿色发展。金融行业企业应融入绿色发展理念，积极转换经营模式，调整经营发展战略，制订绿色发展规划，减少直接和间接的温室气体排放量，促进节能减排，助力发展绿色经济。

（五）研究发现4：金融行业上市公司ESG信息披露水平较高，且大中型公司为披露主体

ESG信息披露是提升企业信息公开透明度、识别企业高质量发展的重要指标，在"金融发展"和"风险防范"层面起着至关重要的作用，是未来国家金融体系健康运作和社会经济可持续发展的强大助力。2018年金融行业企业在治理维度的二级指标中，信息披露指标的平均得分最高，为56.05分，金融行业上市公司的ESG信息披露水平较高，公司普遍重视ESG信息披露。

金融业上市公司进行ESG管控，加强ESG信息披露，一方面可以为投资人投资提供投资价值判断，引导资本市场的投资绿色化，发挥绿色金融体系中绿色投资的市场影响作用；另一方面还可以不断提升公司治理水平，审慎管理经营行为对环境、社会的影响，长远来看也必将有助于改善公司运营和奠定实现公司自身可持续发展的基础。"绿水青山就是金山银山"，金融行业上市公司ESG信息披露水平不断提升，有助于推动中国绿色金融体系建设，促进绿色金融市场发展。

从金融行业上市公司ESG信息披露的主体看，信息披露得分较高的为工商银行、招商银行、建设银行、中国平安、中国人保等金融企业（见表19）。可以看出，信息披露得分较高的企业其市值、营业收入、净利润的排名均较靠前，金融行业上市公司ESG信息披露水平较高的多为大中型企业。

表19　2018年金融行业企业信息披露得分与市值排名情况

企业名称	信息披露得分（分）	市值排名	营业收入排名	净利润排名
工商银行	88	1	2	1
招商银行	87	7	9	6
建设银行	85	2	3	2
中国平安	84	3	1	5
中国人保	79	10	7	20

注：表中市值排名、营业收入排名、净利润排名均为截至2019年3月1日的上市公司排名。

（六）研究发现5：ESG投资逐渐兴起，金融行业上市公司更加关注发展绿色金融

可持续发展投资在欧美市场已有十余年应用经验，联合国责任投资原则组织（UNPRI）一直在推行ESG投资理念，资产管理行业更加重视树立追求长期价值增长、助力实现经济社会效益的ESG投资理念，ESG已经成为一种主流的投资策略。

ESG 投资的核心特点是把社会责任即环境、社会和治理纳入投资决策，从而改善投资结构、优化风险控制并提升长期收益，实现较高的投资回报。如今，企业通过在 ESG 投资中贯彻可持续发展的理念，这种行为已经逐渐成为金融行业企业服务实体经济转型升级和发展的重要手段之一。一般来说，ESG 表现良好的企业通常有低估值、高盈利、股价和分红稳定等特征，对机构和个人投资者而言，将有助于投资者从非财务信息中鉴别好公司，控制投资组合的下行风险，帮助投资者"排雷"等；对企业而言，有规范企业经营行为，激励企业关注员工保障、社会责任、环境保护等非财务影响，推动企业实现长期可持续的经营发展。因此，ESG 投资与发展理念越来越受到国内外金融机构与企业的追捧，获得较快发展。

2018 年，金融行业上市公司在环境管理这个二级指标中的平均得分为 36.71 分，在环境维度的其他二级指标中，得分最高。可以看出，金融行业上市公司环境管理水平较高。在环境管理的三级指标中，环保理念、环境管理政策、环保技术/环保产品、环保投入占营业收入比重的平均得分分别为 56.52 分、50.00 分、60.24 分和 48.00 分（见图 45）。对于金融行业上市公司来说，环保技术/环保产品更多的是环保产品，可以看出，其环保产品的指标平均得分最高，金融行业上市公司通过支持绿色金融发展绿色经济从而推动绿色发展。

ESG 投资逐渐兴起，金融行业上市公司更加关注发展绿色金融。近年来，绿色发展的理念已经为越来越多的企业所重视，越来越多的金融行业企业以建立绿色金融体系、发展绿色信贷等多种方式支持绿色经济，助力生态文明建设，推动绿色金融发展。

第一，绿色信贷规模不断增长。2016 年 8 月，中国人民银行、财政部等七部门联合印发《关于构建绿色金融体系的指导意见》，提出支持和鼓励绿色投融资等系列措施。金融行业企业开展绿色信贷，有助于发挥引导社会资金流向绿色领域，促进节能减排和环境保护。

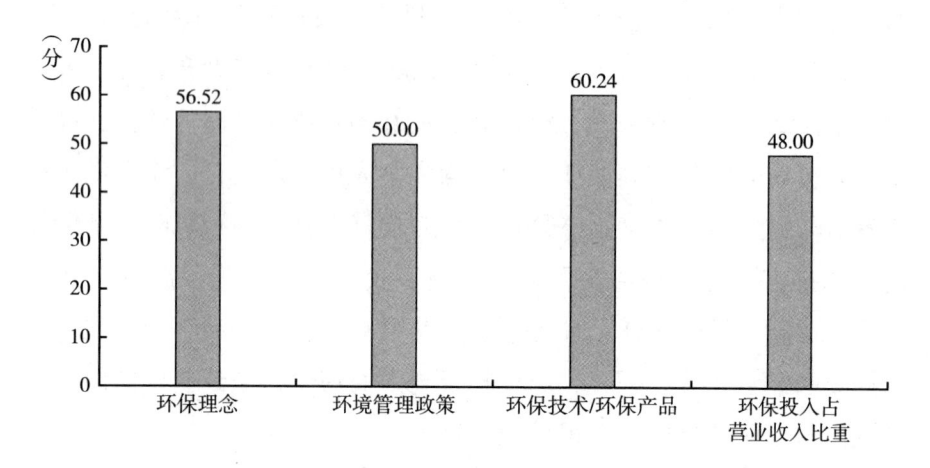

图45 2018年金融行业环境管理维度三级指标平均得分

第二，多种方式支持绿色产业发展。金融行业企业还可发行绿色金融债券，募集资金用于绿色产业项目。如2019年国家开发银行发行首期绿色金融债券，面向全球投资者成功发行3年期可持续发展专题绿色金融债券100亿元，经安永认证，符合绿色债券原则和社会债券原则，发行覆盖银行间债券市场和商业银行柜台市场，债券募集资金将用于林业生态建设暨国家储备林等长江大保护及绿色发展项目，更好地服务长江大保护和长江经济带高质量发展。

第三，积极参与制定国际绿色金融标准。2018年工商银行入选联合国环境署金融倡议组织（UNEP FI）发起的"全球银行业可持续原则"核心银行工作组。作为参与核心工作组的中资银行，工商银行将深度参与该原则起草的相关工作，在推广中国绿色金融先进经验的同时，积极参与国际绿色金融标准的制定。[1]

---

[1] 卞文志：《我国绿色金融迎来发展机遇期》，《上海企业》2018年第7期。

十 医疗保健行业上市公司 ESG 评价分析

2018年，国家医疗体制改革持续深化，创新药研发进入快速发展期，中国医药行业正逐渐形成新的竞争格局。健康产业不是一个特定的产业，而是一个与健康相关的产业体系的总称，由医疗性健康服务和非医疗性健康服务两大部分构成，包括以医疗服务机构为主体的医疗产业；以药品、医疗器械等为主体的医药产业；以保健食品、健康产品产销为主体的保健品产业；以个性化健康检测评估、咨询服务、调理康复等为主体的健康管理服务产业；以养老产业、医疗旅游、营养保健产品研发制造、高端医疗器械研发制造等为代表的新兴产业。[①]

医疗健康行业近年来获得了较快的发展，但是伴随着医疗行业企业中问题疫苗等重大事件的发生，社会公众越来越关注医疗健康行业企业的社会责任和产品质量安全，由于部分医疗健康行业缺失社会责任和伦理道德意识，迫使整个大健康产业要坚持可持续发展，注重履行企业社会责任。

医疗保健行业企业的社会责任具有独特性。在现代经济社会条件下，企业除了正常的运营发展生产，还必须履行社会责任，打造良好的企业品牌和企业形象。企业社会责任要求企业要履行环境责任和社会责任等，医药行业企业更需要重视承担社会责任，对社会公众生命安全、健康负责，因此，医药行业企业的行业特殊性决定了其承担的社会责任比一般行业企业更多。

（一）基本特征分布

2018年医疗保健行业中国上市公司有效样本共有27家。这些上

[①] 《〈大健康产业企业社会责任报告〉发布：指出企业社会责任履行不足》，https://www.sohu.com/a/206377727_639898。

市公司总资产的平均值为224.07亿元,其中最高为1268.79亿元,最低为33.36亿元;净资产增长率的平均值为26.64%;资产负债率的平均值为33.60%;营业收入的平均值为169.77亿元;净利润的平均值为17.11亿元;市值的平均值为763.58亿元,其中最高为4077.83亿元,最低为196.96亿元(见表20)。

表20 2018年医疗保健行业上市公司财务基本特征

指标	总资产（亿元）	净资产增长率（%）	资产负债率（%）	营业收入（亿元）	净利润（亿元）	市值（亿元）	市盈率（%）	基本每股收益（元）
均值	224.07	26.64	33.60	169.77	17.11	763.58	45.50	1.48
中值	163.55	14.81	32.80	84.58	14.32	547.67	37.91	1.10
标准差	250.72	40.13	16.88	295.52	12.54	794.86	35.52	1.23
偏度	3.08	2.75	0.11	4.35	0.05	3.09	0.72	1.94
峰度	10.93	7.99	-1.22	20.70	0.38	10.94	0.62	5.12
极小值	33.36	-12.71	4.35	8.79	-15.18	196.96	-25.72	-0.31
极大值	1268.79	178.89	63.40	1590.84	40.66	4077.83	129.60	5.92

(二)研究发现1：医疗保健行业上市公司ESG整体水平较高，近5成企业评级为A，仅有1家企业评级为C

2018年,27家医疗保健行业样本上市公司中,评价结果为A的有13家,占比为48.15%;评价结果为B的有13家,占比为48.15%;评价结果为C的仅有1家,占比为3.7%,可以看出,医疗保健行业上市公司ESG整体水平较高(见图46)。

医疗保健行业企业经营绩效较高的其ESG评级表现也较好(见表21)。ESG评价处于AAA级的是复星医药,其市值排名、营业收

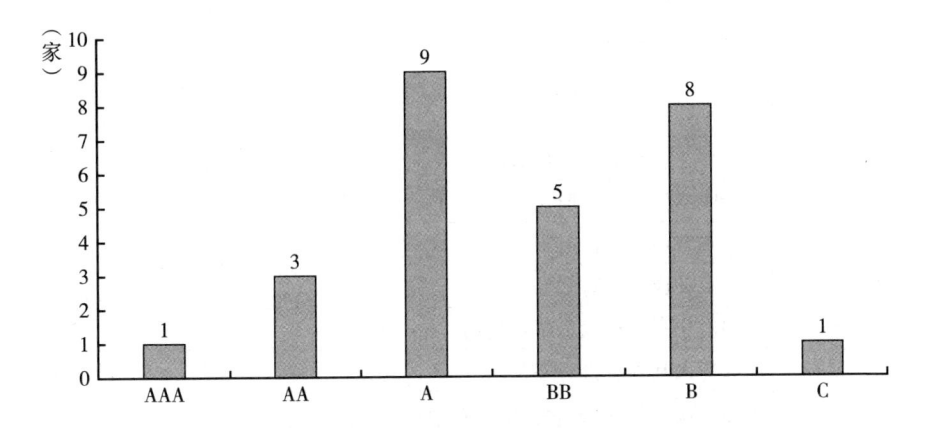

图46 2018年医疗保健行业ESG评级分布

入排名、净利润排名在行业内均比较靠前，复星医药以"持续创新　乐享健康"为品牌理念致力于成为全球主流医疗健康市场的一流企业，已经连续10年发布社会责任报告，在企业快速发展过程中，复星医药集团始终高度重视企业社会责任工作，追求人才和产品的可持续发展，并将社会责任纳入本公司的可持续发展战略，认为"创新是医药企业可持续发展中最重要的责任"。

表21 2018年医疗保健行业ESG评级与市值排名情况

评级	企业名称	市值排名	营业收入排名	净利润排名
AAA	上海复星医药(集团)股份有限公司	8	5	7
AA	上海医药集团股份有限公司	14	1	2
	广州白云山医药集团股份有限公司	11	2	4
	杭州华东医药集团有限公司	17	3	8

续表

评级	企业名称	市值排名	营业收入排名	净利润排名
A	重庆智飞生物制品股份有限公司	7	19	13
	深圳康泰生物制品股份有限公司	12	25	25
	通化东宝药业股份有限公司	22	23	23
	浙江新和成股份有限公司	18	13	6
	深圳信立泰药业股份有限公司	27	21	12
	深圳华大基因股份有限公司	24	24	26
	深圳迈瑞生物医疗电子股份有限公司	2	10	3
	华润三九医药股份有限公司	23	11	14
	漳州片仔癀药业股份有限公司	9	20	16

注：表中市值排名、营业收入排名、净利润排名均为截至2019年3月1日的上市公司排名。

（三）研究发现2：医疗保健行业上市公司客户权益保护表现良好，更加注重产品质量安全

2018年，在中国上市公司ESG评价的三个维度中，环境、社会和治理维度的平均得分分别是35.50分、46.26分和34.09分（见图47）。可以看出，医疗保健行业上市公司社会（S）维度实践水平相对突出。

2018年，在医疗保健行业社会维度的二级指标中，员工权益与发展、供应链管理、客户权益保护、社区发展的平均得分分别为44.72分、38.83分、49.75分、46.71分（见图48）。可以看出，医疗保健行业上市公司客户权益保护表现良好。2018年，中国医药安全领域发生了一件标志性事件：长春长生等公司的疫苗案，涉及百白破、狂犬疫苗，关系到几乎每个人的健康与生命。由此可以看出，医疗保健行业的药品质量安全是重中之重。医药企业的产品需要安全、有效、适宜和经

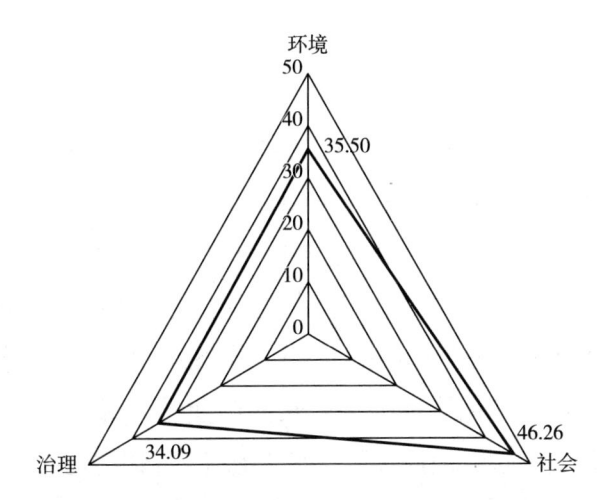

图47　2018 年医疗保健行业 ESG 三大维度得分（单位：分）

济可及，医药企业只有在生产中树立全新的经营理念，将社会责任意识融入企业日常运营中，才能实现长期可持续发展，树立良好的企业形象。

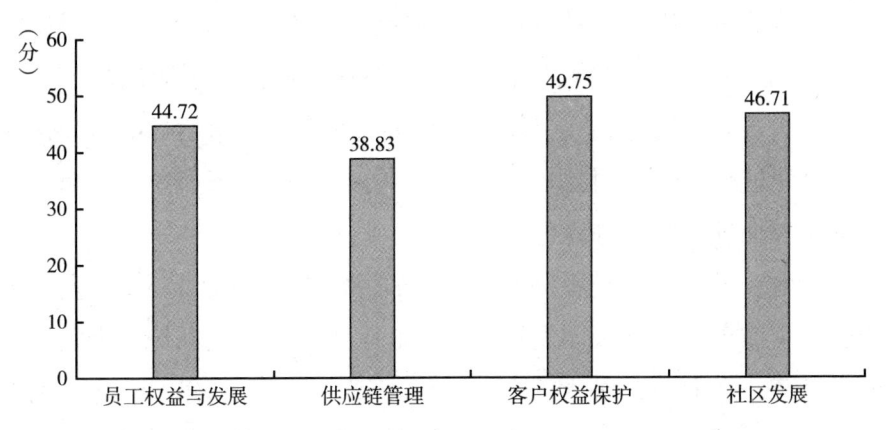

图48　2018 年医疗保健行业社会维度二级指标平均得分

（四）研究发现3：医疗保健行业上市公司环境（E）维度实践水平较差，环境污染问题仍较严重

2018 年，医疗保健行业上市公司环境维度平均得分为 35.50 分，

123

相较于社会维度，得分较低，可以看出，医疗保健行业企业环境（E）维度实践水平较差。

2010年2月，环境保护部发布的全国污染源普查公报显示，在工业污染源主要水污染物中，化学需氧量排放量居前的7个行业排放量合计占工业废水厂区排放口化学需氧量排放量的81.1%，医药制造业赫然上榜。据统计，制药工业产值占全国工业总产值的1.7%，而污水排放量却占到2%。医药企业由于其行业属性，涉及药品研发，原料药选择，药品生产、使用及回收等较长的产业链，每一个环节都可能造成对环境的负面影响，因此需要保护生态环境和生物多样性。

国际上普遍建立环境健康和安全系统，把对环境的污染尽可能降到最低。例如，美国环保部门要求医药企业公开其对环境的影响和责任，并建立了环境复查制度以加强对医药企业环境保护的监督。英国政府针对医药企业推行企业责任指数，从而支持医药企业改善其对社会和环境的负面影响。日本政府首先颁布《有关能源使用合理化的法律》和《京都议定书》，对日本医药行业企业提出了明确的节能要求；其次建立节能标签、节能产品销售商制度等对未达标的医疗保健行业企业进行公告、罚款等；最后对中小医药企业采取税收优惠、财政补贴等优惠政策推进绿色发展。

当前，随着中国经济发展进程的加快，人民群众对环境质量要求的进一步提高，中国医疗保健行业企业应该注重环境保护，助力发展循环经济，降低资源消耗和环境污染，改善生态环境，推进绿色发展，从而提升医药行业企业的良好形象，促进企业长期可持续发展。

参考文献

《中央经济工作会议定调2020房地产：稳地价、稳房价、稳预期》。

谢贤鑫：《农户生态耕种行为及其影响因素研究》，江西农业大学硕士学位论文，2019。

《史丹：以新发展理念引领新型工业化》。

《石油行业绿色供应链管理实施模式》。

陈四清：《经济转型与金融视角》，中国金融出版社，2014。

王微、刘涛、赵勇：《我国消费性服务业发展现状及未来趋势》，《调查研究报告》2018年8月16日。

徐敢利：《科技信息对现代社会的影响》，《黑龙江科技信息》2013年第22期。

李伟、穆红莉：《信息技术发展背景下的IT企业环境责任——基于企业视角的分析》，《改革与战略》2011年第9期。

《电子信息行业社会责任建设发展报告（2016年度）》。

朱秀芬：《网络企业信息技术风险管理体系研究》，《商场现代化》2008年第2期。

李宏策：《应对气候变化离不开金融》，《科技日报》2015年5月26日。

卞文志：《我国绿色金融迎来发展机遇期》，《上海企业》2018年第7期。

B.5
材料行业上市公司环境风险评价分析

材料行业上市公司环境风险评价分析课题组*

摘 要： 本文着重从环境角度评价材料行业上市公司环境风险管控及绿色发展能力。研究发现，材料行业上市公司有五成以上企业注重制定环境管理政策，环境管理水平较高，注重废水排放并采取相应措施应对气候变化；但是绿色发展能力较差，环保投入不足，使用可再生能源还不普遍，资源能源利用意识不强。

关键词： 材料行业　上市公司　环境管理　资源利用　气候变化

在"一带一路"建设扩大开放的大背景下，中国企业纷纷开拓海外市场，以矿产资源勘察和开发为主的材料行业企业积极抓住机遇参与海外项目的投资建设和运营。习近平主席多次强调，要践行绿色发展理念，着力深化环保合作，加大生态环境保护力度，携手打造绿色丝绸之路。材料行业企业在绿色"一带一路"建设背景下，在环保标准和政策持续加强、环保诉求日益高涨的环境下，对绿色发展也

---

* 材料行业上市公司环境风险评价分析课题组成员：王晓光、任娜。执笔人：任娜，北京融智企业社会责任研究院研究员，主要从事企业ESG管理咨询、海外投资风险管理、利益相关方尽职调查等研究。

越发重视，尤其是华友钴业、紫金矿业、天齐锂业等大中型企业，在清洁生产、节能减排方面取得了较好的成效，材料行业各领域能耗指标取得了显著的改善。

一 行业发展特征

（一）新材料产业实现快速发展

中国高度重视新材料产业发展，目前通过纲领性文件、指导性文件、规划发展目标与任务等构筑起新材料发展政策金字塔，给予新材料产业全产业链、全方位的指导。其中纲领性文件主要为《中国制造2025》，指导性文件包括《中国制造2025》重点领域技术路线图、《新材料产业发展指南》，发展目标与任务相关文件包括《"十三五"国家战略性新兴产业发展规划》《有色金属行业发展规划（2016～2020年）》《稀土行业发展规划（2016～2020年）》等。从以上国家颁布的一系列关于新材料的政策可以看出，国家发展新材料产业的核心目标是：提升新材料的基础支撑能力，实现中国从材料大国到材料强国的转变；具体从关键战略材料、先进基础材料和前沿新材料三个重点方向展开，着力突破一批前沿引领技术和"卡脖子"关键核心技术，培育壮大一批行业龙头企业，努力建成具有国际竞争力的新材料产业发展基地。

（二）材料行业与环境息息相关

伴随着经济发展、社会进步以及公众环境意识的提高，中国的环境政策逐渐走向完善。环境政策是一个国家保护环境的大政方针，直接关系到这个国家的环境立法和环境管理，也直接关系到这个国家的环境整体状况。生态文明建设被纳入中国特色社会主义事业"五位一体"总体布局，强调绿色低碳循环发展，实施以改善环境质量为核心的工作方针。2015年，新环保法正式施行，对企事业单位违法排污行为实施严惩重罚。2018年，"生态文明"写入宪法，国家召开全国生态环境保护大会，正式确立习近平生态文明思想，生态环境保护事业进入新的历史发展阶段。国家颁布实施"水十条""大气十条""土十条"，强化生态环保问责机制，大力推动绿色发展，改革环境经济政策，推进建设绿色金融体系。这个阶段，改革排污许可证，推行企事业单位信息公开，创立实施生态红线管控，以中央生态环境保护督察为代表的党委、政府及其有关部门责任体系基本建立，形成了大环保格局。①

材料是人类一切生产和生活的物质基础，历来是生产力的标志，对材料的认识和利用的能力，决定了社会形态和人们的生活质量。当今社会我们赖以生存的地球上被人们讨论得最多的话题就是环境问题，保护环境是每个人的责任。材料行业由于行业属性，其生产过程中的排放更容易污染环境，这应该引起材料行业的重视，材料行业作为与环境息息相关的产业应该有所作为。

二 样本数据选择和数据来源

为了更好地反映中国材料行业上市公司履行环境、社会和治理责任的现状及ESG表现，研究材料行业上市公司履行环境责任的意愿、行动和能力，本研究选择将"材料行业上市公司"作为研究对象，从环境管理、资源能源利用、废弃物排放、应对气候变化等4个维度共12个指标考察材料行业上市公司的绿色发展能力。样本的选择按

---

① 吴舜泽：《中国环境战略与政策发展进程、特点及展望》，《中国环境报》2019年11月29日。

照证监会分类标准,从"Wind 资讯"数据库中选出深证 100、上证 50、MSCI 234 只成分股中的材料行业上市公司,共 28 家,占到上市公司样本总量的 9.93%。该样本能够反映材料行业上市公司的 ESG 中环境(E)维度实践水平的表现。本研究的信息来源主要有以下渠道,"国泰安数据服务中心"中国上市公司研究系列数据库,"Wind 资讯"中国上市公司数据库,企业年度报告、社会责任报告和官方网站以及权威组织平台。

三 研究发现

(一)研究发现1:材料行业上市公司绿色发展能力较差,在全部行业内相对落后

目前,"绿水青山就是金山银山"已成为当代中国发展的共识,习近平总书记在多个国际场合向世界昭示中国引领生态文明建设的美丽愿景,把中国追求"绿水青山"与"建设美丽中国"连在一起。面对新形势新任务,企业作为污染排放的主体,在环境保护方面肩负着重大的使命,必须提高自身环保意识,落实环保主体责任。绿色发展是企业提质增效的重要途径,更是企业应当承担的社会责任。

2019 年,中国材料行业上市公司环境维度的平均得分为 38.81 分,低于全部行业上市公司的平均得分 44.17 分。样本中环境维度得分排名最高的为海螺水泥,为 84.42 分,得分最低的是方大炭素,在 10 分以下(见表1)。其中,有 1 家企业环境维度得分在 80 分以上,占比 3.57%;有 3 家企业环境维度得分在 60~80 分,占比 10.71%;有 4 家企业得分在 40~60 分,占比 14.29%;有 20 家企业得分在 40 分以下,占比达 71.43%(见图1)。得分在 60 分以上的企业仅占少数,大部分材料行业企业得分普遍较低,各企业之间绿色发展能力差距较大。

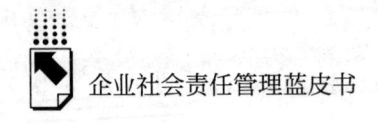

表1 材料行业上市公司环境维度得分前五名和后五名

单位：分

企业股票简称	环境维度得分
前五名	
海螺水泥	84.42
宝钢股份	74.5
中国中冶	70.88
太钢不锈	60.75
金隅集团	48.58
后五名	
鞍钢股份	14.48
洛阳钼业	9.08
荣盛石化	5.85
赣锋锂业	5.40
方大炭素	4.50

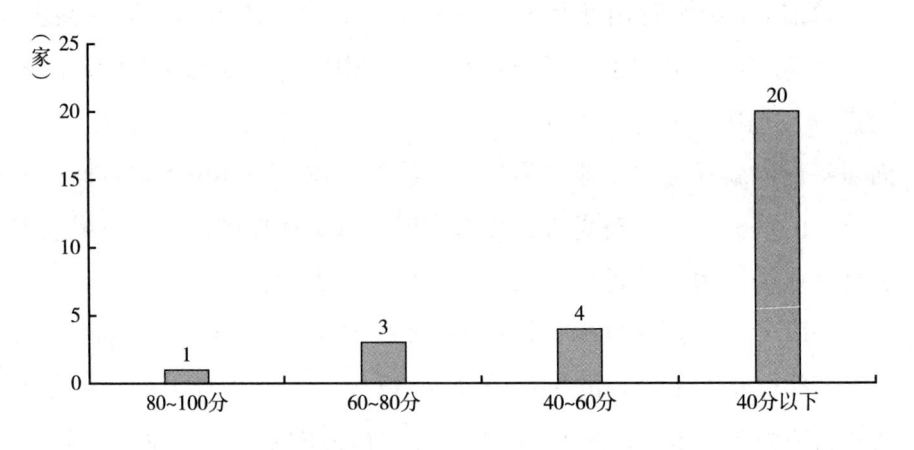

图1 材料行业上市公司环境维度得分分布

注：区间60~80分含60分，40~60分含40分，80~100分同时含80分和100分，全书同。

材料行业企业存在一定的绿色发展问题，尤其是钢铁、石化、有色和建材行业中存在为数众多的中小型企业，技术、设备相对落后，节能减排措施配备不完善，能源利用效率低，同时企业缺乏一定的社会责任意识，使得污染物排放得不到有效控制，造成企业发展程度不平衡。材料行业企业需要融入绿色发展意识，提升自身绿色发展能力和能源管理水平，推动节能减排管理，发展绿色循环经济，助力绿色发展。

案例1　海螺水泥推动绿色发展

作为建材行业大型企业，海螺集团秉承"为人类创造未来的生活空间"的经营理念，坚持走生态优先、绿色发展道路。海螺依靠科技进步改造提升传统产业，打造了节能环保和装备制造新产业集群，让灰色水泥实现了绿色发展。2018年7月，海螺在国内外共建成230套水泥余热发电机组，总装机容量2558MW，年发电量达194亿度，年节约标准煤699万吨，减排二氧化碳1794万吨。海螺坚持生产设备与环保设备同时设计、同时施工、同时投入使用，将环保贯穿于工厂的规划、建设和生产的全过程，全力打造资源节约、环境友好的绿色环保工厂。

海螺水泥积极贯彻落实习近平生态文明思想，扛起"生态优先、绿色发展"的政治责任，通过开发纯低温余热发电技术、垃圾处理、建立绿色环保工厂、开发节能环保设备、大力发展绿色新型建材，延伸绿色产业链条，推进资源节约和循环利用，实现绿色增长。

（二）研究发现2：材料行业上市公司环境管理水平相对较高，五成以上企业注重制定环境管理政策

企业的环保管理至关重要，科学的环保管理方法，控制企业对环境造成的污染意义重大。企业如何应对新形势要求、加强自主环保管理、保证企业持续健康绿色发展是目前亟须解决的问题。

2019年，在环境管理维度下的三级指标得分中，环境管理政策的平均得分最高，为59.59分；环保投入占营业收入比重的平均得分最低，为23.83分；环保理念和环保技术/环保产品的平均得分分别是47.69分和41.69分（见图2）。材料行业企业环保理念和环境管理政策的得分较高，环境管理水平相对较高。化工、有色、钢铁等高污染高耗能的材料行业领域受环保政策的影响较大，材料行业企业环保意识的转变也尤为明显。

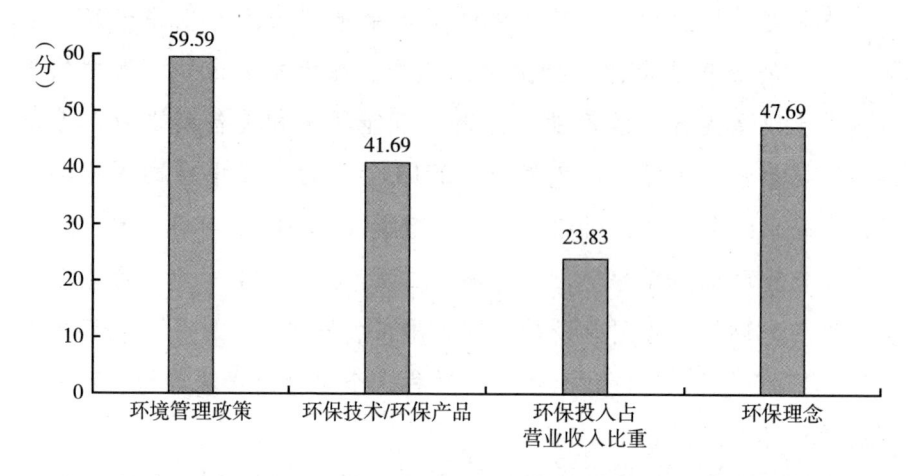

图2　材料行业上市公司环境管理维度三级指标平均得分

在环境管理政策这一三级指标中，有4家企业得分在80~100分，占比14.29%，其中有3家企业得分为满分100分，占比10.71%；有16家企业得分在60~80分，占比57.14%；有8家企业得分在60分以下，占比28.57%（见图3）。材料行业企业环境管理政策得分普遍较高，并且据统计，有5成以上企业注重制定环境管理政策，这说明材料行业企业环保意识较强，主动开展环保工作，制定环境管理政策，对环保工作进行全方位的规划，制定具体的环保工作标准要求，使企业在进行环保管理的过程中具备有效的制度依据，推动企业环保工作的落实。

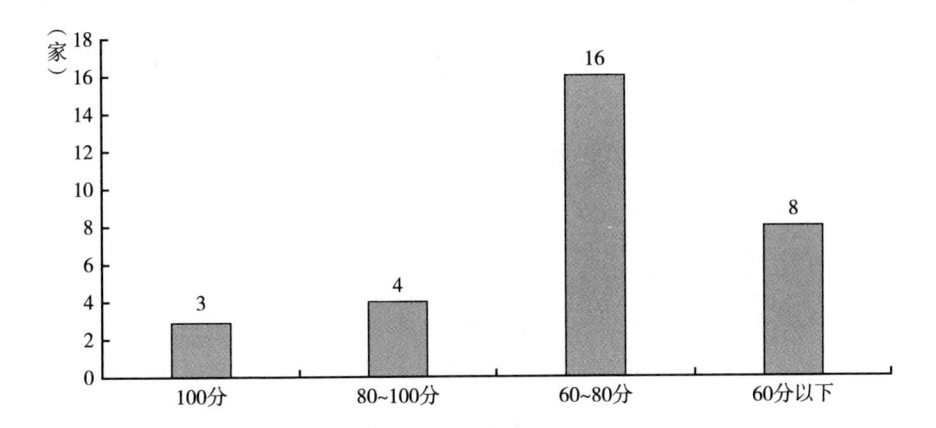

图3 材料行业上市公司环境管理政策维度得分分布

案例2 太钢不锈推动环境管理创新

太钢不锈严格按照ISO14001环境管理体系规范生产经营,并积极推动环境管理创新,提升环境管理绩效。

一是建立健全环保管理机制。出台公司《废气排放管理办法》《废水排放管理办法》《环境噪声污染防治管理办法》,修订完善和实施《环保管理评价办法》和《环保管理评价考核细则》。

二是强化环保责任制落实。借鉴中央环保督察的做法,实施内部环保督察,报告期内,公司先后开展了涵盖15个基层单位的12轮内部环保督察,严格实施奖优罚劣,体现奖惩分明。

三是开展污染状况分析诊断。公司委托第三方机构,对周边空气质量状况进行监测,在统筹气象、微观站和周边空气质量标准站以及公司现有污染源监测数据的基础上,从时间及空间的角度,分析公司对太原市空气质量的影响。

太钢不锈牢固树立"绿水青山就是金山银山"的绿色发展理念,积极推动环境管理创新,提升环境管理水平,在绿色发展上见事早、

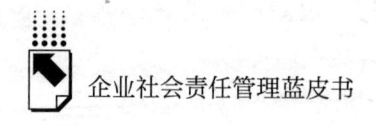

行动快、效果好，走出了一条企业与城市和谐发展之路，成为钢铁行业绿色发展的标杆，为建设美丽中国作出新贡献。

案例3　金隅集团加强环保管理，注重绿色发展

金隅集团严格遵守《中华人民共和国环境保护法》《中华人民共和国大气污染防治法》《中华人民共和国水污染防治法》等环保法律法规，以此为依据修订完善了《环境保护管理办法》等环保制度，把加强环境保护作为企业转变发展方式、增创效益、履行社会责任的重要手段，扎实推进公司环保工作。金隅集团将环保工作融入生产经营全过程，实现"一岗双责"运行机制及三级责任体系，积极推进环境标准化，持续开展环境污染隐患排查和综合治理，持续加大环保投入，加强污染防治能力，2018年全年金隅集团环保投入近6亿元。

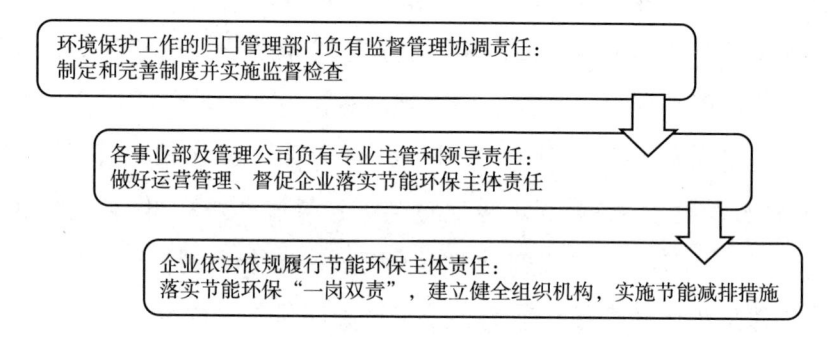

```
环境保护工作的归口管理部门负有监督管理协调责任：
制定和完善制度并实施监督检查
                    ↓
各事业部及管理公司负有专业主管和领导责任：
做好运营管理、督促企业落实节能环保主体责任
                    ↓
企业依法依规履行节能环保主体责任：
落实节能环保"一岗双责"，建立健全组织机构，实施节能减排措施
```

金隅集团环境管理三级责任体系

资料来源：《金隅集团2018年社会责任报告》（暨环境、社会与公司治理报告）。

（三）研究发现3：材料行业上市公司环保投入普遍不足，不利于环保工作取得实效

2018年环保部政策法规司有关负责人提到，要在"十三五"期间打好污染防治攻坚战，实现"大气十条""水十条""土十条"等

提出的环境质量改善目标，引导和规范企业加大环保投入是必不可少的。2018年1月施行《环境保护专用设备企业所得税优惠目录》，该设备优惠目录是财税、环保等部门联合制定的一项重要政策，致力于引导企业强化污染治理投资、实施绿色生产、担负起环境保护主体责任，让环保投入大、治理成效好的企业有"获得感"，提升其竞争力。可以看出，环保投入大、环保治理成效好对企业具有重要的意义。

2019年，在上市公司ESG评价过程中，依据环保投入占营业收入比重这一三级指标，有2家企业得分在80～100分，占比7.14%；其中仅有1家企业得分为满分100分，占比3.57%；有4家企业得分在60～80分，占比14.29%；有2家企业得分在40～60分，占比7.14%；有20家企业得分在40分以下，占比71.43%（见图4）。材料行业企业环保投入占营业收入比重指标的得分普遍较低，材料企业环保投入普遍不足。

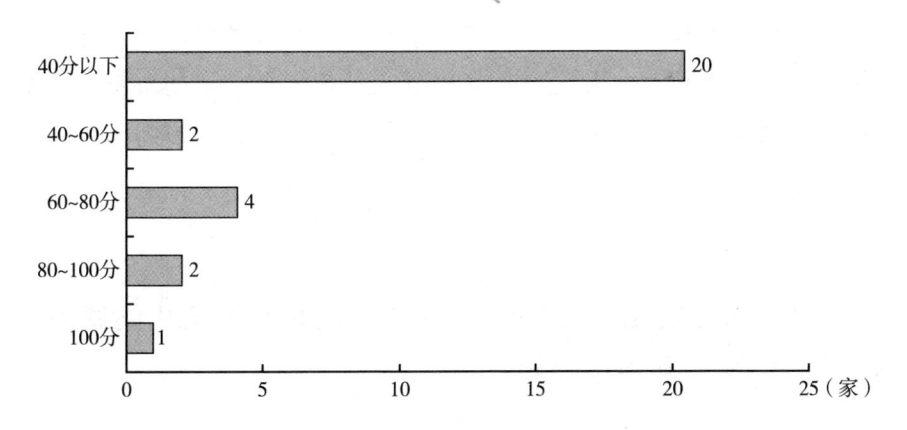

图4　2019年材料行业上市公司环保投入占营业收入比重得分分布

环境污染问题日益严重，环保监管日益严格，材料行业企业需要注重环境保护，提升环保治理技术，加强环境安全的管理和控制，切实履行企业环境保护责任，促进绿色发展。企业环保工作要有实际成

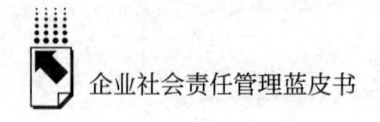

效，必须保证适当投入，具体要保证以下投入：一是人力方面的投入，二是污染治理设施运行方面的投入，三是技术改造方面的投入，四是污染治理项目的投入。

案例4 天齐锂业：绿色，永远的责任和动力

作为全球锂业发展先锋，天齐锂业坚持以绿色发展为理念，注重资源利用效率最大化，建立健全环境管理体系，推行资源综合利用和节能减排，践行环境保护和绿色发展的理念。

天齐锂业董事会秘书、副总裁李波在"2018年中国绿色传媒研究奖学金班"上提道"近年来，天齐锂业境内生产基地已累计投入环保治理费用1.53亿元，淘汰、更新、增添32台（套）环保设施和设备，环保工艺技术达到国内先进水平，无一次环保事故发生。年内计划再投入超过6000万元，采用最成熟的工业净化技术，引入最严环保标准，加大对烟气、粉尘的精准治理"。

天齐锂业积极践行绿色发展理念，在规划和生产过程中，都将环境保护放在首要地位，加大绿色环保投入，为绿色技术创新提供资金支持，锂行业发展优化能源结构，有利于改变人们对环境的影响，引领行业技术创新，为行业树立绿色标杆。

（四）研究发现4：材料行业上市公司使用可再生能源还不普遍，资源能源利用意识需增强

可再生能源的广泛采用是应对全球变暖和气候变化的重要手段。材料行业企业使用可再生能源不仅可以推动所在地项目运营建设中的绿色低碳发展，还可推动企业自身降低成本、提高效率、降低长期风险、提高投资者的信心和在客户中的声誉。

2019年，在资源能源利用维度的二级指标下，可再生能源使用

的平均得分最低，仅为17.45分；综合能源消耗量或下降比率的平均得分为29.38分，水资源消耗量的平均得分为35.61分（见图5）。材料行业企业使用可再生能源意识不强，可再生能源使用还不普遍。

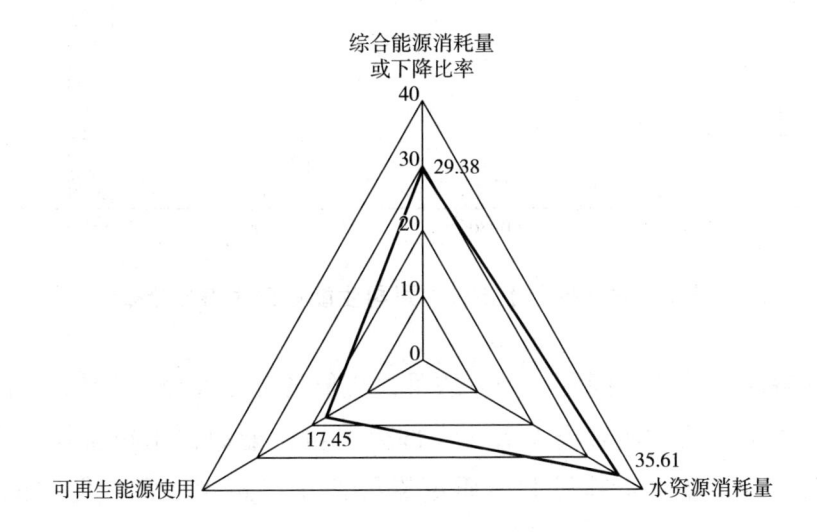

图5　材料行业上市公司资源能源利用维度平均得分分布（单位：分）

在可再生能源使用这一三级指标中，有1家企业得分在80~100分，占比3.57%；有2家企业得分在60~80分，占比7.14%；有5家企业得分在40~60分，占比17.86%；有20家企业得分在40分以下，占比71.43%（见图6）。五成以上企业可再生能源使用指标得分普遍较低，材料行业企业可再生能源使用率较低。

2018年国家能源局发布《关于减轻可再生能源领域企业负担有关事项的通知》，旨在规范可再生能源行业管理，减轻可再生能源企业（含其他机构和个人投资者，以下同）投资经营负担，促进可再生能源成本下降，支持可再生能源相关实体经济健康发展。这表明国家大力支持可再生能源企业，同时也督促企业使用可再生能源。国际可再生能源机构（IRENA）的报告指出，随着可再生能源成本的持续下降，加上企业继续寻求降低电力花费、对未来价格飙

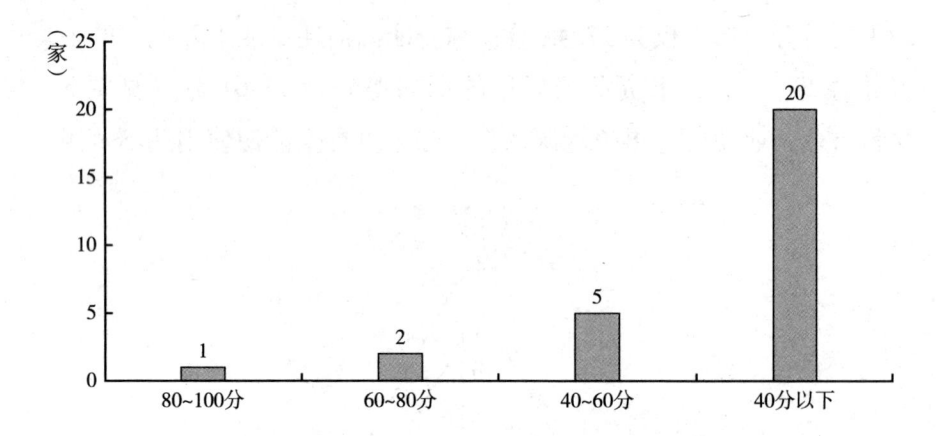

```
(家) 25
        20                                              20
        15
        10
         5                                    5
                           1        2
         0
            80~100分    60~80分    40~60分    40分以下
```

图6　材料行业上市公司可再生能源使用得分分布

升和解决可持续性问题，企业的可再生能源需求将继续增加，并且报告显示，从采购规模上看，大部分可再生能源被用在材料行业，材料行业企业由于其行业性质更需要使用可再生能源，促进能源转型。

案例5　中国中冶绿色施工管理

工程服务作为中国中冶的主营业务之一，在施工过程中或会不可避免地产生不同程度的环境影响。为尽力从源头控制、缓解或消除潜在的环境影响，公司坚持可持续发展理念，积极推行绿色施工管理，制定了"中国中冶绿色施工示范图集"，将环保措施应用于施工建设中。

中国中冶在施工过程中注重"三废"管理和资源的合理利用。其中"三废"管理包括了废气、废水和固体废物排放的管理，而资源利用则主要围绕能源、水资源及土地资源的管理。与此同时，中国中冶使用清洁的能源和原料，采用先进的工艺技术与设备，通过改善管理、综合利用等措施，从源头上减少污染并提高资源利用效率。

资源使用管理	
水资源管理	鼓励子公司通过技术改进，减少用水量，提高水资源利用效率 从源头上节约用水，施工类企业签订分包或劳务合同时，将节水指标纳入合同条款，根据工程特点指定用水额 在施工中采用先进的节水施工工艺 施工现场建立雨水收集设施
能源管理	设备设有节能控制措施 对主要耗能施工设备定期进行耗能计量核算 淘汰高耗能设备 材料选用缩短运输距离，减少能源消耗 在施工现场合理利用可再生能源
土地资源管理	节约用地：施工总平面布置紧凑，尽量减少占地 保护用地：采取防止水土流失措施；施工后恢复植被、减少土方开挖和回填量

中国中冶资源使用管理措施

资料来源：《中国中冶2018年社会责任报告》。

（五）研究发现5：材料行业上市公司注重废水排放，采取一定措施应对气候变化

中国作为一个负责任的发展中国家，一直以来就对气候变化问题给予高度重视，在应对气候变化的征程中不断迈出新步伐：应对气候变化职能划转到生态环境部后，各项工作持续推进，体制机制进一步完善，控制温室气体排放继续取得进展，碳市场建设不断加强，适应气候变化持续推进，应对气候变化与大气污染防治、生态环境保护等工作逐步统筹融合。企业是能源转型和深度减排的核心，作为碳排放密集型材料行业企业更应把节能减排作为企业生产的第一要素，积极应对气候变化。

2019年，在废弃物排放这一二级指标项下，废气排放量或减排量、废水排放量或减排量两个三级指标的平均得分分别为31.38分和40.66分，高于固体废弃物减排的平均得分30.45分；在应对气候变

化这一二级指标项下，应对气候变化融入战略或社会责任这一三级指标的平均得分为30.28分，低于应对气候变化政策或措施的平均得分48.48分（见图7）。材料行业企业比较注重废水排放，并实施相应的应对气候变化措施，但是在固体废弃物减排、废气排放以及将应对气候变化融入战略中略显不足。

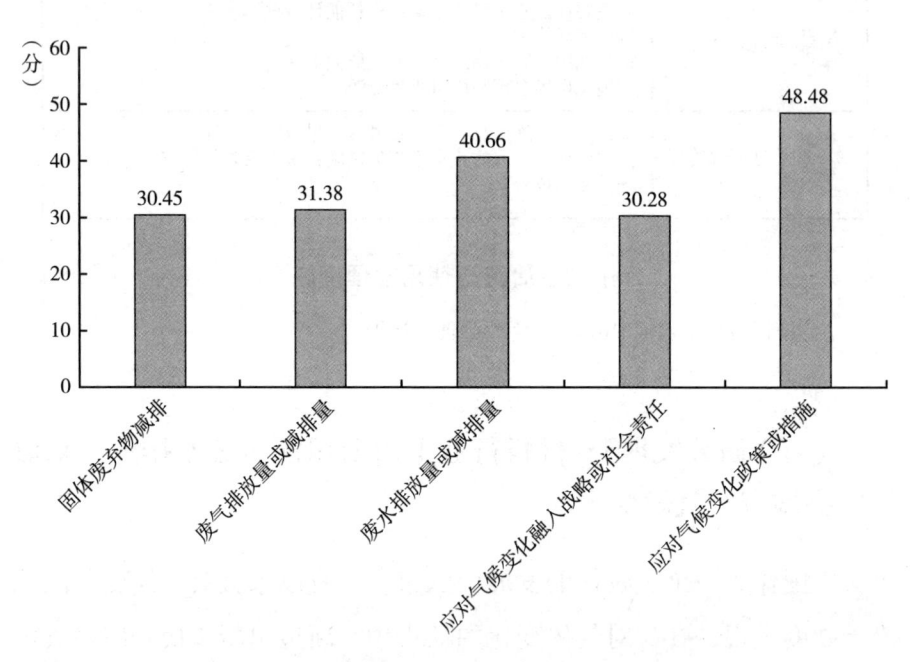

图7 材料行业上市公司废弃物排放与应对气候变化项下三级指标得分分布

发展低碳经济风靡全球，节能和环保已成为时代主题和国家发展的核心战略之一。同时，受各种机遇的刺激，如降低能源成本，保障能源供应，规避气候变化的风险和声誉损失，创造收益及保持竞争力等，越来越多的企业开始持续关注碳管理，并将其作为战略重点。材料行业企业需要将应对气候变化融入企业战略，参考气候相关财务信息披露工作组（TCFD）提出的明确指引，更好地了解面临的气候变化机遇和风险，设定科学的碳减排目标，按照必要的减排轨迹做出全面承诺，推动实质性的企业行动，实现自身业务的减排，推动低碳经济转型；同时要影响供应商或客户，或者改变它们的产品、服务和业务模式，给供应链上下游带来改变。

案例6　金隅集团推行节能减排应对气候变化

金隅集团依据《中华人民共和国节约能源法》及《北京市实施〈中华人民共和国节约能源法〉办法》等国家及地方法律法规，制定了《节约能源管理办法》，不断强化环保内部管控，提前布局，积极探索新工艺、新技术，产业转型升级工作取得了重大突破；深入开展了氮氧化物、二氧化硫等主要污染物深度减排技术研究，使主要污染物排放总量及浓度进一步降低。

金隅集团倡导企业经济效益、生态效益与社会效益的和谐统一，积极履行企业社会责任，牢固树立环保红线意识，将环保工作视为企业不可触碰的底线和企业发展的生命线，积极推行节能减排，应对气候变化，为改善空气质量、提升环境生态水平做出突出贡献。

案例7　紫金矿业注重节能减排和环境保护

紫金矿业高度重视温室气体对全球环境与可持续发展的影响，将低碳理念纳入公司生产运营，积极发展循环经济和低碳经济，制定资源节约与综合利用规划和措施，建立了以总部、单位、工厂为主体的三级能源管理体系。公司制订了《紫金矿业能源管理办法》，规范权属企业能耗管理，要求各权属企业根据实际，按照GB/T23331标准建立各自能源管理体系，实施节能降耗工作，应对全球气候变化，实现可持续发展。

2018年，公司按"十三五"三年节能专项滚动计划，实施重点节能工作，母公司通过电气设备节能改造淘汰高耗能电机，更换超高效率节能电机；淘汰高耗能照明光源，通过绿色LED照明改造等方式降低能源消耗，年减少消耗260吨标准煤当量。与此同时，集团公

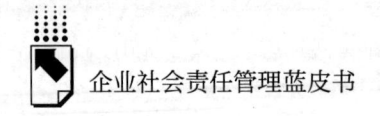

司全年还通过大力实施矿山废弃地植被种植，实施造林碳汇减排 CO_2e 约 1.5 万吨。全年，集团母公司万元产值能耗（未含外包）0.194 吨标准煤当量，集团母公司万元产值能耗（含外包）0.335 吨标准煤当量，集团股份公司加权平均万元产值能耗 0.084 吨标准煤当量。

参考文献

吴舜泽：《中国环境战略与政策发展进程、特点及展望》，《中国环境报》2019 年 11 月 29 日。
《金隅集团 2018 年社会责任报告》（暨环境、社会与公司治理报告）。
《中国中冶 2018 年社会责任报告》。

B.6 金融行业上市公司治理风险评价

金融行业上市公司治理风险评价分析课题组[*]

摘　要： 本文从深证100、上证50、MSCI 234只A股成分股中选择了55家金融行业上市公司，评价其治理能力。研究发现，金融行业上市公司在治理方面表现较为突出，得分在10个样本行业中排名第一，普遍注重风险管理，信息披露渠道相对完善，利益相关方参与度较高，合规运营水平较高，但组织治理方面表现欠佳，公司还需要提升董事会治理能力，明确董事会ESG管理职责。

关键词： 金融行业　上市公司　公司治理

改革开放以来，中国金融业发展取得了历史性成就。特别是党的十八大以来，金融业快速发展，金融改革开放有序推进，金融产品日益丰富，金融服务普惠性增强，金融监管得到加强和改进。但同时，中国金融业仍存在诸多矛盾和问题，与经济高质量发展的要求还有一定差距。目前，面对全球经济金融风险不容乐观、经济下行的压力，金融业提升治理能力、内控能力便显得尤为重要。

---

[*] 金融行业上市公司治理风险评价分析课题组成员：王晓光、王静艺。执笔人：王静艺，北京融智企业社会责任研究院研究员，主要从事海外矿业可持续发展研究、利益相关方关系管理研究。

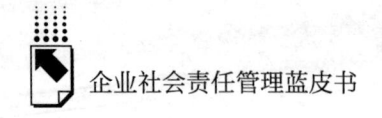

一　行业发展特征

（一）对外开放水平大幅提升

金融业开放是中国对外开放格局的重要组成部分。扩大金融业对外开放既是金融业自身发展的需要，也是深化金融业供给侧结构性改革、实现经济高质量发展的内在要求。[1]

在金融服务业开放方面，2018年4月博鳌亚洲论坛上，中国宣布进一步扩大金融业对外开放的具体措施和时间表。目前，11项措施已经落地，包括进一步统一了中外资银行市场准入标准；明确了外资法人银行开展对银行业金融机构的股权投资的法律依据；取消了中资银行和金融资产管理公司的外资持股比例限制等；允许外资控股合资证券公司；允许外商境外投资者持股境内期货公司；放开合资证券公司和外资保险经纪公司的业务范围等。[2]

在金融市场开放方面，中国金融市场开放程度不断提高，开放潜力巨大，受到国际市场的普遍认可。2018年6月，摩根史丹利资本国际公司正式将A股纳入MSCI新兴市场指数和全球基准指数。同年9月，富时罗素将A股纳入其指数体系。2019年4月，彭博公司将中国债券纳入彭博巴克莱债券指数。截至2019年8月底，已有超过2000家境外投资者参与中国债券市场，境外投资者持债规模超过2万亿元。[3]

同时，人民币汇率形成机制改革也在有效推进。中国坚持市场化原则，不断完善以市场供求为基础、参考一篮子货币进行调节、有管

---

[1] http://www.pbc.gov.cn/goutongjiaoliu/113456/113469/3792841/index.html.
[2] https://www.sohu.com/a/227948470_100078662.
[3] http://kuaixun.stcn.com/2019/0905/15377382.shtml.

理浮动汇率制度，人民币汇率弹性不断增强，更好地发挥了汇率在宏观经济稳定和国际收支平衡中的"稳定器"作用。①

（二）金融科技驱动变革

近年来，金融科技蓬勃发展。金融科技是金融与信息技术的融合，是技术带动的金融创新，其发展离不开大数据和云计算、区块链和人工智能的支持。在金融科技的影响下，数字化转型已经成为整个金融业的趋势，金融服务的边界进一步扩大，效率得到提升，金融机构的发展空间也得以拓展。同时，金融科技还简化了供需双方交易环节，降低了资金融通边际成本，开辟了触达客户的全新途径，推动了金融机构实现服务模式创新、业务流程再造、运营管理变革。②

（三）金融市场监管持续加强

党的十九大和中央经济工作会议都明确将防范化解重大风险列为三大攻坚战之首，而防范化解重大风险的重点是防范金融风险。③ 当前面临的金融风险一方面是经济发展方式转变不快、经济结构调整缓慢、重点改革滞后等因素综合作用的结果，另一方面也与中国金融监管体制高度相关，分业监管模式已不能有效控制风险。近两年金融监管持续加强，重大领域金融风险防范工作扎实推进。为加快弥补金融监管制度短板，中国持续强化和落实协同监管机制，通过统一高效的监管机制和政策积极防范局部风险扩散，有效避免跨市场风险共振。未来，防范和化解金融市场风险，加强金融市场监管仍会处于金融行业的重要位置。

---

① http://www.pbc.gov.cn/goutongjiaoliu/113456/113469/3792841/index.html.
② 中国人民银行：《金融科技（FinTech）发展规划（2019~2021年）》，2019年9月6日。
③ http://www.xinhuanet.com/fortune/2017-12/20/c_1122142981.htm.

（四）坚持服务实体经济

金融是实体经济的血脉，为实体经济服务是金融的天职，也是防范金融风险的根本举措。[①] 近两年，金融市场持续加大精准服务实体经济的力度。首先，在服务民营企业、小微企业方面，债券市场创新民营企业债券融资支持工具，成功发行多只债券信用缓释工具。2018年，支持银行业金融机构发行微小企业贷款资产支持证券达到108亿元，是2017年发行量的15.4倍；小微企业金融债券发行1245亿元，是2017年的11.3倍。其次，央行持续加大再贴现支持力度，2019年三次增加了再贴现额度，共计2000亿元，并推出了各项创新票据产品与服务，票据市场服务实体经济作用得到增强。最后，在服务科创企业方面，为进一步加大资本市场对实施创新驱动发展战略的支持，2018年证监会支持创新企业境内发行股票或存托凭证试点。

二 样本数据选择和数据来源

本研究的样本选择按照证监会分类标准，从"Wind资讯"数据库中选出深证100、上证50、MSCI 234只A股成分股中的金融行业上市公司，共55家，占上市公司样本总量的19.50%。

本研究的信息主要来自"国泰安数据服务中心"中国上市公司研究系列数据库，"Wind资讯"中国上市公司数据库，企业年度报告、社会责任报告和官方网站等渠道。"国泰安数据服务中心"数据齐全，涵盖了上市公司财务报表、交易行情、新闻资讯公司、公告数据等各项信息。通过国泰安数据库可收集企业的基本信息，比如企业所处行业、企业营利性信息以及企业治理信息等。Wind已建成国内

[①] http://theory.people.com.cn/n1/2019/0424/c40531-31047117.html.

完整、准确的以金融证券数据为核心，一流的大型金融工程和财经数据仓库，数据内容涵盖股票、基金、债券、外汇、金融衍生产品、财经新闻各领域。[①] 因此，本研究从 Wind 数据库中获得了深证100、上证50、MSCI 234 只 A 股成分股中金融行业上市公司的名单，并从国泰安数据库收集企业相关信息，同时，还从企业年度报告以及企业社会责任报告、ESG 报告和企业官网获取了企业财务与非财务信息，最终构成了金融行业上市公司样本信息数据。

三 研究发现

（一）研究发现1：金融行业治理整体表现较好，在10个样本行业中位列第一

完善有效的治理是金融业稳健经营的前提，更是金融业可持续发展的基石。2019 年，金融业上市公司在治理维度整体表现较好，平均得分45.98 分，远超所有行业在此维度下得分 34.50 分，在 10 个行业中排名第一。从得分分布来看，在 70 分及以上的上市公司有 7 家，占比 12.72%；11 家上市公司的得分在 60~70 分，占比 20%；50~60 分的上市公司有 9 家，占比 16.36%；23.64%（13 家）的上市公司得分在 30~50 分；得分位于 10~30 分的企业有 13 家，占比 23.64%；得分在 10 分以下的上市公司仅有 2 家，占比 3.64%（见图1）。

金融业在公司治理方面的较好表现离不开近年来该行业对公司治理的不断完善。公司治理已成为防范金融风险的重要抓手、保障金融业稳健发展的重要方面。监管部门在加大排查和处置金融业治理风险力度的同时，也在不断补齐制度短板。2018 年初，监管部门将公司治

---

① https：//www.wind.com.cn/NewSite/about.html.

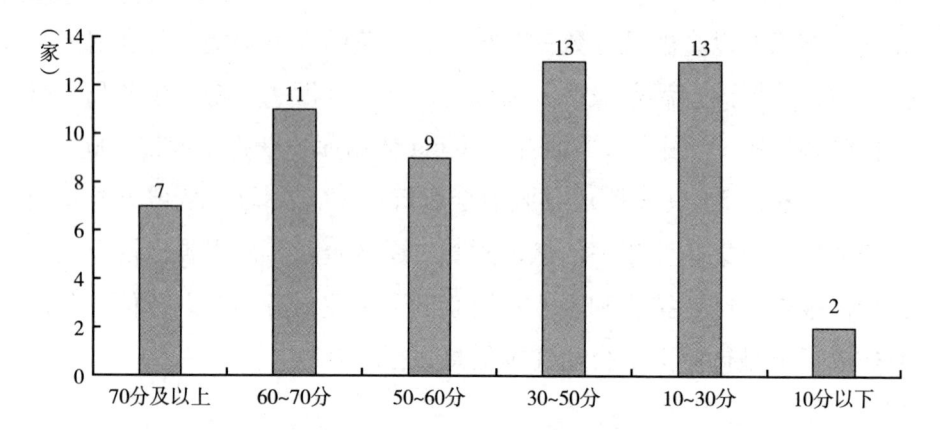

图 1　2019 年金融行业上市公司组织治理维度得分分布

注：涉及区间的如 60~70 分包含 60 分，即区间包含左端点，下同。

理作为银行业监管八项重点工作之首，并将规范股东行为、加强股权管理、推动"三会一层"、依法合规运作等方面列为整治重点。同时，监管部门还将公司治理作为切入点，积极夯实微观主体风控建设的主体责任，先后出台了《商业银行股权管理暂行办法》《保险公司股权管理办法》等制度。但不同金融业上市公司之间治理仍存在一些差距，部分上市公司治理仍有待完善。2019 年前 9 个月，银保监会系统共作出行政处罚决定 2912 件，处罚银行保险机构 1575 家次，罚没金额 7.75 亿元。①

表 1　2019 年金融业上市公司治理维度得分前五名

单位：分

公司股票简称	ESG 表现综合得分
中国平安	76.66
交通银行	73.78
民生银行	73.70
中国人保	73.06
中信证券	71.05

① http://news.sina.com.cn/o/2019-10-21/doc-iicezzrr3771810.shtml.

（二）研究发现2：金融行业上市公司董事会ESG职责不明确，缺乏ESG制度与组织架构的建设

ESG的落实需要通过管理层自上而下地推动，只有ESG议题进入董事会，才能将ESG融入公司日常运营，成为各部门的日常工作。组织架构是企业开展ESG工作的基础。企业应尽早明确、落实ESG职责。通常ESG组织架构分为以董事会为核心的决策层和以ESG工作小组会为核心的执行层。在决策层层面，企业可根据自身需求，将ESG管理纳入董事会下设委员会。在执行层层面，企业可成立ESG工作小组，负责落实ESG战略规划，推动ESG日常工作的进行。工作小组的主导部门可以是专门的ESG办公室，也可以由品牌、风控等部门主导。在组织架构建设的基础上，企业还应完善ESG管理制度，明确ESG委员会具体职责，包括监察企业ESG战略的制定、实施以及利益相关方的沟通等。

2019年，金融行业上市公司在董事会ESG职责方面整体表现欠佳，该指标平均得分仅为16.58分，在所有三级指标中得分最低。从得分分布来看，各上市公司之间差距较大，得分在70分以上的公司有7家，占比12.73%，其中，有2家公司获得了满分，分别是中信证券与光大证券；有5家上市公司得分在60~70分，占比9.09%；1家上市公司得分在50~60分，占比1.82%；得分在30~50分的上市公司有2家，占比3.64%；获得10分以下的上市公司多达40家，这意味着72.73%的金融行业样本上市公司尚未明确董事会ESG职责，尚未建立ESG管理制度，也没有明确负责ESG推进的具体部门（见图2）。金融行业上市公司亟须设立ESG管理制度、明确人员委任和职责权限等。

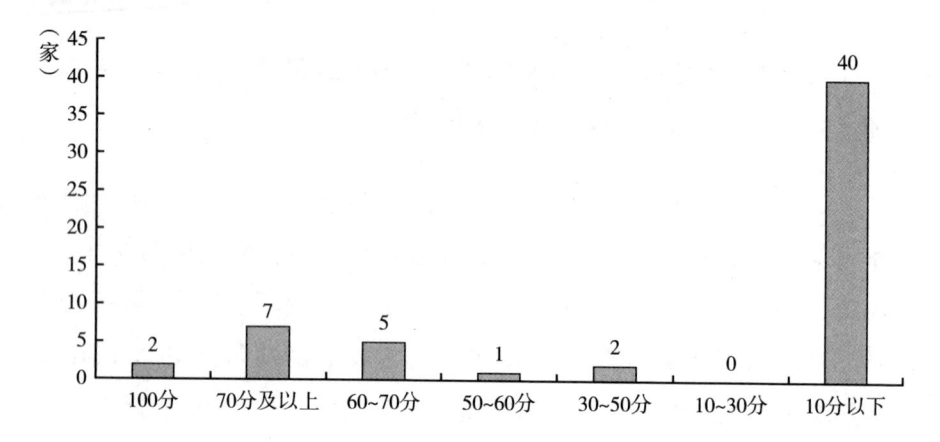

图2　2019年金融行业上市公司董事会ESG职责得分分布

案例1　中国平安持续完善治理体系和全面风险管理体系

2017年，中国平安在公司执行委员会层面增加了ESG管理职能。ESG风险管理以及ESG内部执行情况与进展会定期汇报至公司董事及高管处，以保证ESG管理的有效性。

决策层——董事会：中国平安董事会承担ESG管理整体责任，董事会执行委员会负责对公司整体ESG管理目标及策略进行审议和批准，并负责审批公司定期可持续发展报告。

管理层——ESG管理委员会：在执行委员会下，中国平安设立了投资者关系及ESG管理委员会，全面负责公司ESG事务，将ESG管理上升到公司战略层面。投资者关系及ESG管理委员会由平安常务副总经理兼首席财务执行官担任委员会主任，由集团董事会秘书担任执行秘书，集团管理层担任委员，定期召集会议，就经济、环境、社会三个层面相关议题的风险与机会制定应对策略，提升平安ESG治理水平及绩效。

执行层——ESG办公室：投资者关系及ESG管理委员会下设ESG办公室，由平安集团品牌宣传部ESG团队、集团相关职能部门、专业公司总部ESG相关部门组成。平安集团ESG团队负责ESG战略执行，内部沟通，相关项目规划、执行及绩效考核工作；集团相关职能部门以及专业公司总部 ESG 相关部门参与 ESG 日常工作规划以及执行 ESG 日常工作。平安集团 ESG 办公室定期分析各项 ESG 议题对公司的影响，并向投资者关系及 ESG 委员会汇报 ESG 风险分析结果及 ESG 事务执行情况。

资料来源：中国平安《2018 年可持续发展报告》。

案例 2　光大证券建立 ESG 治理架构，加强社会责任风险管控

光大证券深刻认识到一家成功的证券公司在创造经济效益的同时，应当努力承担相应的社会责任，认真做好社会公民，赢得社会尊重。光大证券结合自身业务和发展，在客户共赢、精准扶贫、员工发展及环境保护等方面不断优化管理，积极与各权益人沟通，持续强化治理，努力实现经济、社会及环境的可持续发展。

为加强企业社会责任风险的管控，光大证券参照香港联交所的《环境、社会及管治报告指引》（简称"ESG 指引"）建立起公司的环境、社会及治理架构，并在此架构下持续推进光大证券社会责任治理工作。

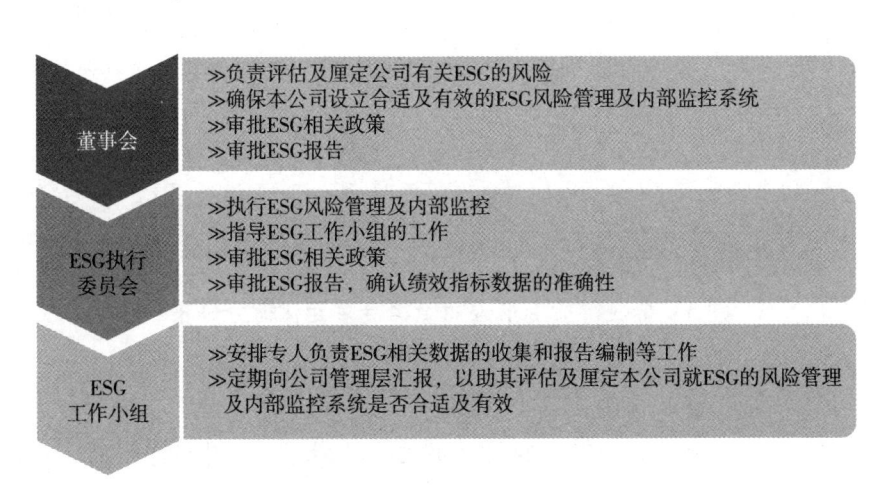

董事会	» 负责评估及厘定公司有关 ESG 的风险 » 确保本公司设立合适及有效的 ESG 风险管理及内部监控系统 » 审批 ESG 相关政策 » 审批 ESG 报告
ESG 执行委员会	» 执行 ESG 风险管理及内部监控 » 指导 ESG 工作小组的工作 » 审批 ESG 相关政策 » 审批 ESG 报告，确认绩效指标数据的准确性
ESG 工作小组	» 安排专人负责 ESG 相关数据的收集和报告编制等工作 » 定期向公司管理层汇报，以助其评估及厘定本公司就 ESG 的风险管理及内部监控系统是否合适及有效

光大证券 ESG 治理架构

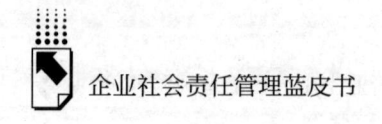

（三）研究发现3：金融行业上市公司董事会多元化程度较低，女性董事的比例偏低

上市公司董事会多元化包括专业背景、教育背景、性别等多个维度的多元化，作为公司治理的重要方面，近年来受到各方关注。董事会多元化有助于提高董事会的决策水平；规范公司运营，降低企业风险水平；改善投资者关系。其中，性别多元化主要指提高女性董事在董事会中的比例。研究表明，女性董事比例高的公司，其股本回报率、盈利能力、创造价值高于女性董事比例低的公司。

数据显示，金融行业上市公司董事会多元化指标平均得分为22.32分，董事会多元化程度还有待提升。得分在70分及以上的上市公司仅有2家，占比3.64%；得分为10分以下的上市公司达到30家，占比54.55%（见图3）。

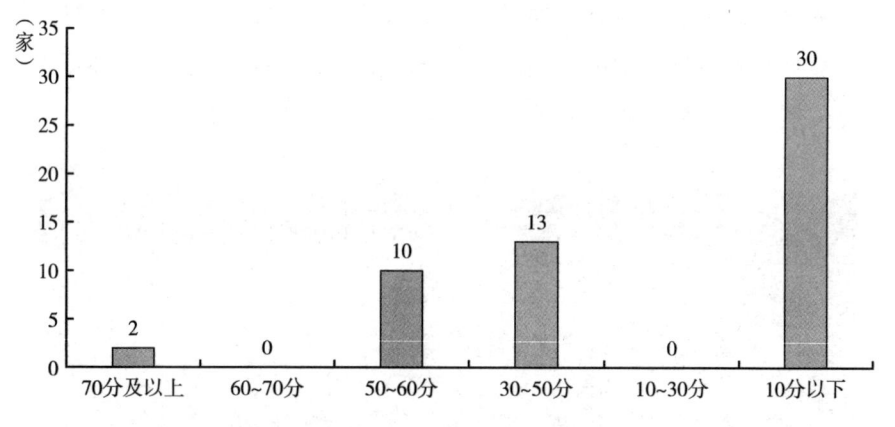

图3　金融行业上市公司董事会多元化得分分布

55家金融行业样本上市公司中，有支持董事会多元化声明的公司有12家，占比21.82%；披露女性董事数量的公司同样也有12家（见图4）。其中，具有董事会多元化声明并披露女性董事数量的公司仅有2家。可见，由于目前中国内地监管机构对董事会性别多元化以

及女性比例尚无明确监管要求，金融行业上市公司董事会女性成员比例仍然较低。

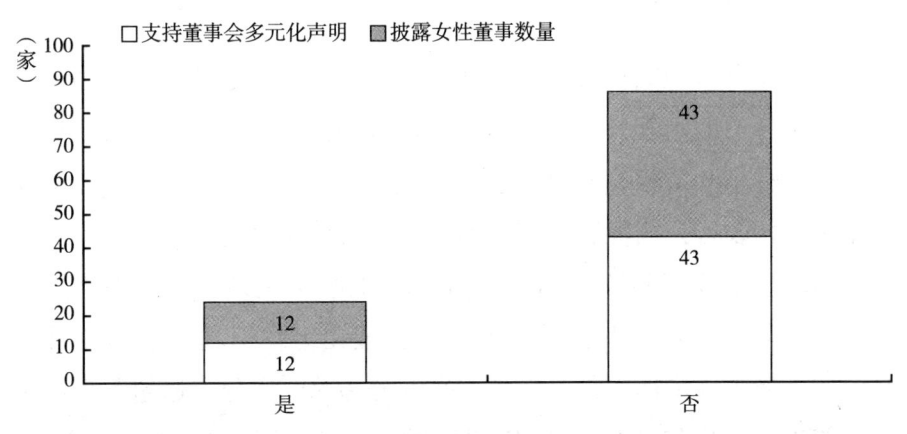

图4 金融行业上市公司是否支持董事会多元化声明和披露女性董事数量

案例3 招商银行注重员工多元化

招商银行注重治理结构及员工队伍的多元化，已制定了相关政策，由董事会提名委员会每年检讨董事会的架构、人数和组成。

招商银行员工及中高层管理人员男女性比例情况

单位：%

指标	男性	女性
员工性别比例	42.24	57.76
中高层管理人员男女性比例	79	21

案例4 中信银行坚持董事会多元化

中信银行董事会已制定《董事会成员多元化政策》，确保利益相关方参与。中信银行董事会成员涵盖不同性别、年龄、文化程度以及经济、金融、财会、法律、审计等不同教育背景和专业经验，具备社会责任议题和环境责任方面的专长和经验。

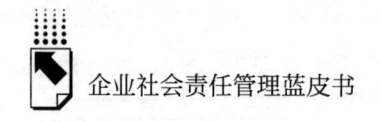

（四）研究发现4：金融行业上市公司普遍注重股东关系管理，沟通主动性较强

股东关系管理的核心和本质就是通过与股东有效的互动沟通，促进股东对公司的治理。上市公司与投资者的正向沟通可提升公司透明度，保障股东知情权，同时，股东通过向公司反馈信息，行使监督权与建议权，改善公司经营管理和治理，提升公司价值。

2019年，金融行业上市公司普遍注重股东关系管理，沟通主动性较强。金融行业上市公司股东关系管理在组织治理维度下表现最好，在3个三级指标中得分最高，平均分为50.19分，远超董事会多元化的22.32分与董事会ESG职责的16.58分。从得分分布来看，74.55%的样本上市公司都在50分以上。其中，70分及以上的企业有23家，占比41.82%；60~70分的企业有8家，占比14.55%；50~60分的企业有10家，占比18.18%；30分以下的企业有12家，占比21.82%（见图5）。

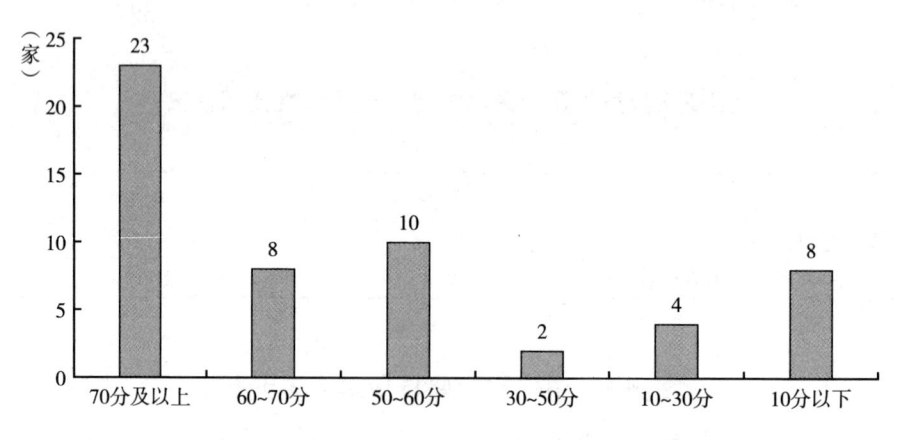

图5 金融行业上市公司股东关系管理得分分布情况

统计显示，金融行业上市公司股东沟通主要是通过互联网，较少公司采用现场互动的沟通方式。绝大多数上市公司都建立了公司网

站、投资者关系邮箱、投资者关系互动平台等网络沟通途径。相比之下，由于时间和成本上的负担，较少公司在股东关系管理中实践投资者见面会、分析师会议、一对一会议、路演等现场沟通媒介。金融行业样本上市公司中，使用了现场互动沟通方式的公司仅有14家，占比25.45%。现场沟通能够更有效直接地回应投资者的诉求，具有非现场沟通无法替代的作用。但由于股东关系管理需要投入一定的成本，且投入后的效果难以估计，因此大部分企业选择成本较低的沟通方式。

案例5　农业银行建立覆盖大中小股东全方位沟通渠道

农业银行持续加强投资者关系管理工作，通过业绩发布、路演、参加资本市场峰会、接待投资者来访、投资者热线、上证E平台和投资者邮箱等多种形式将公司发展战略、财务经营指标和市场关注热点及时高效传递给投资者。2018年农业银行举办了各类投资者会议，并且在上交所网站举办了投资者集体接待日活动，有效增进了资本市场对本行投资价值的认同。

案例6　方正证券注重投资者关系管理

方正证券依照《投资者关系管理制度》，通过合规渠道和方式，定期向投资者、证券分析师、行业分析师和财经媒体等传递解读公司已发布的重大信息。公司网站设有"投资者关系"专栏，公告公司相关信息，方便投资者查询。方正证券还设立了专门的电子邮箱同投资者进行交流，投资者可以通过电子邮箱向公司提出问题或了解情况。

（五）研究发现5：金融行业上市公司利益相关方参与程度较高，积极组织各类利益相关方活动

利益相关方参与涉及企业在制定和实施决策时与企业有关的利益

相关方的所有活动。通过利益相关方参与，信息在企业与利益相关方间得到双向传递、接收、分析和反馈，有利于提升企业透明度，提高企业 ESG 绩效，帮助企业创造新的价值。

2019 年，金融行业上市公司利益相关方参与表现较为突出，得分是治理维度下最高的，为 57.01 分，处于 A 级。70 分及以上的企业达到 40 家，占比 72.73%。其中，获得满分的企业更是多达 17 家。有 1 家企业得分在 60～70 分，占比 1.82%；50～60 分的企业有 2 家，占比 3.64%；30～50 分的企业有 1 家，占比 1.82%；30 分以下的企业有 11 家，占比 20%（见图 6）。样本上市公司普遍针对四个及以上的利益相关方开展了相关活动，如针对投资者，举办路演、投资者交流会；针对员工，举行员工座谈会、开展员工运动会等；针对客户，邀请客户参与产品体验、举办金融方面的知识讲座等；针对社区，开展公益活动，开展金融知识普及等。

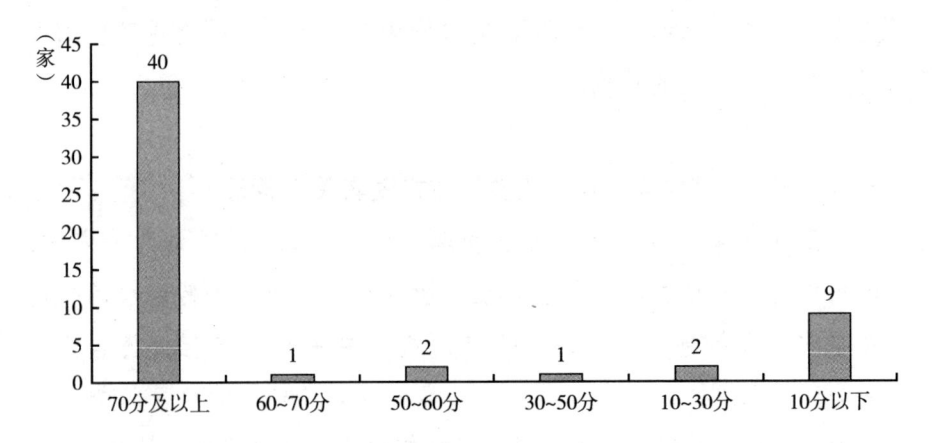

图 6　金融行业上市公司利益相关方参与得分分布

案例 7　中信银行开展各类利益相关方活动

中信银行梳理出了政府、股东、客户、供应商、员工、社区六个方面，针对不同利益相关方开展了各项专题活动。

政府沟通。中信银行行长带队深入省、自治区、直辖市，主动拜访了各地政府，充分交流沟通，交换意见，不断改进工作，提升服务实体经济的能力和水平。

信息披露。中信银行高度重视信息披露和内幕信息管理，严格遵守上市地信息披露法律法规要求，依法对外发布定期报告及临时公告。同时，中信银行进一步提升披露信息的主动性和透明度，及时发布年度业绩快报，合理引导市场预期，并在定期报告中持续加强对投资者关注热点问题的披露，为投资者提供及时、充分、有效的信息。

政务公开。为让员工更好地了解全行的发展战略和业务发展规划，中信银行保持在内部网络上的信息公开机制，继续执行《中信银行内联网管理办法》，在保证涉密信息安全的前提下，及时发布本行经营管理的重大动态。

客户交流。中信银行开展了产品内容宣传、产品推广、上门服务、客户关怀活动、客户联谊活动、金融政策和金融知识宣传等客户交流活动。

内部沟通。中信银行通过高级管理层"接待日"制度、"行长信箱"、"总行听你说"和征求意见座谈会等形式与基层员工建立沟通渠道，鼓励员工对业务发展和内部管理积极建言、共同监督，建立完善的内外部反馈机制和合理化建议征集渠道。

媒体发布。中信银行积极与媒体开展合作，负责任地向社会公众披露中信银行真实的新闻动态。

访谈交流。中信银行通过热线电话、邮件、上证海e互动等渠道实现与中小投资者有效非现场沟通；利用年度和临时股东大会会间联系、主动拜访一般法人股东等。

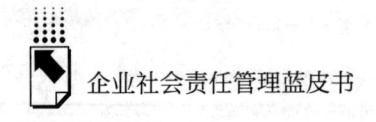

参考文献

《继续扩大金融业开放　推动经济高质量发展——中国人民银行行长易纲在中国发展高层论坛的讲话》，中国人民银行网，2019年3月24日。

《易纲宣布进一步扩大金融业对外开放的具体措施和时间表》，钇君资本，2018年4月。

《参与中国债券市场的境外投资者数量已超过2000家》，证券时报网，2019年9月5日。

中国人民银行：《金融科技（FinTech）发展规划（2019~2021年）》，2019年9月6日。

《防范化解重大风险攻坚战重点是防控金融风险》，新华网，2017年12月20日。

刘新刚：《服务实体经济是防范金融风险的根本举措》，《经济日报》2019年4月24日。

彭瑶：《银保监会——前9月共处罚银行保险机构1575家次　罚没金额7.75亿元》，中国网，2019年10月21日。

《中国平安2018可持续发展报告》。

B.7 医疗保健行业上市公司社会风险评价分析

医疗保健行业上市公司社会风险评价分析课题组[*]

摘　要： 本文从社会维度评价医疗保健行业上市公司的社会责任实践水平，研究发现，医疗保健行业上市公司中部分企业相对缺乏企业社会责任意识，履行现状不容乐观，医药产品质量不稳定，产品质量管理水平仍需提高；企业需要提升供应链管理水平，促进价廉、药效高的药品供给，促进社区参与，及时向社会宣传安全用药知识，将企业社会责任意识放在首位，为人民的生命安全健康负责，塑造医药企业的良好负责任形象。

关键词： 医疗保健　上市公司　供应链管理　产品质量　社区参与

一　行业发展特征

（一）医药行业利润增速呈下降走势

自2018年以来，医药行业利润增速低于主营业务收入增速。利润增速下滑主要原因有以下几点：一是2018年大医院的控费/控药占比是高峰期，很多医院要达标，需要砍掉部分品种；二是大型制药公

---

[*] 医疗保健行业上市公司社会风险评价分析课题组成员：王晓光、任娜。执笔人：任娜，北京融智企业社会责任研究院研究员，主要从事企业ESG管理咨询、海外投资风险管理、利益相关方尽职调查等研究。

司面对带量采购等促进行业高速整合的政策，加大了对创新药的投入，研发费用增速普遍大幅高于收入增速，利润增速有所下滑；三是"金税工程"和"两票制"实施以后，增值税基本上不能规避，部分增值税转嫁到生产厂家头上，影响利润增速。2018年12月《2019年医药行业发展报告》正式发布，报告指出，2018年1~9月，医药行业实现利润总额2305.9亿元，同比增长11.5%，较上年同期下降6.9个百分点。初步估计，2018年医药制造业利润总额将为3050亿元左右，同比增长约9%[①]。

（二）新药创新研发有所发展

为满足广大群众多元的用药需求，中国出台了很多政策鼓励和加速国内外抗癌药和创新药的生产和上市。自2018年以来，中国自主研发的新药不断获批上市，尽管国产创新药发展迅猛，创新力度不断加大，取得了较大的成果，但是与发达国家相比仍有较大差距，目前大多数创新药品是在国外发现的作用机制和靶点基础上研发出来的，创新研发力度有待进一步加大。

（三）医药企业承担着重大社会责任

近年来，基本医疗卫生制度不断完善，关系到身体健康和民生问题，有助于促进经济社会协调可持续发展，维护人民生命健康，提高人民生活质量，更好满足人民日益增长的美好生活需要。因此，中国的医药行业企业需要承担重要的社会责任，进而保障人民生命健康和安全。但是，目前大多数医药企业社会责任缺失从而发生了几起重大责任事件，严重影响人民生活，医药企业需要承担对企业管理者、员工、消费者、生态环境保护和社区等多项利益相关方的社会责任。

---

① 《2019年医药行业发展报告》，2018年12月。

二 样本数据选择和数据来源

中国的医药行业迅速发展，推动国家经济发展，促进经济体制改革和所有制结构调整，有利于拓宽解决就业和再就业的渠道，助力解决就业问题。2018年沃森生物的"毒疫苗"事件为中国的医药行业企业敲响了质量警钟，引起了社会公众的普遍关注，医药行业企业认识到企业的社会责任意识至关重要，药品的质量优劣直接关乎公众的生命安全。因此从目前的社会热点事件来看，本部分选择医疗保健行业上市公司作为样本对象，该样本量主要包括27家上市公司，分别属于深证100、上证50以及MSCI 234只成分股指数名单，有着良好的行业内经营业绩表现。其ESG中社会维度的实践水平在一定程度上能够反映中国医药领域上市公司的整体ESG中社会维度的实践表现，以为将来更好地促进医药健康行业履行社会责任提供依据。

本研究的信息来源有多种渠道，分别为"国泰安数据服务中心"中国上市公司研究系列数据库，"Wind资讯"中国上市公司数据库，企业年度报告、企业社会责任报告和企业官方网站以及权威组织平台。[①]

三 研究发现

（一）研究发现1：医疗保健行业上市公司中部分企业相对缺乏企业社会责任意识，履责现状不容乐观

2019年医疗保健行业上市公司社会维度的平均得分为46.25分，相较于能源行业、金融行业等行业的社会维度平均得分，得分较低。

---

① 肖红军、王晓光、李伟阳：《中国上市公司社会责任能力成熟度报告（2017~2018）No.3》，社会科学文献出版社，2018。

在 27 家医疗保健行业上市公司中，只有 1 家企业社会维度的得分在 80 分及以上，占比 3.7%；有 8 家企业得分在 60~80 分，占比 29.63%；有 16 家企业得分在 10~60 分，占比 59.26%；有 2 家企业得分在 10 分以下，占比 7.41%（见图 1）。在样本公司的 ESG 维度表现中，社会层面得分最高的是复星医药，为 84.00 分，分数最低的是沃森生物，仅为 5.95 分（见表 1）。

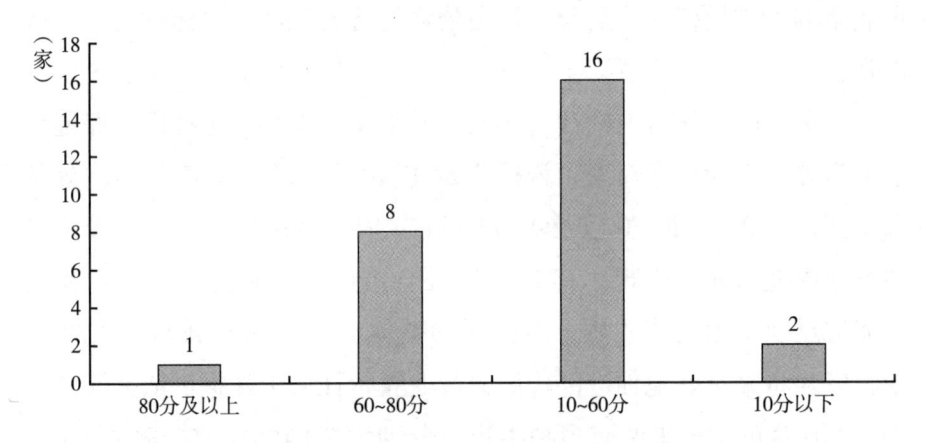

图 1　医疗保健行业上市公司社会维度得分分布

注：涉及区间的如 60~80 分，包含 60 分，即包含左端点，下同。

表 1　医疗保健行业上市公司社会维度前五名和后五名分布

单位：分

公司股票简称	得分
前五名	
复星医药	84.00
白云山	75.98
上海医药	75.20
新和成	68.63
通化东宝	67.14

续表

公司股票简称	得分
后五名	
美年健康	25.80
长春高新	22.95
恒瑞医药	20.40
天士力	7.88
沃森生物	5.95

医疗保健行业上市公司社会责任实践水平略低，尤其是排名靠后的5家企业得分均在30分以下，缺乏企业社会责任意识，履责现状不容乐观。2016年3月，"山东非法经营疫苗系列案件"发生，"毒疫苗"深刻影响着人民的生命健康安全，"毒疫苗"事件的发生，引起社会公众的舆论，这说明医药企业的社会责任至关重要。随之，国家进行疫苗政策调整，沃森生物的业绩遭受较大影响，2016年下半年净利润亏损为1.5亿~1.55亿元，随着半年报数据对外公布，亏损情况比预期严重，已经超过1.6亿元，同比下降141.19%。医药行业企业社会责任的缺失被推上了风口浪尖，医疗保健行业中的上市公司需要严格重视企业社会责任，履行社会责任实践，为社会公众的生命健康安全负责。

案例1 复星医药注重可持续发展

复星医药坚持"持续创新 乐享健康"的品牌理念，致力于成为全球主流医疗健康市场的一流企业。近年来，复星医药公司规模不断扩大，国际化进程不断加快，公司实施可持续发展战略，积极与利益相关方进行沟通和交流，并将企业社会责任战略融入产品研发、生产制造、营销、医疗服务等全生命周期产业链的各个环节，致力于推动公司可持续发展，并成为中国医药健康行业最具社会责任和可持续发展的企业和具备国际社会责任知名度和美誉度的中国医药健康企业。

可持续发展战略

| 近期目标
2018~2020年 | 在复星医药集团总体战略中深入推进可持续发展战略，逐步接轨国际，成为中国医药健康行业最具社会责任和可持续发展的企业 |

| 中期目标
2020~2030年 | 融入全球可持续发展体系，成为具备国际社会责任知名度和美誉度的中国医药健康企业 |

| 愿景 | 成为医药健康领域最受尊敬的企业公民之一和具备全球社会责任影响力的中国医药健康企业 |

复星医药可持续发展战略

复星医药将履行社会责任纳入企业发展的长期战略中，在企业的经营发展过程中，始终以企业社会责任为重要抓手，努力做一个让社会公众、政府、员工、股东、供应链伙伴等利益相关方信任和满意的企业。

图片来源：https：//www.fosunpharma.com/about/developmeting_All_1.html。

（二）研究发现2：医疗保健行业上市公司中员工权益保护有待提升，员工福利水平保障不足

在社会维度的员工权益与发展这一二级指标中，医疗保健行业上市公司员工薪酬与福利指标的平均得分为37.21分，相较于员工公平招聘、职业安全健康、员工培训投入、员工关爱等其他三级指标的平均得分55.25分、41.00分、52.14分和49.64分，得分较低（见图2）。这说明医疗保健行业上市公司员工权益保护有待提升，及时为员工依法缴纳各种保险金、提供劳动保护、发放加班补贴等。

实现好、维护好和发展好广大员工的根本利益，是促使基层员工

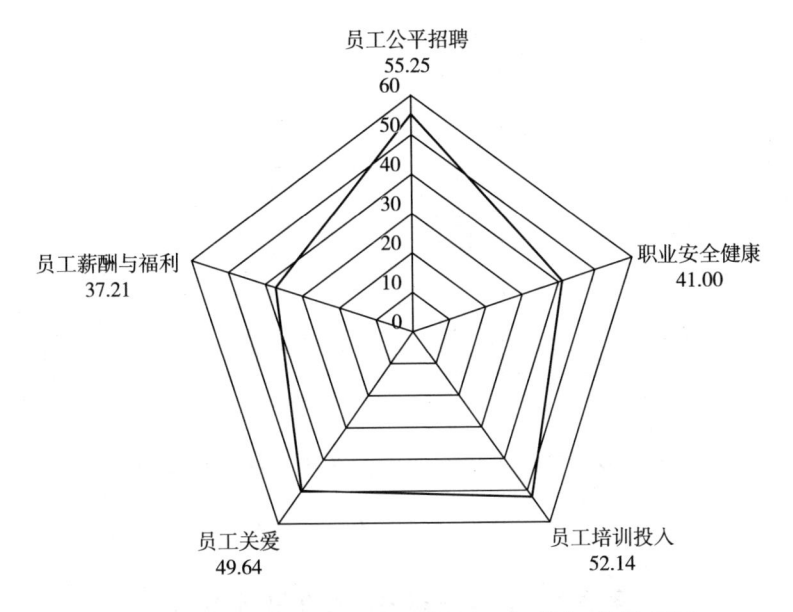

图2 医疗保健行业上市公司员工权益与发展项下
三级指标平均得分分布（单位：分）

献身企业建设的一种向心力和凝聚力，有利于创造爱岗敬业、恪尽职守、公平竞争的良好环境。在员工薪酬与福利这一三级指标中，有4家企业得分在80分及以上，占比14.81%；有11家企业得分在60~80分，占比40.74%；有8家企业得分在40~60分，占比29.63%；有4家企业得分在40分以下，占比14.81%（见图3）。

医药行业是一个相对特殊的行业，因为药品是一种特殊的商品，深系人们的生命健康。企业需要高新研发技术和高水平的医疗团队，来增强社会健康。医药行业中的企业的发展和盈利，需要雄厚的经济实力负担研发的成本，还需要长期积累的经验来提升研发水平。高投资、高风险、低回报率是研发中的主要困难，也是让企业止步于当前发展水平重要原因。为了保障有高水平的医疗团队，医疗保健行业上市公司也需要保障员工的基本权益，提高员工的薪酬和福利水平，为员工提供一个工作的良好氛围，促进员工对工作认真负责，提高医术，注重医德。

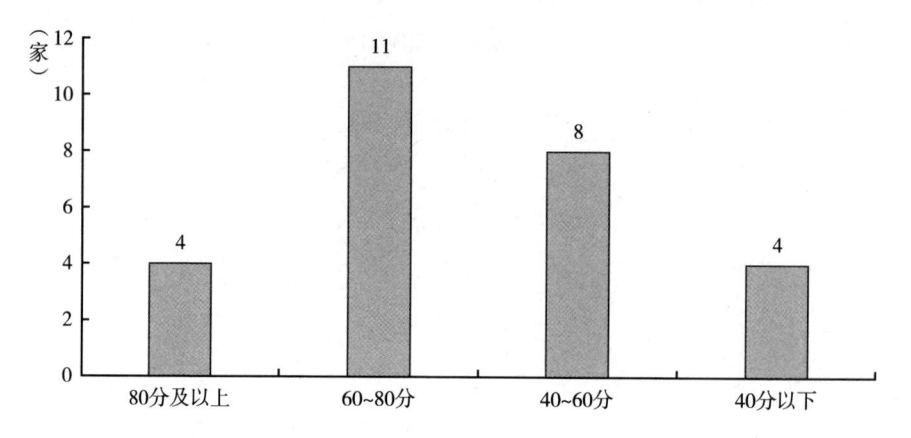

图3　医疗保健行业上市公司员工薪酬与福利指标得分分布

案例2　上海医药关注员工职业发展

公司注重员工职业发展，一是逐步建立了员工职业发展通道，包括管理人员职务体系、营销人员职务体系、研发人员职位体系、技术质量人员职位体系、技能人员职级体系等，并不断完善职位标准；二是坚持市场化用人机制，组织开展人才盘点，集团推进岗位竞聘、择优上岗的人才选拔方式；三是加强市场化人才引进，建立统一的招聘管理平台，构建了内部员工推荐系统，整合内外招聘渠道和资源，优化招聘流程，建立内外部人才库。

企业关注员工的发展是最基本的企业社会责任。上海医药关注员工职业发展，为员工的职业发展负责，不仅有利于员工自身能力的提高，还有利于为公司培养人才，从而推动公司自身的长期可持续发展。

（三）研究发现3：医疗保健行业上市公司供应链管理水平一般，价廉疗效高的药品供给不足

2017年2月，国务院办公厅印发《关于进一步改革完善药品

生产流通使用政策的若干意见》，对推动医药供给侧结构性改革、医药行业健康发展产生了重要影响。2019年，医疗保健行业上市公司在供应链管理这一维度中，供应链环境社会风险管理这一三级指标的平均得分为37.93分，供应商识别与评估的平均得分为42.50分（见图4），可以看出，医药企业的供应链中供应商识别与评估水平一般，与供应链环境社会风险管理没有太多差距，仍需提升。医药企业需要识别具有良好的原料药成本优势和供应链的企业，供给价廉疗效高的药品，同时促进价格透明，保障药品在供应过程中不出现虚高价格。

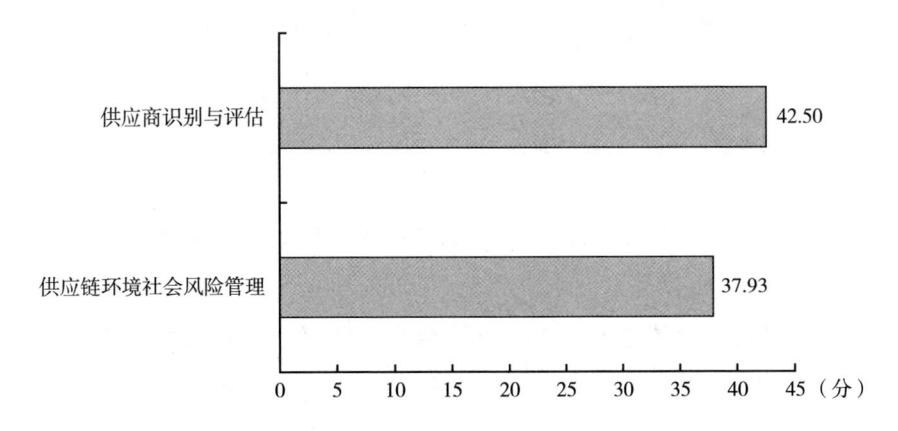

图4 医疗保健行业上市公司在供应链管理项下三级指标平均得分分布

当前，中国生物医药供应链主要分为研发环节、生产环节、流通环节和使用环节四个部分，涉及研发外包服务公司、高等院校、科研机构、制药公司、原料供应商、医疗器械制造公司、经销商、医药电商、医院、药店等多个机构，形成了复杂的供应链体系[①]（见图5）。2019年中国药品销售中95%都是通过分销商在全国流通，但现有超

---

① 紫霞：《国内生物医药供应链体系现状与问题分析》，火石创造，2018年9月12日。

过13000家医药分销商中，大部分仅能覆盖1~2家医院，现有药品供应体系出现混乱及分散现象，药品资源存在严重的浪费现象，价廉疗效高的药品供给不足。

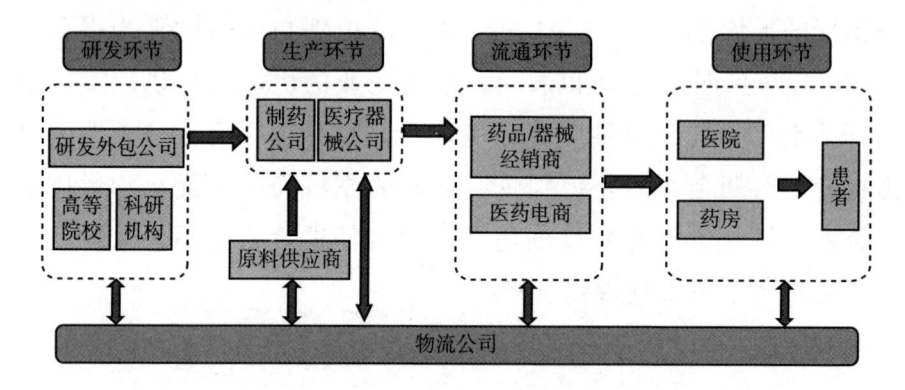

图5　中国现行药品供应链运作结构

资料来源：https：//med.sina.com/article_detail_103_2_52460.html。

医疗保健行业上市公司可以通过引入评级机制，提升生物医药供应链公共服务创新平台公信力。一方面构建基于大数据的服务评级体系，围绕信用、资质、交易记录等维度，针对平台供应商开展服务评级；另一方面根据评级结果，构建平台准入与退出机制，对供应商进行良好的识别、评估和选择，保障价廉疗效高的药品流通。

案例3　广州白云山医药集团股份有限公司加强供应链管理

日益复杂的法规要求和对企业的高期望促使广州白云山医药集团股份有限公司（以下简称"广药白云山"）在整个组织及全部供应基地范围内寻求道德供应链解决方案。广药白云山致力于建立和维持强大且可持续的供应链支持其制造和销售新药，有效监督和控制供应链环节的潜在风险。

广药白云山在供应商选择基本原则、招标范围、采购方式、公告发布、供应商准入、评标和定标等主要控制点已经实现全过程管理，通过建立供应商管理体系，进一步持续优化采购环节招投标全过程，提升采购管理综合能力与水平。

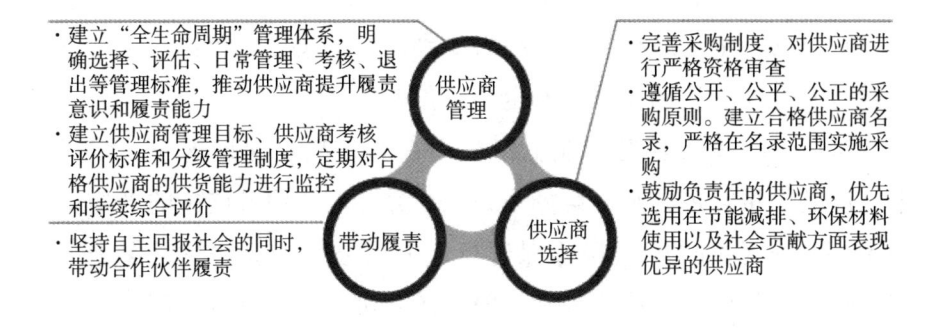

- 建立"全生命周期"管理体系，明确选择、评估、日常管理、考核、退出等管理标准，推动供应商提升履责意识和履责能力
- 建立供应商管理目标、供应商考核评价标准和分级管理制度，定期对合格供应商的供货能力进行监控和持续综合评价
- 坚持自主回报社会的同时，带动合作伙伴履责

- 完善采购制度，对供应商进行严格资格审查
- 遵循公开、公平、公正的采购原则。建立合格供应商名录，严格在名录范围实施采购
- 鼓励负责任的供应商，优先选用在节能减排、环保材料使用以及社会贡献方面表现优异的供应商

广州白云山医药集团股份有限公司供应链管理

广药白云山制定了一整套供应商管理办法，通过发布合格供应商名录、制定责任采购策略、保障劳工权益、提升供应链竞争力等加强对供应商的管理，并注重供应商环境和社会保护，有利于提升供应链能力和社会责任水平，推动伙伴履行社会责任，使社会责任产生倍增效应。

资料来源：http://pdf.dfcfw.com/pdf/H2_AN201903171306553575_1.pdf。

（四）研究发现4：医疗保健行业上市公司医药产品质量不稳定，产品质量管理水平仍需提高

中国医药企业管理协会名誉会长于明德在"第十届中国医药企业家科学家投资家大会"上指出，中国长期以来药品产量很大，但满足群众需求却有差距。医药行业供给侧改革须从消费者需求入手，从追求数量改变为追求质量，从生产能力提升转变为生产水平提升，彻底解决药品生产低水平重复、产能过剩、创新乏力等问题。[1]

---

[1] 方剑春：《监管与医药产业共振同行》，《中国医药报》2017年2月21日。

2018年长生生物违法违规生产狂犬病疫苗，国家药品监督管理局对其进行了行政处罚，通过严肃查处这一个案，能在药品安全领域产生明显的警示作用，对于制药企业而言，药品质量的安全是其根本，触及安全卫士底线的企业终将受到严厉的惩处。可以看出，医疗保健行业企业关注药品质量安全至关重要。

2019年，医疗保健行业上市公司在客户权益保护这一二级指标中，产品质量管理的平均得分为50.36分，客户服务措施的平均得分为56.21分（见图6）。医疗保健行业上市公司的客户权益保护水平相对较高，其中产品质量管理一般，还有进一步提升的空间。

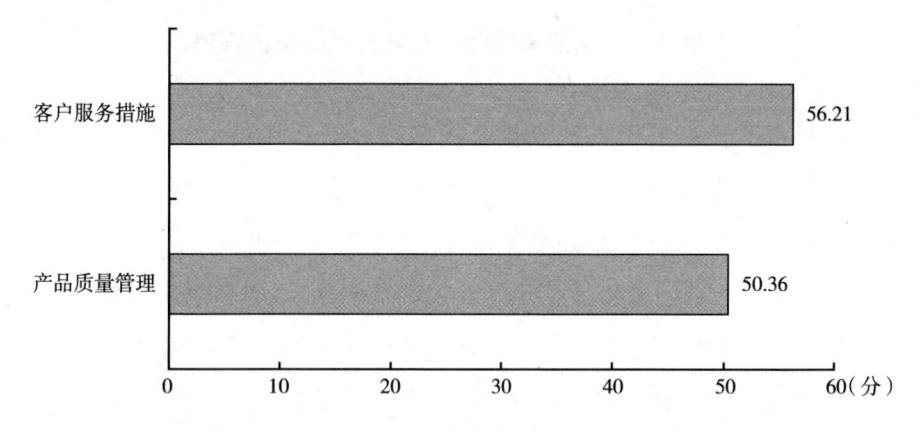

图6 医疗保健行业上市公司客户权益保护项下三级指标平均得分分布

在产品质量管理这一三级指标中，有10家企业得分在80分及以上，占比37.04%，其中有1家企业得分为满分100分，占比3.7%；有7家企业在60~80分，占比25.93%；有9家企业在60分以下，占比33.33%（见图7）。医疗保健行业上市公司产品质量管理水平差距较大，产品质量不稳定，产品质量管理水平仍需提高。

医疗保健行业企业产品质量水平还受到监管的影响。监管制度的不完善，容易使企业社会责任的本质走向"异化"；药品价格和质量检验的"形式审查"，以及"政绩工程"思想的衍生，也加大了利益

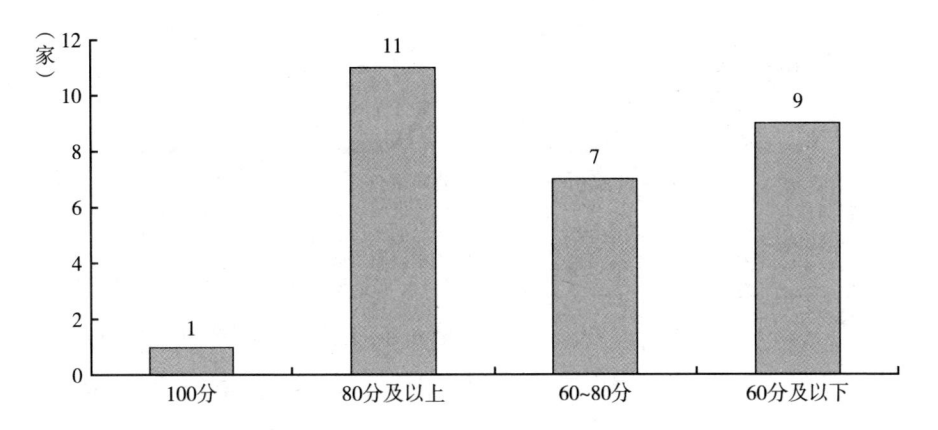

图7　医疗保健行业上市公司产品质量管理得分分布

链成长的空间。然而，监管的最终目标是让患者得以治愈病痛，社会获益，而不是给企业伺机在监管薄弱环节中妥协履行社会责任的机会。运用得当的方式来加强监管的强制性，注重外界第三方的软约束力，给予企业精神补偿，如提高企业的美誉度和知名度，都可以有效促进企业去承担更多的社会责任。

案例4　白云山注重提升产品质量

白云山严格遵守相关法律法规，保障消费者的基本权益，严控产品质量，保护消费者的健康和安全，给予消费者最好的服务。白云山建立了完善的符合2010版《药品生产质量管理规范》（GMP）要求的药品质量管理体系和质量风险管理体系，贯穿产品生命周期的每个阶段，涵盖影响药品质量的所有要素，保证消费者安全用药。2018年，白云山无重大质量事故及重大质量投诉。

医药产品的安全与质量是消费者的核心诉求。白云山注重提升产品质量，构建药品质量管理体系和质量风险管理体系，以体系化手段严控医药产品质量，从而保障消费者安全用药。

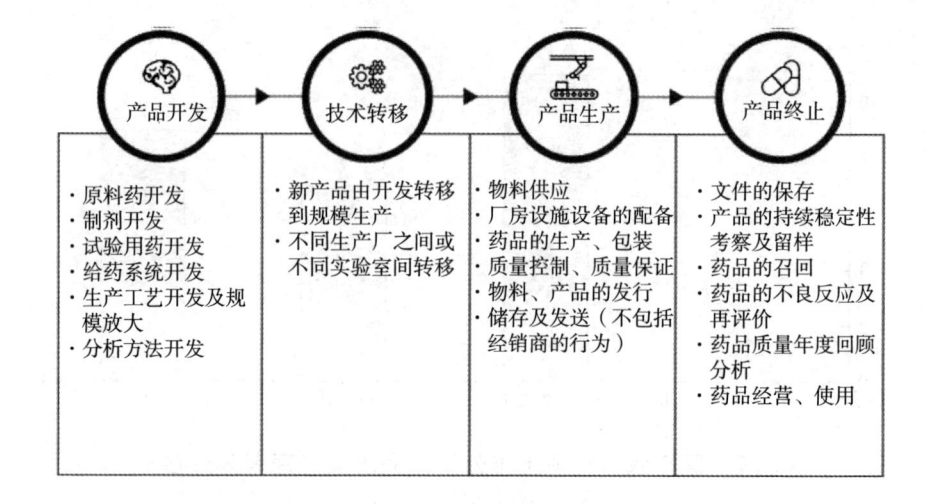

```
产品开发              技术转移            产品生产              产品终止
·原料药开发         ·新产品由开发转移    ·物料供应            ·文件的保存
·制剂开发            到规模生产         ·厂房设施设备的配备  ·产品的持续稳定性
·试验用药开发       ·不同生产厂之间或    ·药品的生产、包装     考察及留样
·给药系统开发        不同实验室间转移    ·质量控制、质量保证  ·药品的召回
·生产工艺开发及规                       ·物料、产品的发行    ·药品的不良反应及
 模放大                                  储存及发送（不包括    再评价
·分析方法开发                            经销商的行为）      ·药品质量年度回顾
                                                              分析
                                                            ·药品经营、使用
```

白云山产品质量管理

资料来源：http://pdf.dfcfw.com/pdf/H2_AN201903171306 553575_1.pdf。

（五）研究发现5：医疗保健行业上市公司员工较少参与社区活动，社区药品宣传意识亟须加强，促进信息传递

药品安全关系着社区居民的身体健康，需要进一步提高居民食品药品安全知识水平，避免群众因饮食用药不当而发生意外，因此，在社区开展内容丰富、形式多样的药品宣传活动对加强社区居民药品安全意识具有重要的作用，同时也有利于药企参与社区活动，履行对社区的社会责任。

2019年，在ESG评价中的社区发展维度中，医疗保健行业上市公司在社区参与这一三级指标的平均得分为58.18分，员工志愿者活动的平均得分为33.43分，对外捐赠占营业收入比重的平均得分为54.39分（见图8）。员工志愿者活动得分相对较低，可以看出，医疗保健行业上市公司员工志愿者活动表现较差，员工较少参与社区活动。

在员工志愿者活动这一三级指标中，有3家企业的得分在80分

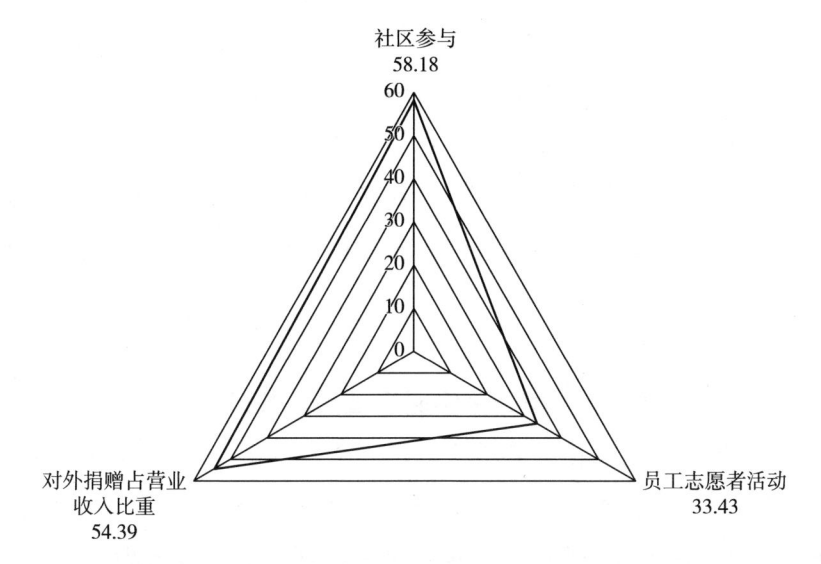

图 8　医疗保健行业上市公司社区发展维度平均得分分布（单位：分）

及以上，占比 11.11%；有 7 家企业的得分在 60～80 分，占比 25.93%；有 4 家企业的得分在 40～60 分，占比 14.81%；有 13 家企业的得分在 40 分以下，占比 48.15%（见图 9）。可以看出，员工志愿者活动得分普遍较低，药企员工较少参与志愿活动，员工参与志愿活动意识亟须加强。

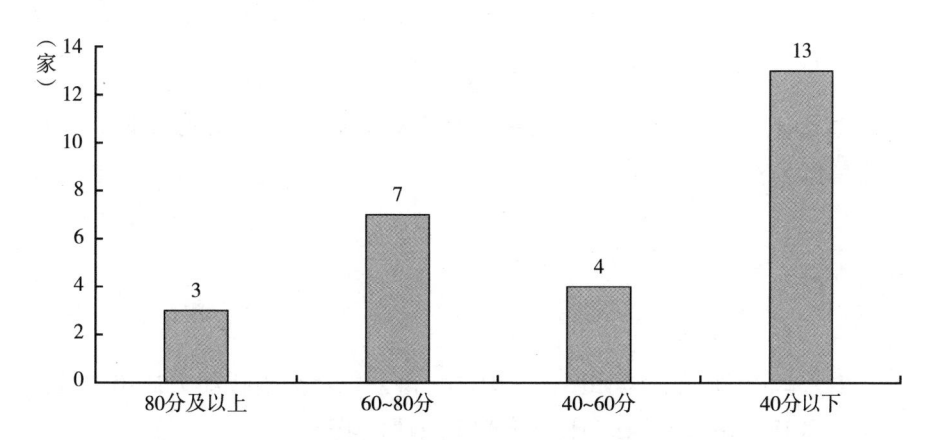

图 9　医疗保健行业上市公司员工志愿者活动得分分布

志愿者作为社区治理的重要参与力量，在社区建设中发挥着举足轻重的作用。而医药企业员工参与志愿者活动，可以到社区中参与社区服务，利用自身优势开展健康志愿者活动，或者向社会提供医疗知识志愿服务，宣传医药安全知识，提高居民用药安全意识，以志愿服务活动参与到社区发展中，与社区保持良好的沟通关系，促进企业社区参与，提升企业良好形象。

案例5　智飞生物回馈社会，共筑和谐

智飞生物的发展壮大离不开稳定和谐的社会环境，回馈社会乃公司应尽之责。公司自创立以来，始终坚持"社会效益第一，企业效益第二"的宗旨，通过科普宣传的方式，提高民众的预防健康水平，先后将预防不同疾病的数十种疫苗导向市场，为预防疾病、减轻民众疾苦做了一些工作。就女性宫颈健康，2017年底公司为民众引进了美国MSD的四价HPV疫苗，为国内20~45岁适龄女性提供健康保护，2018年又引进了九价HPV疫苗，为国内宫颈癌疾病的防控提供了更为全面的保护。

智飞生物坚持社会效益第一，企业效益第二，积极履行社会责任，关注社会公益事业，以自身专业优势向社会宣传预防疾病的科学方法，帮助社会公众养成良好的健康习惯，发挥社会责任的专业价值，为社会公众健康安全以及疾病防控事业做出了突出的贡献。

参考文献

肖红军、王晓光、李伟阳：《中国上市公司社会责任能力成熟度报告（2017~2018）No.3》，社会科学文献出版社，2018。

方剑春：《监管与医药产业共振同行》，《中国医药报》2017年2月21日。

指 数 篇

Index Report

B.8
不同股票价格指数的 ESG 评价比较

不同股票价格指数 ESG 评价比较分析课题组*

摘　要： 本文研究了上证 50 指数、深证 100 指数和 MSCI 234 只 A 股上市公司的 ESG 表现。由于成分股样本特征不同，不同指数下上市公司 ESG 表现存在一定差异，其中，上证 50 上市公司的 ESG 平均得分最高，MSCI 234 只 A 股成分股得分次之，深证 100 上市公司平均得分最低。

关键词： 上证 50　深证 100　MSCI　ESG 评价

---

* 不同股票价格指数 ESG 评价比较分析课题组成员：王晓光、王静艺。执笔人：王静艺，北京融智企业社会责任研究院研究员，主要从事海外矿业可持续发展研究、利益相关方关系管理研究。

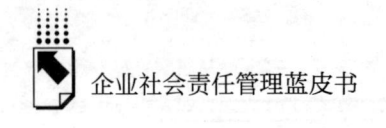

一 不同股票价格指数上市公司 ESG 评价总体比较

（一）样本选择

目前国内市场的股票价格指数以上海证券交易所编制的上证指数系列、深圳证券交易所编制的深证指数系列和中证指数公司编制的中证指数系列为代表。上海证券交易所建立了以上证综指、上证50、上证180、上证380指数，以及上证国债、企业债和上证基金指数为核心的上证指数体系等。深圳证券交易所编制的深证指数系列主要包括深证成分股指数、深圳100指数、中小板指数等。中证系列指数目前包括沪深300指数、中证100指数、中证流通指数等。

MSCI（Morgan Stanley Capital International）是美国指数编制公司明晟的简称。MSCI指数受到全球投资组合经理的广泛采用。据MSCI估计，在北美及亚洲，超过90%的机构性国际股本资产是以MSCI指数为基准。2018年5月15日，MSCI公布半年度指数审议结果，234只A股被纳入MSCI指数体系。

出于对样本的多样性、代表性，以及评价分析的可行性考虑，本研究从众多指数中选取了上证50指数、深证100指数以及MSCI 234只A股进行比较分析。

（二）结果比较

通过对不同指数上市公司ESG表现进行评价分析，得出的结果如表1所示。在三个指数中，上证50的ESG综合得分最高，为48.23分，MSCI 234只A股成分股得分次之，深证100上市公司综合得分最低（见表1）。

表1 不同指数上市公司ESG评价得分

单位：分

指数	环境	社会	治理	综合得分
上证50	43.82	55.01	43.85	48.23
深证100	25.19	40.36	32.81	34.35
MSCI 234只A股成分股	35.06	44.74	34.06	38.90

二 深证100上市公司ESG评价

（一）基本特征分布

本研究选择的样本为截至2019年6月30日入选深证100，且上市时间在2019年之前的公司，总计100家。深证100指数包含了深圳市场A股流通值最大、成交最活跃的100只成分股，其成分股代表了深证A股市场的核心优质资产（见表2）。

表2 2019年深证100上市公司基本特征分布

单位：亿元

指标	均值	中值	标准差	偏度	峰度	极小值	极大值
市值	870.20	517.24	887.45	2.59	7.72	136.99	5200.97
营业收入	377.73	152.74	545.98	2.80	8.74	6.27	2976.79
净利润	35.68	16.39	57.22	3.04	11.03	-69.84	337.73

（二）研究发现1：深证100上市公司ESG表现亟须提高，仅有5%的公司评级达到AA级

2019年，深证100上市公司ESG表现平均得分为34.35分，整

体处于BB级。从得分分布来看，在100家样本企业中，有41家公司评级在BB级以下，有54家公司处于A级或BB级，有4家公司评级达到AA级，仅有1家公司被评为AAA级（见表3）。

表3　2019年深证100上市公司ESG评价等级分布

单位：家

ESG评价等级	AAA	AA	A	BB	B	C
公司数量	1	4	20	34	27	14

表4　2019年深证100上市公司ESG表现综合得分前五名

单位：分

公司股票简称	ESG表现综合得分
招商蛇口	70.15
广发证券	67.16
苏宁易购	64.32
华东医药	62.45
蓝思科技	62.28

深证100上市公司无论从市值、营业收入还是净利润指标来看，平均值都高于整个深圳A股市场的平均水平，但其ESG评价等级仍然较低，其中的原因可能是：第一，深交所2006年9月率先发布了上市公司社会责任指引，但该指引仅具备了ESG信息披露的架构和雏形，深交所对上市公司ESG的推动力度还不够大；第二，从企业性质来看，深证100上市公司中48家公司为民营企业，占比48%，相较于国企和成熟企业，民营企业对ESG的重视程度相对较低；第三，从行业来看，深证100纳入的上市公司多涉及信息技术、金融服务行业，这些行业企业大多规模小、上市时间短，ESG发展仍处于起步阶段。

（三）研究发现2：深证100上市公司环境表现远落后于MSCI中国与上证50两市平均水平，85％的公司得分低于50分

数据显示，2019年深证100上市公司ESG的环境方面平均得分为25.19分，位于B级，85％的公司（85家）在该维度得分低于50分。由于深证100上市公司多属于金融、信息技术与媒体行业，高污染性行业样本公司数量较少，与社会和治理方面相比，环境方面表现较差，仅有少数企业披露了环境相关指标信息，导致环境方面得分较低。

统计发现，在评价环境方面表现的四个指标中，深证100上市公司资源能源利用指标得分最低，仅为17.27分，处于C级。其他三项指标均处于B级，环境管理指标平均得分为34.11分，应对气候变化指标平均得分为25.70分，废弃物排放指标平均得分为22.75分（见图1）。

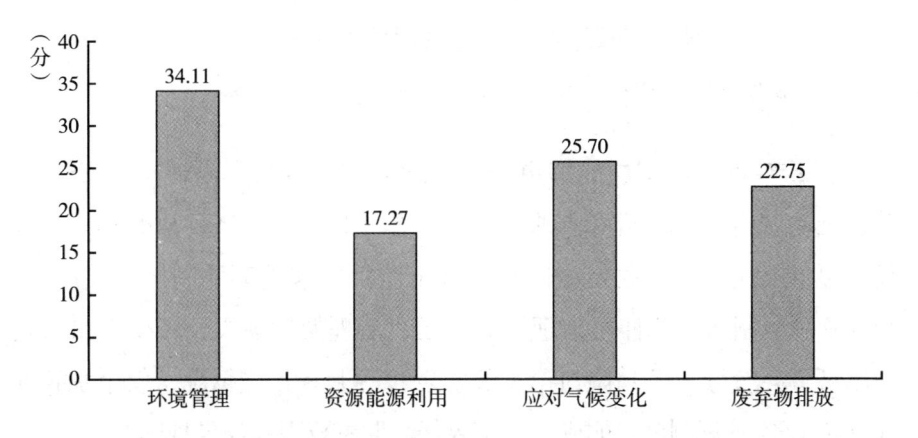

图1　2019年深证100上市公司ESG环境维度得分

（四）研究发现3：深证100上市公司组织治理是短板，董事会ESG职责不明确

数据显示，深证100上市公司的组织治理平均得分为19.19分，低于

MSCI 234 只成分股和上证 50 上市公司的平均得分，处于 C 级。其中，上市公司董事会 ESG 职责指标在组织治理维度下得分最低，仅有 14.62 分。从得分分布来看，75%（75 家）深证 100 上市公司在董事会 ESG 职责指标下得分 10 分以下，仅有 14%（14 家）上市公司得分在 60 分及以上，这表明，深证 100 上市公司普遍没有明确划分董事会 ESG 职责（见图 2）。

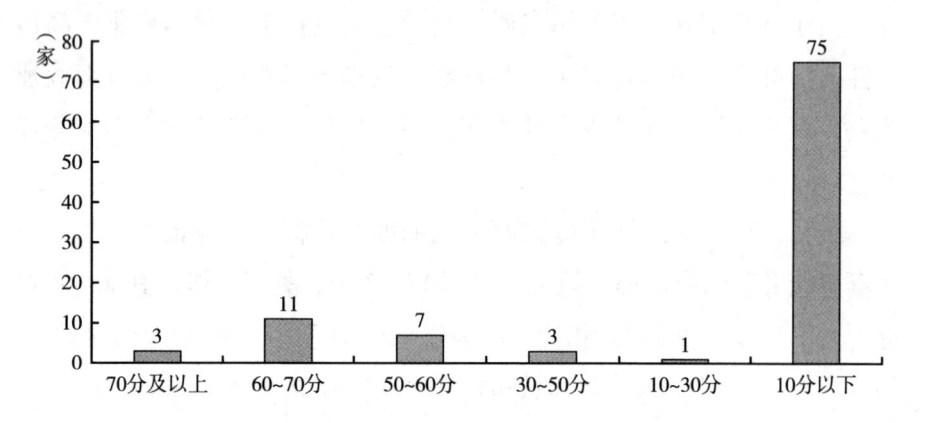

图 2　深证 100 上市公司组织治理得分分布

注：涉及区间的如 60~70 分包含 60 分，即区间包含左端点，下同。

将 ESG 融入治理层能够更加有效地识别和较为全面地探讨 ESG 风险，推动 ESG 管理提升和落地。目前来看，上市公司 ESG 战略融入多停留在愿景层面，大多数公司仍然是基于监管要求被动地制定相关战略。企业管理机制向上延伸至治理层面不足，治理架构缺失，较少上市公司披露董事会参与 ESG 风险讨论及董事会 ESG 目标设定情况，仅个别企业建立了 ESG 管理制度，明确了人员委任、职责权限和议事规则等。

三　上证50上市公司 ESG 评价

（一）基本特征分布

本研究的样本总计 50 家，时间截至 2019 年 6 月 30 日。上证 50

指数由上海证券市场规模大、流动性好的最具代表性的50只股票组成，其反映了上海证券市场最具市场影响力的龙头企业的整体状况（见表5）。

表5 2019年上证50上市公司基本特征分布

单位：亿元

指标	均值	中值	标准差	偏度	峰度	极小值	极大值
市值	4233.16	1993.30	4911.34	2.01	3.22	627.26	21027.97
营业收入	3696.44	1649.15	5450.00	3.08	11.09	83.64	28911.79
净利润	398.57	171.98	624.45	2.78	7.79	6.73	2976.76

（二）研究发现1：上证50上市公司整体ESG评级处于BB级，过半公司得分不足50分

2019年，上证50上市公司ESG表现平均得分为48.23分，整体处于BB级。从得分分布来看，在50家样本公司中，有1家公司得分低于10分，有11家公司得分在10~30分，有14家公司得分在30~50分，50~70分的企业有17家，有7家企业得分超过70分，达到AAA级（见表6）。

表6 2019年上证50上市公司ESG评价等级分布

单位：家

ESG评价等级	C	B	BB	A	AA	AAA
公司数量	1	11	14	4	13	7

上证50上市公司ESG表现综合得分为48.23分，高于深证100上市公司ESG表现与MSCI 234只成分股上市公司ESG表现综合得

分，原因主要在于：第一，上证50指数样本股规模大、流动性好，最具代表性，公司责任意识与履责能力相对较强；第二，从公司性质来看，上证50上市公司中，国有企业占比超过50%，其中70%以上又是中央企业，这些企业的ESG理念和实践相较于其他类型的企业处于领先地位（见表7）。尽管如此，上证50上市公司的ESG表现仍然欠佳，未能达到A级。

表7　2019年上证50上市公司ESG表现综合得分前五名

单位：分

公司股票简称	ESG表现综合得分
中国人保	75.28
招商银行	70.71
工商银行	68.72
南方航空	68.45
中国中铁	57.84

（三）研究发现2：上证50上市公司注重社区发展，缺乏对供应链合作伙伴与员工的关注

社区是企业的重要利益相关方，促进社区发展是ESG"社会"部分的重要评价指标。研究发现，与处理客户、供应商、员工等利益相关方的关系相比，上证50上市公司普遍在促进社区发展、处理社区关系方面表现更为突出。在评价上证50上市公司社会方面表现的二级指标中，社区发展指标平均得分最高，为66.96分；客户权益保护方面得分次之，为54.62分；其后是供应链管理和员工权益与发展，分别是48.27分和46.93分（见图3）。可以看出，上证50上市公司在进行利益相关方管理时，疏于对供应链上合作伙伴与员工的关注。

其中，在社区发展下的三级指标中，上证50上市公司在社区参

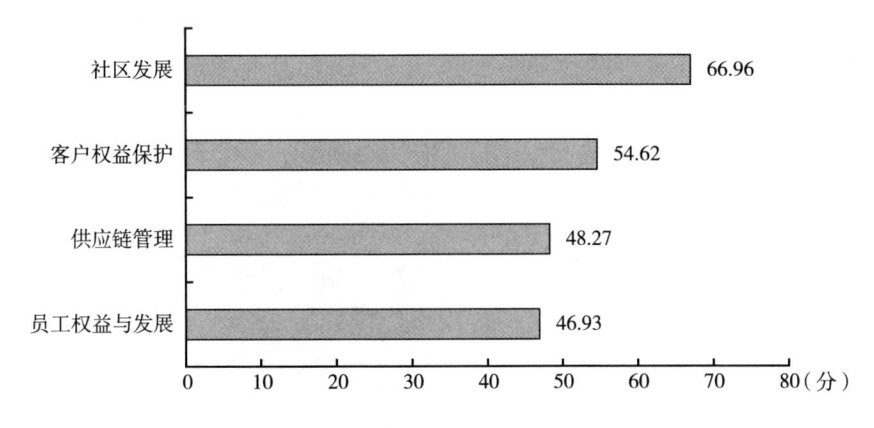

```
社区发展          ████████████████ 66.96
客户权益保护      █████████████ 54.62
供应链管理        ███████████ 48.27
员工权益与发展    ██████████ 46.93
              0  10  20  30  40  50  60  70  80(分)
```

图3　上证50上市公司社会维度二级指标得分

与方面表现优异,平均得分为73.3分,达到AAA级。上市公司普遍深入社区,与社区居民进行沟通,开展各项活动,如公益活动、社区捐赠、社区宣传活动等。

(四)研究发现3:上证50上市公司已普遍开发环保技术与产品,但环保投入相对不足

近年来,针对国内日益严峻的环境污染形势,环保技术与产品需求较大。统计显示,上证50上市公司环保技术与产品指标平均得分63.24分,78%的公司(39家)环保技术与产品指标得分超过50分。这表明,上证50上市公司普遍开发了环保技术与产品,这与公司环保投入比重形成了鲜明对比。数据显示,上证50上市公司在环保投入占营业收入比重方面平均得分仅为27.84分,处于B级。50家上市公司中,仅有10%的公司(5家)环保投入占营业收入比重达到2%以上;22%的公司(11家)环保投入占营业收入比重在1%~2%;8%的公司(4家)环保投入占营业收入比重在0.5%~1%;4%的公司(2家)环保投入占营业收入比重在0~0.5%;56%的公司(28家)没有环保投入。这说明,上证50上市公司在环保投入方面主动性不高或力不从心(见图4)。

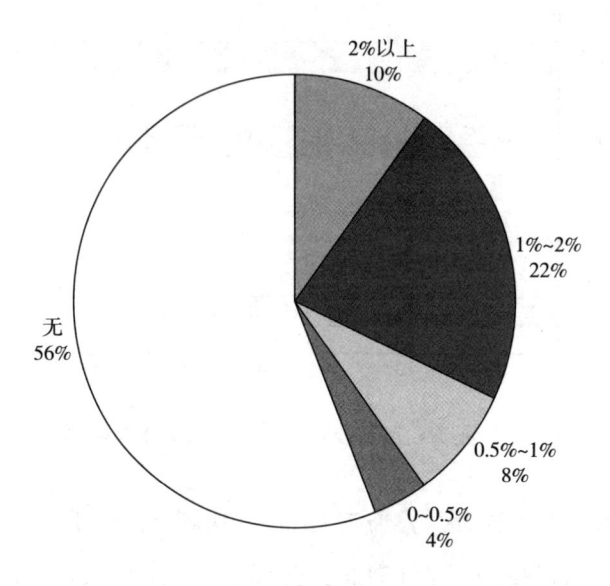

图4 上证50上市公司环保投入占比情况

四 MSCI 234只成分股ESG评价

(一)基本特征分布

自2018年6月起,MSCI把A股纳入MSCI新兴市场指数,纳入的成分股数量为234只。从总量上看,234只纳入MSCI新兴市场指数的A股市值占比前五的行业分别为银行业、非银金融业、食品饮料业、采掘业、医药生物业,与A股市值分布高度重合,集中于大金融、大消费板块(见表8)。本研究的有效样本数为233家。

(二)研究发现1:MSCI中国A股上市公司ESG表现处于BB级,仅有16%的公司得分超过60分

2019年,MSCI中国A股上市公司ESG表现平均得分为38.90

分，整体处于 BB 级。从得分分布来看，在 233 家样本中，有 6 家公司得分在 70 分及以上，达到 AAA 级，占比 2.58%；有 31 家公司得分处于 60～70 分，达到 AA 级；有 34 家公司得分位于 50～60 分，处于 A 级；30～50 分的公司有 87 家；10～30 分的公司有 54 家；10 分以下的公司有 21 家，占比 9.01%（见图 5）。

表 8　2019 年 MSCI 中国 A 股上市公司基本特征分布

单位：亿元

指标	均值	中值	标准差	偏度	峰度	极小值	极大值
市值	1368.83	498.50	2787.43	4.59	23.39	94.25	2107.97
营业收入	1113.91	286.97	2886.23	6.54	52.64	2.05	28911.79
净利润	114.13	27.08	331.14	6.13	42.61	-69.84	2976.76

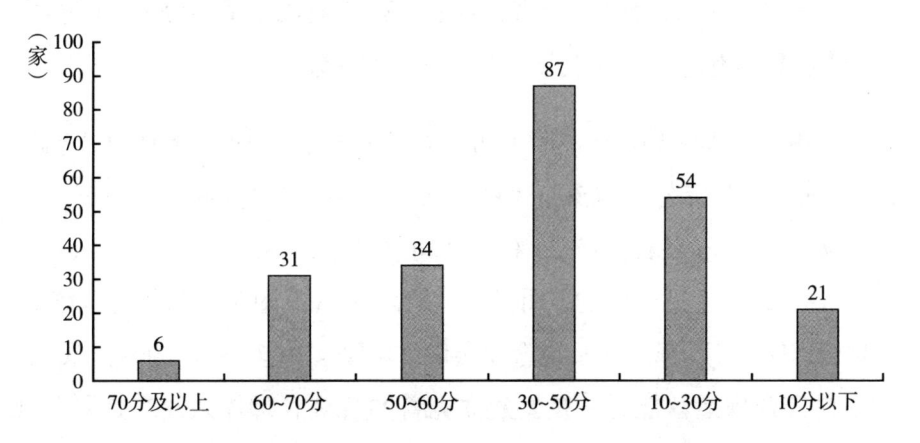

图 5　MSCI 中国 A 股上市公司 ESG 表现得分分布

MSCI 新兴市场指数纳入中国 A 股，一方面，表明中国股市已能在世界金融市场发挥显著标的作用，另一方面，加大了内地股市的开放程度，进一步推动了资本市场的国际化趋势。伴随着 A 股国际化程度的提高，ESG 的增长空间仍然较大，环境与治理仍是短板，需要进一步加强。统计显示，在ESG三个维度下，MSCI中国A股上市公司的环境维度得分为35.06分，社会维度得分为44.74分，治理维度得分为34.06分。

表9 2019年MSCI中国A股上市公司ESG表现综合得分前五名

单位：分

公司股票简称	ESG表现综合得分
海螺水泥	83.92
复星医药	78.22
中国平安	72.15
招商银行	70.71
交通银行	70.20

（三）研究发现2：MSCI中国A股上市公司合规运营能力水平较低，超过60%的公司得分不足50分

2019年，MSCI中国A股上市公司合规运营平均得分为33.19分，低于上证50上市公司与深证100上市公司在此指标的得分，处于BB级。从得分分布来看，15.38%的公司（36家）得分在70分及以上，达到AAA级；超过60%的公司得分不足50分（见图6）。合规意识较弱、合规管理体系不完善、未形成合规文化是合规运营能力较弱的主要原因。

提升合规运营能力一是要建立完善的合规管理体系，二是要开展合规文化与能力培训，向各层级员工与管理人员、供应商强调合规理念。统计显示，MSCI中国A股上市公司的合规能力建设得分仅为28.78分，处于B级，其中126家公司得分为10分以下，2019年未开展合规能力建设，占比54.08%（见图7）。MSCI中国A股上市公司还需要不断加强合规管理，提高信息披露质量，努力减少因信息不对称而给投资者带来的损失。

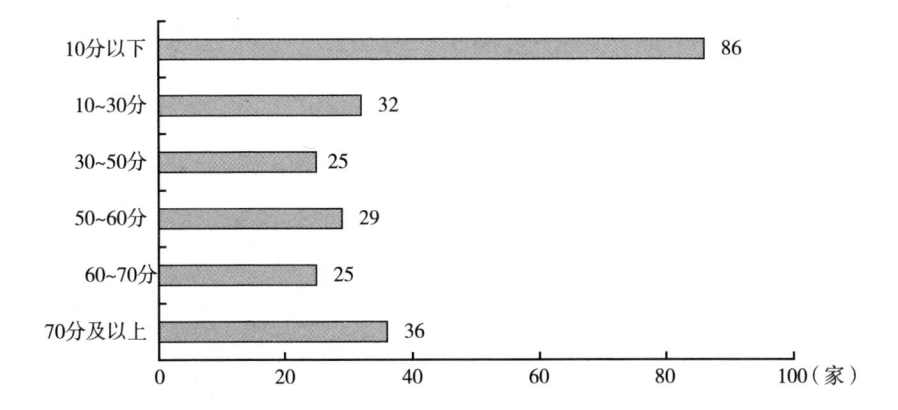

不同股票价格指数的 ESG 评价比较

图6 MSCI 中国 A 股上市公司合规运营得分分布

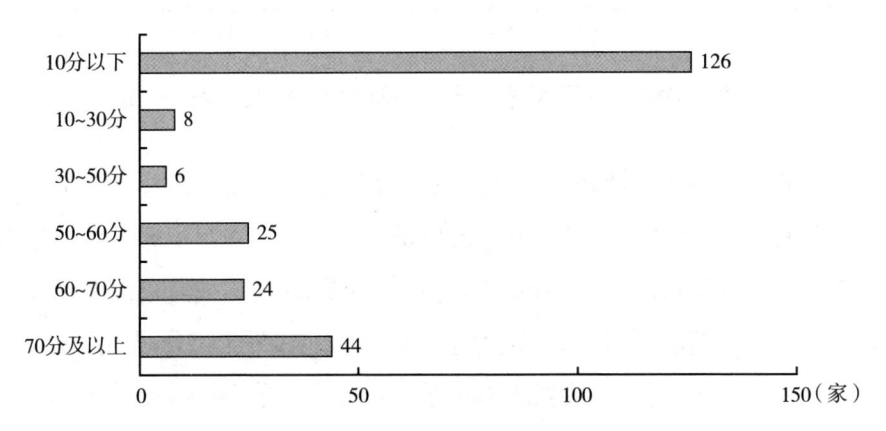

- 10分以下：86
- 10~30分：32
- 30~50分：25
- 50~60分：29
- 60~70分：25
- 70分及以上：36

图7 MSCI 中国 A 股上市公司合规能力建设得分分布

- 10分以下：126
- 10~30分：8
- 30~50分：6
- 50~60分：25
- 60~70分：24
- 70分及以上：44

（四）研究发现3：MSCI 中国 A 股上市公司环境管理政策相对完善，但资源能源利用率较低

环境管理政策既包含企业开展环境管理的政策文件，也包含企业的环境方针、是否具有环境体系认证等内容。按照 ESG 评价赋分规则，"环境管理政策"指标只要达到 25 分，即表明这家公司设立了环境管理政策，并落实了国家环保政策。统计显示，MSCI 中国 A 股上市公司中，75.11% 的公司（175 家）"环境管理政策"指标得分

187

超过25分，说明 MSCI 中国 A 股上市公司普遍建立了环境管理政策，并通过了相关环境认证（见图8）。

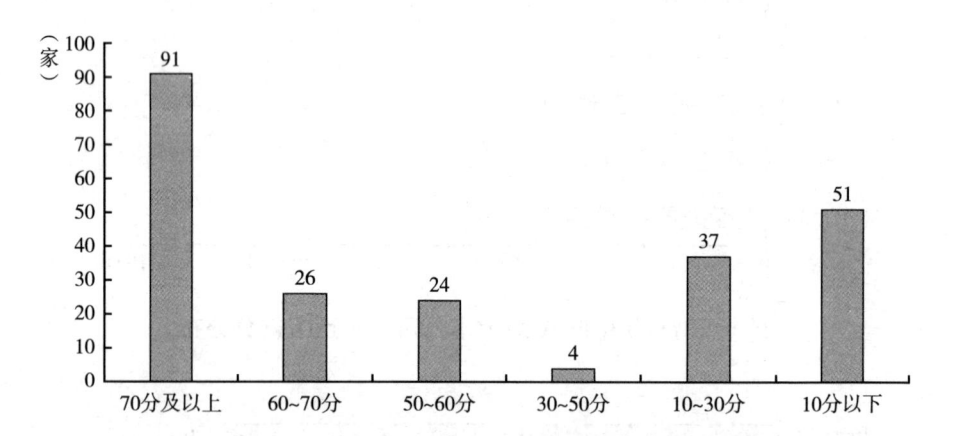

图8　MSCI 中国 A 股上市公司环境管理政策得分分布

但是，在资源能源利用方面，MSCI 中国 A 股上市公司并没有领先优势。数据显示，MSCI 中国 A 股上市公司的资源能源利用指标平均得分为22.74分，在环境所有二级指标中得分最低（见图9）。提高资源能源利用效率是企业内部降本增效的主要措施。MSCI 中国 A 股上市公司还需要大力应用新技术、新工艺，发展新能源和可再生能源，提高资源能源利用效率。

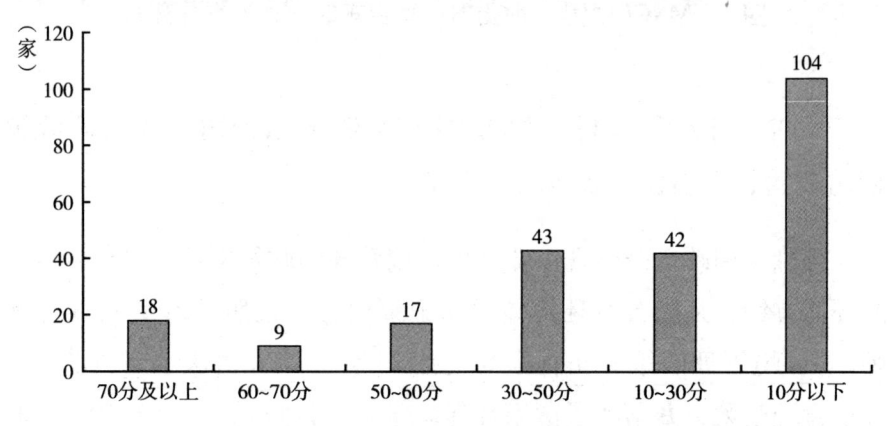

图9　MSCI 中国 A 股上市公司资源能源利用得分

报告评价篇

ESG Evaluation Report

B.9
报告评级方法及案例分析

中国企业环境、社会及治理报告评级课题组*

摘　要： 本文基于中国企业环境、社会及治理报告评价方法，以广州汽车集团股份有限公司2018年环境、社会及管治报告，福耀玻璃工业集团股份有限公司2018年环境、社会及管治报告，中国光大银行股份有限公司2018年社会责任报告为例，从报告内容、报告形式、报告传播、报告管理等维度对其进行报告评价，其中广州汽车集团股份有限公司2018年环境、社会及管治报告评级最高为5A+；福耀玻璃工业集团股份有限公

---

* 中国企业环境、社会及治理报告评级课题组成员：王晓光、肖红军、张宇。执笔人：张宇，北京融智企业社会责任研究院资源&制造行业咨询顾问，主要专注社会责任报告编制、ESG管理研究等项目，在社会责任报告编制、社会责任同业研究、ESG管理和风险评估等方面具有丰富的经验。

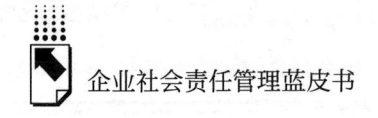

司2018年环境、社会及管治报告评级次之，为4A＋；中国光大银行股份有限公司2018年社会责任报告评级最低，为3A＋。

关键词： ESG报告评价　案例分析　广汽集团　福耀玻璃　光大银行

中国企业管理研究会社会责任专业委员会发起了基于公众透明度的中国企业环境、社会及治理报告评价工作，旨在对企业年度环境、社会及治理（以下简称"ESG"）实践及公众感知度进行客观公正评价，进而推动企业ESG实践的纵深发展，为帮助企业满足监管机构信息披露要求、促进自身可持续发展，营造全社会良好履责氛围提供借鉴和参考。

一　评级方法

（一）评级依据

中国企业环境、社会及治理报告评级以国家标准委《社会责任指南 GB/T36000－2015》、国际标准化组织《社会责任标准ISO26000》以及全球报告倡议组织《可持续发展报告标准》（GRI standards）等相关标准指南的核心要求为指导，以香港联交所《环境、社会及管治报告指引》（简称"ESG指引"）及相关《上市规则》条文的咨询文件为依托，借鉴国内外ESG报告评级的经验，根据资本市场、监管机构、社会公众对中国企业ESG的要求，及ESG管理的现实状况，进行有针对性的ESG报告评级。

（二）评级内容

1. 评级类型

根据报告评级的专业复杂度及其对企业 ESG 信息披露管理提升的影响，对企业 ESG 报告进行"卓越报告评级"，涉及对报告内容、形式、传播及管理的评价。

卓越报告评级最高等级为 5A+，最低等级为 A+。

具体如下：

（1）企业在报告发布前至少 6 周向报告评级办公室提出诊断申请，并签订管理评级服务协议。

（2）报告发布前至少 5 周，企业向报告评级办公室提交社会责任报告设计版及相关资料进行诊断。

（3）报告评级办公室根据企业特性组建评级专家组。

（4）专家组在 1 周内进行访谈调研并对 ESG 报告及其工作流程管理进行诊断，并反馈改进建议。

（5）企业根据诊断报告完善 ESG 报告披露信息，并于报告发布前至少 3 周提交至报告评级办公室。

（6）报告评级委员会根据企业特性组建评级专家组，召开评级评审会，得出报告评级得分。

（7）报告评级专家组组长根据专家成员打分及意见提交最终版评级报告，并进行签字确认。

（8）报告评级委员会将评级报告发送给企业，并沟通后续事宜。

2. 评级周期

各公司依据自身报告发布时间，预留相应时间进行报告评级工作。具体如下。

卓越报告评级周期：6 周。

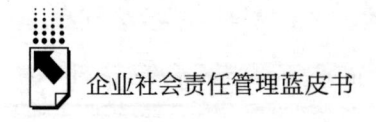

3. 评级等级

ESG 报告评级各维度指标采用百分制（0~100分），结合指标权重得出最终指标得分并加总。根据加总得分划分评级等级。

卓越报告评级分为五级，分别是 A+、2A+、3A+、4A+、5A+（见表1）。

表1 卓越报告评级结果与得分区间

等级	5A+	4A+	3A+	2A+	A+
分数线	90~100分	80~89分	70~79分	60~69分	50~59分

打分定级过程如下。

在专家库中抽取评级专家—组织报告评级专家分析会—专家评级打分—计算平均得分—报告评级定级。

4. 评级报告

评级报告包含以下要素。

· 评级概述

· 评级依据

· 评级过程

· 评级结果

· 结果及分析

· 改进建议

· 评级小组名单

· 评级专家签名

· 评级时间

5. 评级应用

（1）参评企业需无条件将评级结果报告全文附于最终版 ESG 报告中。

（2）评级结果报告可作为年度中国企业公众透明度奖项参评材料。

（3）参评企业优秀 ESG 管理及实践案例将收录于《中国企业公

众透明度报告》（蓝皮书）中。

（4）中国企业公众透明度大会及相关传播平台为参评企业 ESG 报告提供展示、宣传机会。

6. 免责声明

本评级针对企业提交的 ESG 报告及相关佐证材料内容进行评价，评级结果仅针对 ESG 报告本身，对 ESG 报告中未提及的内容真实准确与否不予以评价。

（三）评级指标

卓越报告评级指标以 ESG 报告及其传播与管理为评级重点，由 4 个维度和 9 个指标构成，其中以内容、形式、传播、管理为四个维度，分为 ESG 理念、实质性议题、客观平衡、清晰完整、社会化表达、多方式表现、互动传播、规范管理、创新引领 9 项指标进行系统评价（见表 2）。

报告评级 9 项指标权重根据指标重要性程度进行赋权，具体权重由专家团队应用层次分析法、德尔菲法综合确定。

表 2　报告评级指标

维度	指标
内容维度	ESG 理念
	实质性议题
	客观平衡
	清晰完整
形式维度	社会化表达
	多方式表现
传播维度	互动传播
管理维度	规范管理
	创新引领

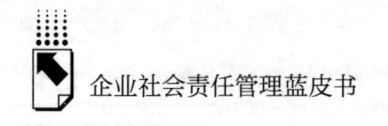

二 评价案例

(一) 报告评级标准应用一
——以《广州汽车集团股份有限公司2018年环境、
社会及管治报告》为例

广州汽车集团股份有限公司（以下简称"广汽集团"）成立于1997年6月，是一家A+H股上市的大型国有控股股份制企业集团，主营业务涵盖汽车研发、整车、零部件、商贸服务、金融服务五大板块。2019年，广汽集团第七次入围《财富》世界500强，排名第189位。

图1 《广州汽车集团股份有限公司2018年环境、
社会及管治报告》封面

截至2019年底，广汽集团应国务院国资委、上海交易所要求，共发布7份年度社会责任报告。而自2017年开始，应香港联交所ESG信息披露的要求，广汽集团同步发布了环境、社会及管治报告。这些报告均刊登在广汽集团公司官网（https：//www.gac.com.cn/）、上海证券交易所官网（http：//www.sse.com.cn/）或香港联交所官网（https：//www.hkex.com.hk/）。根据中国企业环境、社会及治理报告评级标准，我们对广汽集团最新的ESG报告，即《广州汽车集团股份有限公司2018年环境、社会及管治报告》（以下简称《广汽集团报告》）进行评级，最终报告评价等级为5A+。具体评价分析如下（见表3）。

表3 《广州汽车集团股份有限公司2018年环境、社会及管治报告》卓越报告评级指标得分

维度	序号	指标	得分（分）	评价等级
内容维度	1	ESG理念	62.5	4A+
	2	实质性议题	83.3	
	3	客观平衡	100	
	4	清晰完整	100	
形式维度	5	社会化表达	100	5A+
	6	多方式表现	100	
传播维度	7	互动传播	83.3	4A+
管理维度	8	规范管理	80	5A+
	9	创新引领	100	
总分		90		5A+

1. 报告内容维度（4A+）

《广汽集团报告》展示了广汽集团可持续发展理念体系，识别出核心利益相关方期望和实质性议题，并直接披露了涉及企业运营挑战及负面的数据，充分体现了报告内容的实质性、平衡性和完整性。《广汽集团报告》集中展示了广汽集团企业愿景、企业理念、运营方针、文

化口号、企业品牌内涵等内容，其中包含了丰富的可持续发展内涵，体现了广汽集团以社会责任工作助力公司成为客户信赖、员工满意、社会期待的世界一流企业，为人类美好移动生活持续创造价值的发展理念。

《广汽集团报告》识别出政府、监管机构、客户、员工、合作伙伴和社区等核心利益相关方，以及党的建设、公司治理、优质产品、贴心服务、员工关爱、合作共赢和社区慈善等重要议题，在《广汽集团报告》中进行了优先和详略披露。

《广汽集团报告》披露了企业面临的行业发展下行压力，以及业务转型发展挑战，也披露了"因工作伤亡人数"以及"贪污诉讼案件数"等负面数据。《广汽集团报告》明确说明了报告范围、时间跨度、数据来源等信息，并且给数据注明了准确清晰的实体范围；通过展示历史数据实现了部分数据的纵向可比。

2. 报告形式维度（5A+）

《广汽集团报告》注重社会化表达，并通过案例展示、图文搭配、视觉设计，提升了内容多元性和可读性。《广汽集团报告》主体框架设计结合了公司业务特点和社会责任工作重点，采用具有明显行业特色的词语（如"移动生活""匠心制造""节能环保"等），并通过落脚到四个"新"（新价值、新动力、新能源、新未来）的方式，凸显广汽集团推动实现可持续发展的新思路、新理念。

在主体框架的统领下，《广汽集团报告》文字通俗、生动，采用社会化表达语言；全篇运用大量案例作为佐证，提高了内容的可信度；封面结合地方标志性建筑、行业特性、企业产品形象，体现广汽集团以企业业务优势助力地方经济环境社会可持续发展的寓意；整体设计用色多元、配图有序、图表丰富，并且应用制造业和汽车行业设计元素，保持了同企业属性的高度一致。

3. 报告传播维度（4A+）

广汽集团遵守各监管机构的信息披露要求，严格按照拟定的进度

图2 《广州汽车集团股份有限公司2018年环境、社会及管治报告》章节页设计

安排有序推进报告编制、报告发布、报告传播等工作，以满足不同利益相关方需求。广汽集团将《广汽集团报告》作为同利益相关方沟通交流的重要载体。在公司官网、上市交易所等线上平台刊登报告内容；同业务结合，将《广汽集团报告》作为补充彰显公司可持续发展能力的有力手段，在车展活动中展出。此外，《广汽集团报告》英文版进一步满足了更多利益相关方的阅读需求。

4. 报告管理维度（5A+）

广汽集团通过建立职责明确、层次清晰的组织体系，保证了信息披露等社会责任工作的规范性和高效性，并不断推动报告编制管理的持续创新。广汽集团在集团总部及各投资企业成立社会责任事务统筹小组，并在集团品牌公关部的统筹下开展各项社会责任工作，包括工作推进、信息披露、利益相关方沟通等。此外，广汽集团董事会及其全体董事成员直接参与到报告审核工作中，确保报告内容的真实性、实质性。正如报告说明所示，"本公司董事会及全体董事保证本报告内容不存在任何虚假记载、误导性陈述或重大遗漏，并对其内容的真实性、准确性和完整性承担个别及连带责任"。

在创新引领方面,《广汽集团报告》采用专题的形式,分别突出了广汽集团对党的建设、改革开放40周年、精准扶贫工作等重大社会热点事件的关注;同时,基于香港联交所监管要求,《广汽集团报告》对标了香港联交所ESG报告指引,注明了报告内容索引位置,直接回应了上市监管要求。

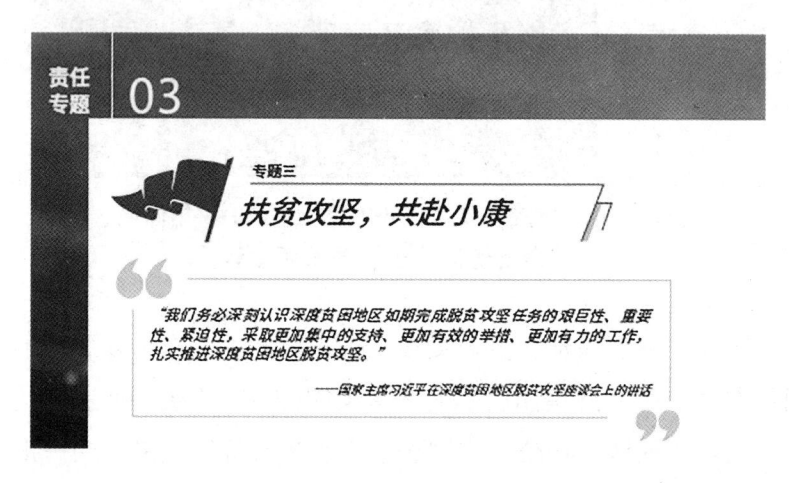

图3 《广汽集团报告》专题设计

综合以上内容、形式、传播、管理四个维度的分析及得分,《广汽集团报告》最终评价等级为5A+。

为进一步提升广汽集团ESG报告的得分,我们建议广汽集团在未来ESG报告编制和ESG管理过程中可以在以下四个方面有所改进:在报告内容维度上,建立科学有效的实质性议题选择和识别程序,实现利益相关方在议题识别中的广泛参与,并在报告中展示整个过程,实现报告在实质性方面的突破;在报告形式维度上,在传统报告的形式上,增加更加灵活和生动的形式,如快读本、H5、长图、九宫格,拓展公司社会责任报告的传播广度,满足不同利益相关方的阅读偏好;在报告传播维度上,拓宽传播渠道,如线下报告发布会、手机移动端等，考虑不同受众的适用性以及内容的易用性；在报告管理维度上，建立标准化的报告编制与 ESG 管理流程，通过制度固化公司内部职责和相关管理工作，为报告编制和创新保驾护航。

（二）报告评级标准应用二
——以《福耀玻璃2018年环境、社会及管治报告》为例

福耀玻璃工业集团股份有限公司（以下简称"福耀集团"）注册成立于 1987 年。1993 年 6 月，福耀集团在上海交易所挂牌上市；2015 年 3 月，福耀集团又成功在香港联交所主板挂牌上市。福耀集团主营业务是为各种交通运输工具提供安全玻璃全解决方案，包括汽车级浮法玻璃、汽车玻璃、机车玻璃相关的设计、生产、销售及服务，并逐渐发展形成全球化研发、设计、制造、配送及售后服务的经营模式。

图 4 《福耀玻璃 2018 年环境、社会及管治报告》封面

自2007年建立报告发布机制以来,福耀集团连续九年发布社会责任报告。2017年,因香港联交所提高上市企业ESG信息披露要求,福耀集团开始发布环境、社会及管治报告。这些报告均刊登在福耀集团公司官网（https：//www.fuyaogroup.com/）、上海证券交易所官网（http：//www.sse.com.cn/）或香港联交所官网（https：//www.hkex.com.hk/）。根据中国企业环境、社会及治理报告评级标准,我们对福耀集团最新的环境、社会及治理报告,即《福耀玻璃2018年环境、社会及管治报告》（简称《福耀玻璃报告》）进行评级,最终评价等级为4A+。具体评价分析如下（见表4）。

表4　《福耀玻璃2018年环境、社会及管治报告》卓越报告评级指标得分

维度	序号	指标	得分(分)	评价等级
内容维度	1	ESG理念	62.5	4A+
	2	实质性议题	100	
	3	客观平衡	80	
	4	清晰完整	100	
形式维度	5	社会化表达	100	5A+
	6	多方式表现	100	
传播维度	7	互动传播	100	5A+
管理维度	8	规范管理	66.7	2A+
	9	创新引领	62.5	
总分		86		4A+

1. 报告内容维度（4A+）

《福耀玻璃报告》详细披露了福耀集团ESG实质性议题的评估过程和结果,并通过内外部利益相关方的参与,力求披露内容的实质性和完整性。《福耀玻璃报告》展示了福耀集团依据香港联交所ESG报告指引,构建了ESG实质性评估模型,并通过利益相关方调查与专家咨询，识别出了42个重要议题，进而对这些议题进行了优先次序排列，实现了报告议题的实质性。《福耀玻璃报告》还简单披露了企业公司治理理念，阐述了福耀集团"用实际行动回报社会，关爱自然，保护环境，积极投身公益事业，积极主动履行社会责任，实现了公司的经济效益与社会效益相统一，公司的发展和社会的发展相和谐"的决心和发展理念。

另外，《福耀玻璃报告》虽然提及福耀集团面临更大行业挑战和发展风险，并简单阐述了福耀集团应对风险的战略转型思路，但未正面披露福耀集团表现不佳或未实现目标的内容，在客观平衡性上略有不足。

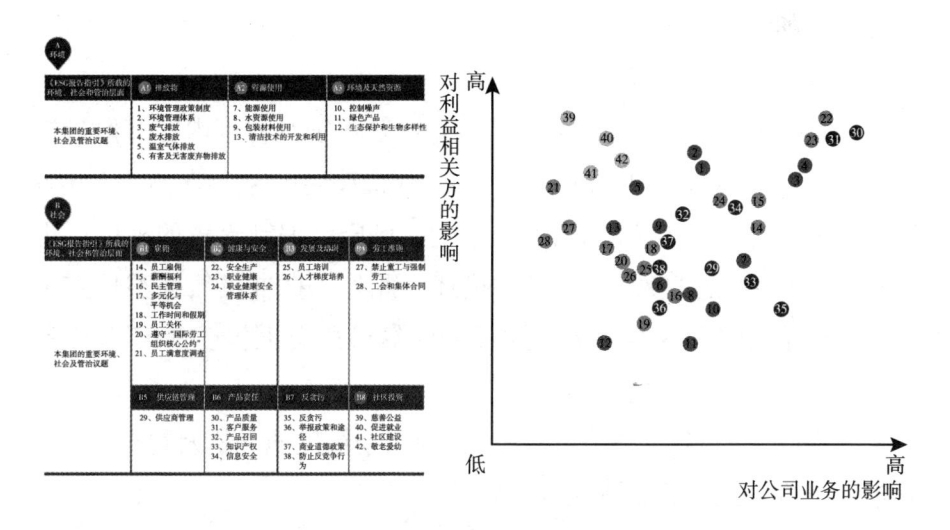

图5 福耀集团实质性评估结果

2. 报告形式维度（5A＋）

《福耀玻璃报告》以ESG核心议题为依据，制定了逻辑清晰的框架结构，并通过大量数据、图片和案例，实现了报告表现方式的多元化。《福耀玻璃报告》主体框架以提供优质服务、促进员工成长、谋求战略合作、营造美好环境和奉献公益事业等社会责任工作为主线，详略有序地披露了相关工作和取得的优异绩效。《福耀玻璃报告》语言通俗，客观地从外部视角，阐述了福耀集团社会责任工作为利益相关方创造的价值。在设计上，《福耀玻璃报告》排版简洁大方，运用大量图表、图片、行业元素，提升了报告表现力。

3. 报告传播维度（5A+）

《福耀玻璃报告》以满足香港联交所 ESG 报告指引为基础，结合内容的易用性，设置了不同责任行动的传播内容。福耀集团在发布环境、社会及治理报告的基础上，在公司官网配合增加了社会责任专栏，对公司责任综述、责任报告、责任行动、相关报道进行了集中展示，并按照利益相关方和议题给出分类信息，提高了利益相关方获取信息的便利性。

4. 报告管理维度（2A+）

《福耀玻璃报告》披露了外部参与议题识别过程等内容，但未披露福耀集团 ESG 管理机制相关事宜。《福耀玻璃报告》披露了议题识别过程中的外部参与方式，但缺少对整个 ESG 编制流程的说明，也未对 ESG 管理相关事宜进行集中描述。此外，报告虽然完整披露了识别出的重要议题内容，但未通过专题等形式突出年度 ESG 工作重点，缺少对议题篇幅的差异化处理。

综合以上内容、形式、传播、管理四个维度的分析及得分，《福耀玻璃报告》最终评价等级为 4A+。

为进一步提升福耀集团 ESG 报告的得分，我们建议福耀集团在未来 ESG 报告编制和 ESG 管理过程中可以在以下四个方面有所改进：在报告内容维度上，通过正面披露表现不佳与未实现目标的情况，提高报告平衡性，展示企业敢于直面问题的"勇者"形象；在报告形式上，可以减少文字描述，采用更加生动形象的结构图、模型图，提高报告趣味性；在报告管理上，基于 ESG 议题识别机制，标准化报告编制流程，从源头提升报告编制规范性和报告内容的实质性。

（三）报告评级标准应用三
——以《中国光大银行2018年社会责任报告》①为例

中国光大银行股份有限公司（以下简称"光大银行"）成立于1992年8月，是经国务院批复并经中国人民银行批准设立的全国性股份制商业银行，总部设在北京。光大银行于2010年8月在上海证券交易所挂牌上市（股票代码601818）；又于2013年12月在香港联交所挂牌上市（股票代码6818）。

图6 《中国光大银行2018年社会责任报告》封面

---

① 中国光大银行股份有限公司应监管机构要求，发布社会责任报告同时亦满足了ESG信息披露的要求。故将其社会责任报告同时看作ESG报告进行分析。

在 2009 年公司年报中，光大银行首次提及社会责任相关内容。一年之后，光大银行正式发布首份社会责任报告，即《中国光大银行 2010 年社会责任报告》。截至 2019 年底，光大银行正式对外发布 9 份社会责任报告。同时，应香港联交所的监管要求，光大银行在 2017 年社会责任报告中增加了相关 ESG 信息的内容。光大银行最新发布的社会责任报告，即《中国光大银行 2018 年社会责任报告》（简称《光大银行报告》）中，亦包含了公司相关 ESG 信息。因此，根据中国企业环境、社会及治理报告评级标准，我们对《光大银行报告》开展评级工作。最终《光大银行报告》评价等级为 3A +。具体评价分析如下（见表5）。

表 5 《中国光大银行 2018 年社会责任报告》卓越报告评级指标得分

维度	序号	指标	得分（分）	评价等级
内容维度	1	ESG 理念	0	3A +
	2	实质性议题	100	
	3	客观平衡	100	
	4	清晰完整	100	
形式维度	5	社会化表达	25	A +
	6	多方式表现	75	
传播维度	7	互动传播	100	5A +
管理维度	8	规范管理	66.7	4A +
	9	创新引领	100	
总分		79		3A +

1. 报告内容维度（3A +）

《光大银行报告》展示了光大银行实质性社会责任议题筛选方法，详略有别地披露了相关议题工作和绩效，在实现报告完整性的基础上也注重平衡性要求。《光大银行报告》披露了核心议题识别的工作机制，并列出了识别出的核心议题为落实国家战略、风险防范、普惠金融和特色党建。此外,《光大银行报告》披露了光大银行的利益相关方与其需求回应方式等内容(见图7)。但我们发现,《光大银行报告》未阐述有关公司社会责任和ESG理念的内容。

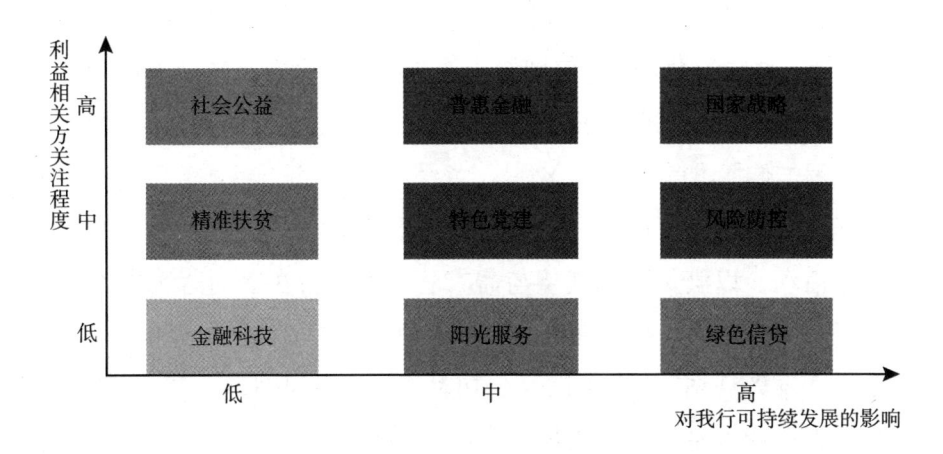

图7 光大银行社会责任议题矩阵

《光大银行报告》在展示优秀ESG绩效的同时,也正面披露了有关不良贷款率、客户投诉等负面的数据,提高了报告的平衡性;明确了报告范围、时间跨度、数据来源等信息,并且给数据注明了披露范围;通过同业对标、标准参考、政策响应等方式,力求报告内容的完整性。

2.报告形式维度(A+)

《光大银行报告》在文字描述的基础上,辅助以案例、图片、排版、设计元素,提升了报告的趣味性。《光大银行报告》主体框架以"担当""崇商""阳光""家园"四个关键词,聚焦光大银行在经营发展、客户服务、员工关爱、社会贡献等方面的社会责任工作。但整体来看,企业特色不鲜明,特别是未能体现光大银行作为金融机构的属性和金融业务特征,以及光大银行ESG价值观。除此之外,《光大银行报告》文字社会化表达欠缺,多以内部语言展示公司工作举措。

虽然部分工作描述补充说明了绩效成果,但未能从利益相关方角度分析相关议题工作的外部价值。

在设计上,《光大银行报告》封面选用了产业扶贫议题,并以代表未来的孩子和扶贫农产品为主要元素,体现光大银行推动社会幸福和谐、关注可持续的未来的发展理念。《光大银行报告》整体设计用色有序、图片丰富,突出展示的数据,直观反映出光大银行的社会责任绩效。

3. 报告传播维度(5A+)

光大银行制定了明确的社会责任发展规划,开展了多种利益相关方沟通活动,以满足不同期望与需求。光大银行在贯彻落实中国银行业监督管理委员会、中国银行业协会的基础上,制定了"2016~2020社会责任发展规划",指导提升公司社会责任管理水平,并推动将履行社会责任融入企业经营发展的各个环节。

光大银行不断拓展ESG信息披露渠道和载体,以满足不同利益相关方需求。光大银行持续发布社会责任报告,并刊登在公司官网和交易所网站上供多方阅读;通过《光大家园》、内部网站、微信公众号等渠道,搭建沟通交流平台;参加人民网、新华网、南方周末、界面新闻等主流媒体主办的社会责任分享与评比活动,让利益相关方了解到公司的社会责任和ESG信息。

4. 报告管理维度(4A+)

光大银行通过建立专项社会责任工作小组,保证了社会责任工作的有序开展。光大银行由扶贫与社会责任工作领导小组负责社会责任日常管理,持续深入开展社会责任工作。但有关董事会参与社会责任及ESG事宜的方式和监管职责,光大银行在报告及其他资料中并未说明。而在独立鉴证方面,光大银行走在中国企业的前列,开展了第三方独立鉴证工作,对报告选定的部分关键绩效数据进行了鉴证工作,提高了信息的可信度。

在创新引领方面,《光大银行报告》虽然未采用专题的形式,但

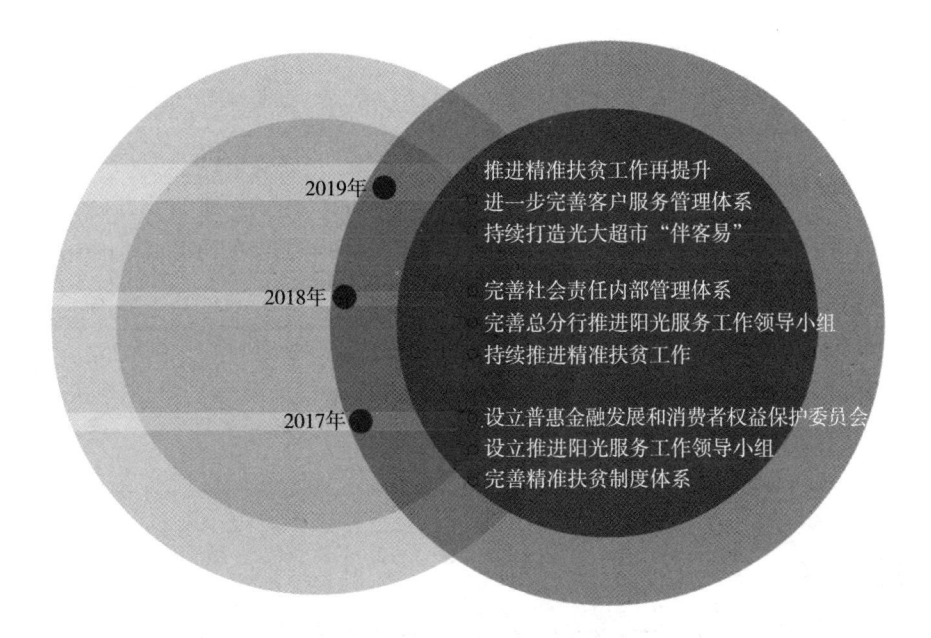

```
                    推进精准扶贫工作再提升
         2019年     进一步完善客户服务管理体系
                    持续打造光大超市"伴客易"

         2018年     完善社会责任内部管理体系
                    完善总分行推进阳光服务工作领导小组
                    持续推进精准扶贫工作

         2017年     设立普惠金融发展和消费者权益保护委员会
                    设立推进阳光服务工作领导小组
                    完善精准扶贫制度体系
```

图 8 光大银行社会责任规划

通过每个篇章开头大案例的形式，图文并茂地突出了公司在支持实体经济发展、创新营销服务、精准扶贫等议题上的绩效成果。最后，《光大银行报告》基于香港联交所监管要求，对标了香港联交所 ESG 报告指引，注明了报告内容索引位置，直接回应了上市监管要求。

综合以上内容、形式、传播、管理四个维度的分析及得分，《光大银行报告》最终评价等级为 3A+。

为进一步提升中国光大银行 ESG 报告的得分，我们建议光大银行在未来 ESG 报告编制和 ESG 管理过程中，可以在以下三个方面有所改进：在报告内容维度上，体现公司 ESG 理念，统领公司社会责任和 ESG 工作；在报告形式上，增加报告框架的企业特色和行业特色，并实现内部工作语言的社会化表达，使用更加通俗的语言，重点展示公司社会责任工作对利益相关方的价值；在报告管理上，实现董事会的 ESG 事宜监管职责，推动董事会直接参与关键决策，提高报告内容的实质性。

附 录
Appendix

B.10
中国上市公司 ESG 综合评价

表1 2019年中国上市公司 ESG 评价综合评级

ESG 评级	行业属性	企业名称	市值排名	营业收入排名	净利润排名
AAA	材料	海螺水泥	1	4	1
	医疗保健	复星医药	8	5	7
	金融	建设银行	2	3	2
	金融	中国人保	10	7	20
	金融	兴业银行	9	13	8
	金融	中国平安	3	1	5
	电信服务	中国联通	1	1	1
	房地产	招商蛇口	3	4	3
AA	医疗保健	上海医药	14	1	2
	金融	工商银行	1	2	1
	工业	中国建筑	1	1	1

续表

ESG 评级	行业属性	企业名称	市值排名	营业收入排名	净利润排名
AA	金融	中国太保	13	8	17
	金融	广发证券	30	31	33
	能源	中国石化	2	1	1
	金融	中国人寿	6	4	21
	可选消费	上汽集团	3	1	1
	工业	南方航空	16	10	22
	金融	华泰证券	20	29	31
	工业	东方航空	15	13	25
	医疗保健	白云山	11	2	4
	可选消费	苏宁易购	9	3	4
	金融	海通证券	19	26	30
	金融	民生银行	15	14	10
	工业	上海电气	17	14	21
	金融	中信银行	14	12	11
	工业	中远海发	35	37	35
	医疗保健	华东医药	17	3	8
	金融	中信证券	16	21	24
	工业	中集集团	32	16	19
	信息技术	蓝思科技	14	14	30
	材料	宝钢股份	3	1	2
	工业	隧道股份	45	26	31
	金融	浦发银行	11	11	9
	金融	贵阳银行	47	32	29
	可选消费	广汽集团	7	9	5
	材料	中国中冶	8	2	6
	金融	招商银行	7	9	6
	金融	华夏银行	27	18	14
	公用事业	长江电力	1	4	1
	材料	太钢不锈	26	13	9
	房地产	张江高科	12	15	15

209

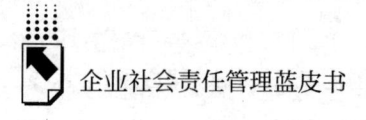

续表

ESG 评级	行业属性	企业名称	市值排名	营业收入排名	净利润排名
AA	金融	新华保险	23	15	25
	金融	交通银行	8	10	7
	工业	广深铁路	43	36	42
A	能源	陕西煤业	4	5	4
	金融	农业银行	4	5	3
	日常消费	双汇发展	9	7	5
	金融	中国银行	5	6	4
	工业	中国动力	30	28	36
	公用事业	华电国际	7	2	8
	医疗保健	智飞生物	7	21	14
	医疗保健	康泰生物	12	27	27
	信息技术	京东方A	5	3	4
	工业	中国中铁	7	2	4
	金融	北京银行	26	19	15
	可选消费	福耀玻璃	14	15	10
	公用事业	中国核电	3	6	2
	材料	金隅集团	14	11	14
	医疗保健	通化东宝	22	25	25
	日常消费	新希望	10	5	10
	工业	宁德时代	4	29	18
	公用事业	深圳能源	10	8	11
	医疗保健	新和成	18	15	6
	金融	平安银行	12	16	13
	金融	山西证券	55	39	50
	工业	中远海控	20	12	38
	医疗保健	信立泰	28	23	13
	医疗保健	华大基因	24	26	28
	金融	国金证券	50	44	40
	医疗保健	迈瑞医疗	2	11	3
	材料	河钢股份	22	5	13

续表

ESG 评级	行业属性	企业名称	市值排名	营业收入排名	净利润排名
A	医疗保健	华润三九	23	13	15
	能源	海油工程	6	8	8
	金融	国元证券	48	48	43
	信息技术	欧菲光	28	8	37
	工业	三一重工	12	20	11
	工业	汇川技术	28	47	39
	信息技术	大族激光	20	22	12
	材料	天齐锂业	16	28	17
	工业	中国电建	19	5	9
	工业	中国中车	2	7	6
	信息技术	纳思达	31	19	18
	信息技术	大华股份	17	17	10
	信息技术	信维通信	21	30	22
	金融	江苏银行	33	22	19
	工业	航发动力	25	34	40
	信息技术	亨通光电	30	10	9
	工业	金风科技	21	30	20
	医疗保健	片仔癀	9	22	17
	日常消费	顺鑫农业	16	17	16
	工业	碧水源	38	42	37
	信息技术	歌尔股份	9	16	25
	房地产	保利地产	2	3	2
	日常消费	五粮液	2	9	2
	信息技术	恒生电子	11	35	29
BB	金融	长江证券	42	42	48
	房地产	雅戈尔	11	13	10
	日常消费	温氏股份	4	6	7
	材料	山东黄金	4	15	24
	工业	中国铁建	9	3	3
	工业	大秦铁路	13	19	5

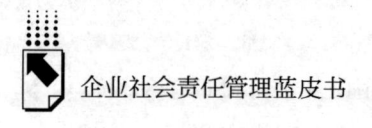

续表

ESG 评级	行业属性	企业名称	市值排名	营业收入排名	净利润排名
BB	金融	招商证券	29	33	32
	工业	中国卫星	37	45	48
	可选消费	苏泊尔	12	18	19
	材料	恒逸石化	11	9	18
	可选消费	海尔智家	8	5	8
	金融	华安证券	54	52	45
	金融	安信信托	53	55	55
	信息技术	科大讯飞	8	27	33
	医疗保健	上海莱士	19	28	29
	工业	中国核建	46	21	41
	材料	紫金矿业	5	6	12
	信息技术	紫光股份	12	6	14
	工业	中国交建	5	4	2
	工业	上港集团	8	25	7
	房地产	华夏幸福	4	5	4
	信息技术	东华软件	35	23	26
	金融	中信建投	18	34	37
	信息技术	网宿科技	36	29	27
	能源	西山煤电	8	6	7
	材料	北新建材	15	25	15
	信息技术	TCL 集团	18	2	3
	工业	宁波港	24	35	23
	金融	杭州银行	39	28	28
	日常消费	洋河股份	7	12	3
	可选消费	中信国安	30	31	18
	能源	中国石油	1	2	2
	金融	天茂集团	44	23	16
	公用事业	申能股份	8	7	6
	公用事业	华能国际	2	1	9
	日常消费	九州通	17	1	15

续表

ESG 评级	行业属性	企业名称	市值排名	营业收入排名	净利润排名
BB	工业	东方园林	48	40	33
	医疗保健	爱尔眼科	4	17	22
	工业	上海机场	6	43	15
	能源	上海石化	5	4	5
	日常消费	青岛啤酒	13	11	14
	金融	兴业证券	40	40	53
	可选消费	中国电影	23	27	21
	房地产	万科 A	1	2	1
	信息技术	隆基股份	7	18	8
	公用事业	湖北能源	9	10	7
	房地产	金科股份	10	9	9
	金融	国泰君安	22	27	27
	能源	中国神华	3	3	3
	房地产	小商品城	15	14	14
	日常消费	伊利股份	6	2	4
	信息技术	浪潮信息	25	7	28
	材料	北方稀土	12	24	26
	工业	潍柴动力	14	9	8
	日常消费	海大集团	14	8	13
	医疗保健	云南白药	5	4	5
	材料	中金岭南	29	19	23
	材料	金钼股份	24	27	27
	金融	光大证券	37	37	54
	工业	中航电子	39	44	46
	工业	葛洲坝	36	15	13
	公用事业	国投电力	4	5	3
	材料	铜陵有色	25	10	25
	金融	东方财富	31	53	42
	金融	上海银行	24	20	18
	日常消费	通威股份	15	10	9

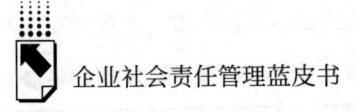

续表

ESG 评级	行业属性	企业名称	市值排名	营业收入排名	净利润排名
BB	可选消费	万向钱潮	29	23	28
	可选消费	际华集团	28	14	31
	公用事业	川投能源	6	11	5
	信息技术	石基信息	19	37	35
	日常消费	海天味业	3	14	6
	医疗保健	乐普医疗	13	19	24
	工业	机器人	42	48	47
	可选消费	华域汽车	11	7	7
	金融	方正证券	36	41	44
	信息技术	中环股份	27	21	31
	日常消费	启迪环境	20	18	17
	信息技术	中兴通讯	4	4	38
	金融	东方证券	35	35	39
	工业	三聚环保	47	38	45
	工业	上海建工	33	8	24
	可选消费	威孚高科	26	28	15
	金融	南京银行	34	25	23
	可选消费	芒果超媒	15	24	26
	房地产	金地集团	7	8	7
	公用事业	浙能电力	5	3	4
	材料	东方雨虹	13	23	21
	工业	中航飞机	27	27	44
	信息技术	工业富联	1	1	1
	可选消费	海澜之家	17	17	11
	材料	马钢股份	27	12	7
	可选消费	广汇汽车	22	6	12
	医疗保健	同仁堂	20	10	20
	金融	东吴证券	49	43	47
	信息技术	深天马A	32	11	24
	能源	潞安环能	7	7	6

续表

ESG评级	行业属性	企业名称	市值排名	营业收入排名	净利润排名
BB	信息技术	三环集团	29	34	17
	工业	中联重科	26	31	30
	工业	顺丰控股	3	17	14
	信息技术	深信服	16	36	32
	信息技术	海格通信	37	31	36
B	材料	三钢闽光	28	16	5
	日常消费	牧原股份	5	15	18
	医疗保健	沃森生物	16	29	21
	可选消费	辽宁成大	24	16	27
	可选消费	分众传媒	10	19	9
	信息技术	东旭光电	34	12	11
	医疗保健	药明康德	3	14	9
	工业	建发股份	41	6	12
	金融	国投资本	38	49	38
	医疗保健	华兰生物	15	24	18
	工业	中国国航	10	11	10
	工业	金螳螂	44	33	27
	医疗保健	东阿阿胶	26	18	10
	工业	招商公路	22	46	16
	工业	中国化学	34	18	32
	材料	万华化学	2	14	3
	金融	申万宏源	25	30	34
	工业	特变电工	40	24	28
	信息技术	二三四五	38	33	16
	可选消费	比亚迪	6	8	14
	金融	中航资本	41	38	36
	房地产	新城控股	6	7	6
	工业	徐工机械	31	23	29
	医疗保健	美年健康	10	16	26
	日常消费	永辉超市	11	4	11

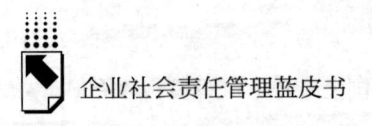

续表

ESG 评级	行业属性	企业名称	市值排名	营业收入排名	净利润排名
B	日常消费	贵州茅台	1	3	1
	可选消费	华侨城A	13	11	6
	材料	浙江龙盛	10	20	11
	金融	国信证券	32	36	35
	金融	西南证券	51	47	49
	可选消费	长安汽车	16	10	29
	可选消费	美的集团	1	2	3
	可选消费	格力电器	2	4	2
	材料	华友钴业	21	22	20
	材料	中金黄金	19	17	28
	金融	西部证券	45	50	51
	工业	正泰电器	23	32	17
	可选消费	宇通客车	18	13	16
	房地产	中天金融	14	12	13
	可选消费	东方明珠	21	21	17
	医疗保健	恒瑞医药	1	8	1
	日常消费	大北农	18	13	19
	材料	江西铜业	9	3	16
	金融	中油资本	28	54	26
	金融	东兴证券	46	45	41
	工业	中国重工	11	22	43
	金融	光大银行	17	17	12
	信息技术	三安光电	10	24	5
	信息技术	三七互娱	22	28	20
	材料	鞍钢股份	20	7	4
	工业	韵达股份	18	39	26
	信息技术	海康威视	2	5	2
	可选消费	中文传媒	27	22	20
	材料	洛阳钼业	6	18	10
	日常消费	山西汾酒	12	19	12

续表

ESG 评级	行业属性	企业名称	市值排名	营业收入排名	净利润排名
B	房地产	金融街	13	10	11
	日常消费	泸州老窖	8	16	8
	医疗保健	科伦药业	21	9	16
	医疗保健	天士力	27	7	12
	材料	荣盛石化	7	8	19
C	房地产	绿地控股	5	1	5
	工业	春秋航空	29	41	34
	可选消费	中公教育	5	30	25
	信息技术	立讯精密	3	9	7
	信息技术	四维图新	33	38	34
	金融	第一创业	52	51	52
	电信服务	鹏博士	2	2	2
	房地产	新湖中宝	8	11	12
	医疗保健	长春高新	6	20	23
	可选消费	老板电器	20	29	22
	可选消费	中南传媒	25	25	24
	信息技术	鹏鼎控股	6	15	6
	可选消费	万达电影	19	20	23
	材料	赣锋锂业	18	29	22
	房地产	荣盛发展	9	6	8
	信息技术	世纪华通	15	25	23
	信息技术	视源股份	13	20	21
	日常消费	海南橡胶	19	20	20
	信息技术	完美世界	24	26	13
	材料	方大炭素	17	26	8
	金融	长城证券	43	46	46
	可选消费	中国国旅	4	12	13
	信息技术	巨人网络	26	32	19
	信息技术	航天信息	23	13	15
	金融	宁波银行	21	24	22
	公用事业	首创股份	11	9	10

B.11
中国上市公司ESG具体评价

表1　2019年中国上市公司ESG评价环境维度评价

单位：分

所属行业	企业股票简称	环境维度二级指标得分			
		环境管理	资源能源利用	废弃物排放	应对气候变化
金融	招商银行	96.00	60.00	0.00	60.00
金融	中国平安	50.30	0.00	14.40	94.00
金融	中国人保	68.50	42.50	47.90	86.80
能源	中国石化	81.00	33.75	41.75	60.00
材料	宝山钢铁	100.00	55.00	75.00	100.00
工业	南方航空	70.00	60.00	80.00	100.00
金融	华夏银行	0.00	0.00	21.00	0.00
工业	三一重工	80.00	0.00	24.75	70.00
房地产	保利地产	75.00	0.00	0.00	100.00
电信服务	中国联通	73.75	35.00	68.40	100.00
可选消费	上汽集团	70.00	42.50	76.50	100.00
医疗保健	复星医药	73.00	57.50	64.50	82.00
医疗保健	乐普医疗	48.00	0.00	36.00	0.00
材料	万华化学	67.50	0.00	0.00	100.00
房地产	华夏幸福	67.50	0.00	0.00	100.00
日常消费	贵州茅台	10.00	0.00	80.00	0.00
材料	海螺水泥	92.50	81.25	76.80	100.00
可选消费	海尔智家	70.00	45.00	17.50	100.00
信息技术	三安光电	70.00	0.00	0.00	0.00
金融	广发证券	40.00	46.25	29.70	80.80
金融	长江证券	5.00	0.00	0.00	0.00

续表

所属行业	企业股票简称	环境维度二级指标得分			
		环境管理	资源能源利用	废弃物排放	应对气候变化
金融	东方证券	7.50	37.50	7.50	64.00
金融	光大证券	2.50	18.75	25.00	40.00
金融	建设银行	23.00	5.00	30.00	88.00
金融	上海银行	6.00	0.00	0.00	0.00
金融	中国银行	33.00	25.00	0.00	85.00
房地产	新城控股	15.00	0.00	0.00	0.00
可选消费	福耀玻璃	70.00	57.50	90.00	100.00
金融	光大银行	0.00	7.50	0.00	18.00
房地产	金地集团	57.50	0.00	0.00	90.00
金融	华泰证券	61.70	37.75	18.10	88.00
公用事业	国投电力	85.50	0.00	73.30	90.00
能源	陕西煤业	95.00	57.50	40.30	100.00
医疗保健	云南白药	57.50	0.00	75.00	0.00
金融	民生银行	88.00	0.00	0.00	60.00
房地产	绿地控股	17.50	0.00	0.00	0.00
材料	山东黄金	92.50	60.00	60.00	100.00
工业	广深铁路	72.00	34.00	46.90	94.00
信息技术	二三四五	0.00	0.00	0.00	0.00
日常消费	大北农	0.00	0.00	49.00	0.00
工业	东方园林	80.00	0.00	16.50	100.00
工业	隧道股份	89.00	72.00	0.00	100.00
信息技术	石基信息	63.00	0.00	0.00	90.00
能源	潞安环能	88.00	0.00	24.75	94.00
医疗保健	上海医药	63.70	12.50	39.10	100.00
金融	海通证券	52.50	5.00	0.00	60.00
可选消费	海澜之家	58.00	0.00	0.00	90.00
材料	太钢不锈	70.00	12.50	25.00	100.00
医疗保健	华兰生物	33.80	20.50	0.00	71.80
公用事业	中国核电	85.30	38.00	81.85	92.00

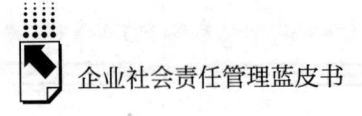

续表

所属行业	企业股票简称	环境维度二级指标得分			
		环境管理	资源能源利用	废弃物排放	应对气候变化
材料	铜陵有色	9.50	45.00	57.10	64.00
材料	北方稀土	19.00	47.50	57.10	64.00
可选消费	际华集团	71.00	72.50	61.00	64.00
日常消费	通威股份	74.00	72.50	61.00	64.00
工业	中国核建	48.00	76.00	57.76	66.00
材料	金钼股份	62.00	47.50	50.50	64.00
房地产	金科股份	82.50	66.50	86.80	100.00
日常消费	青岛啤酒	62.00	72.50	82.00	100.00
日常消费	九州通	71.00	72.50	82.00	100.00
日常消费	启迪桑德	21.00	72.50	82.00	60.00
可选消费	万向钱潮	21.00	72.50	82.00	60.00
医疗保健	迈瑞医疗	52.50	16.25	35.00	0.00
医疗保健	华东医药	53.00	46.00	19.90	73.60
可选消费	威孚高科	22.50	72.50	82.00	60.00
工业	中国动力	35.00	76.00	80.20	100.00
可选消费	辽宁成大	24.00	72.50	82.00	0.00
工业	中国卫星	36.00	76.00	80.20	60.00
日常消费	伊利股份	38.00	0.00	38.00	58.00
金融	交通银行	62.20	35.50	48.50	82.00
能源	中国神华	63.00	40.00	66.75	54.00
工业	中国国航	54.00	0.00	46.80	0.00
信息技术	工业富联	45.00	0.00	45.50	70.00
金融	兴业银行	8.00	0.00	80.00	0.00
工业	中国铁建	80.00	60.00	40.10	0.00
金融	国泰君安	13.00	12.50	77.00	0.00
金融	国元证券	50.80	9.00	0.00	88.00
金融	中国人寿	50.00	28.50	51.50	88.00
可选消费	苏宁易购	44.00	60.00	12.00	50.00
可选消费	分众传媒	40.00	0.00	18.00	0.00

续表

所属行业	企业股票简称	环境维度二级指标得分			
		环境管理	资源能源利用	废弃物排放	应对气候变化
可选消费	苏泊尔	9.00	10.00	50.00	0.00
医疗保健	恒瑞医药	9.00	0.00	80.00	0.00
信息技术	东华软件	3.00	0.00	0.00	0.00
工业	金螳螂	36.00	24.00	20.10	0.00
材料	三钢闽光	49.00	0.00	50.00	0.00
工业	韵达股份	0.00	0.00	0.00	0.00
信息技术	中环股份	62.00	0.00	42.00	0.00
工业	金风科技	48.00	0.00	23.80	0.00
信息技术	科大讯飞	0.00	0.00	0.00	0.00
信息技术	大华股份	10.00	0.00	25.00	0.00
医疗保健	同仁堂	56.00	0.00	0.00	80.00
材料	东方雨虹	22.00	0.00	66.50	0.00
日常消费	洋河股份	10.00	40.00	35.00	0.00
日常消费	海大集团	34.00	0.00	33.00	24.00
工业	顺丰控股	34.00	0.00	0.00	0.00
金融	农业银行	6.00	0.00	0.00	0.00
金融	第一创业	0.00	0.00	0.00	6.00
金融	东方财富	6.50	20.00	35.00	0.00
工业	中国中铁	52.60	46.40	49.00	85.00
金融	国金证券	60.00	0.00	56.00	60.00
金融	浦发银行	88.00	37.50	0.00	60.00
金融	北京银行	54.00	0.00	0.00	70.00
工业	中国建筑	61.20	44.00	47.99	88.00
金融	贵阳银行	95.00	0.00	0.00	94.00
可选消费	广汽集团	63.70	45.25	49.50	88.00
工业	上海建工	58.40	0.00	16.50	80.80
医疗保健	美年健康	35.00	0.00	0.00	0.00
工业	上海电气	62.40	53.60	49.64	88.00
信息技术	海格通信	45.10	0.00	0.00	68.80

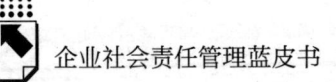

续表

所属行业	企业股票简称	环境维度二级指标得分			
		环境管理	资源能源利用	废弃物排放	应对气候变化
工业	上海机场	45.60	0.00	0.00	71.80
材料	金隅集团	66.00	30.00	42.01	85.20
工业	上港集团	65.00	19.20	17.00	69.20
公用事业	首创股份	60.40	66.40	33.18	100.00
医疗保健	爱尔眼科	39.00	27.50	28.00	52.00
医疗保健	东阿阿胶	57.50	18.75	15.00	0.00
医疗保健	白云山	53.50	33.00	51.10	82.00
信息技术	网宿科技	58.00	30.00	0.00	0.00
工业	机器人	68.00	34.00	50.00	0.00
金融	南京银行	82.50	0.00	0.00	80.00
工业	碧水源	62.00	44.00	40.20	70.00
工业	三聚环保	61.00	28.00	43.60	50.00
医疗保健	药明康德	9.50	0.00	0.00	58.00
工业	汇川技术	65.00	18.00	26.80	84.00
信息技术	信维通信	50.50	32.50	28.00	40.00
医疗保健	上海莱士	31.00	0.00	40.00	0.00
信息技术	三环集团	65.00	17.50	54.00	64.00
可选消费	芒果超媒	4.00	20.00	0.00	16.00
信息技术	蓝思科技	44.50	70.00	68.00	76.00
信息技术	深信服	3.00	0.00	0.00	0.00
日常消费	温氏股份	59.50	10.00	71.00	56.00
医疗保健	沃森生物	26.50	20.00	40.00	0.00
医疗保健	新和成	50.70	34.50	17.10	82.00
工业	宁德时代	62.00	44.00	76.65	0.00
医疗保健	科伦药业	31.50	5.00	0.00	30.00
信息技术	亨通光电	71.00	35.00	0.00	66.00
能源	西山煤电	74.00	46.25	71.65	78.00
工业	中航电子	50.00	10.00	30.00	53.00
公用事业	申能股份	32.60	47.00	35.05	62.00

续表

所属行业	企业股票简称	环境维度二级指标得分			
		环境管理	资源能源利用	废弃物排放	应对气候变化
金融	江苏银行	39.50	0.00	0.00	100.00
金融	方正证券	10.00	0.00	0.00	40.00
公用事业	华电国际	59.00	57.00	61.60	74.00
公用事业	深圳能源	29.50	73.00	69.90	65.00
工业	东方航空	58.00	62.00	59.80	66.00
公用事业	华能国际	43.00	52.00	40.00	53.00
医疗保健	华大基因	42.50	65.00	25.00	0.00
材料	中金岭南	36.50	45.00	60.00	0.00
可选消费	中国电影	23.50	42.50	41.00	18.00
金融	安信信托	25.00	0.00	0.00	70.00
公用事业	川投能源	36.50	54.00	17.00	0.00
可选消费	华域汽车	47.50	37.50	46.50	0.00
工业	葛洲坝	39.00	17.00	58.00	30.00
金融	国投资本	0.00	0.00	0.00	0.00
金融	杭州银行	94.00	0.00	0.00	100.00
可选消费	广汇汽车	10.00	18.75	17.50	0.00
公用事业	湖北能源	50.00	58.00	65.00	0.00
能源	上海石化	52.00	37.50	50.20	30.00
日常消费	海南橡胶	35.00	12.50	75.00	24.00
金融	山西证券	16.00	0.00	0.00	80.00
工业	中集集团	61.00	54.00	59.90	94.00
金融	平安银行	34.50	15.00	0.00	0.00
工业	春秋航空	14.00	0.00	0.00	0.00
金融	申万宏源	7.50	0.00	0.00	0.00
金融	中油资本	52.50	0.00	0.00	0.00
医疗保健	长春高新	0.00	0.00	0.00	0.00
工业	特变电工	54.00	0.00	0.00	30.00
材料	江西铜业	10.00	12.50	0.00	70.00
工业	中国化学	60.00	30.00	0.00	0.00

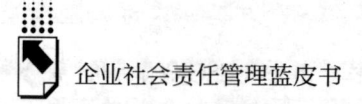

续表

所属行业	企业股票简称	环境维度二级指标得分			
		环境管理	资源能源利用	废弃物排放	应对气候变化
信息技术	恒生电子	36.00	0.00	0.00	70.00
信息技术	隆基股份	14.00	25.00	72.00	36.00
信息技术	三七互娱	0.00	15.00	0.00	0.00
可选消费	中南传媒	0.00	0.00	0.00	0.00
材料	马钢股份	14.00	17.50	53.60	0.00
工业	建发股份	0.00	0.00	46.20	42.00
公用事业	长江电力	14.00	26.00	53.60	0.00
材料	中国中冶	49.00	52.50	70.00	76.00
可选消费	中文传媒	13.50	0.00	0.00	0.00
日常消费	永辉超市	16.00	0.00	0.00	32.00
房地产	新湖中宝	0.00	0.00	0.00	0.00
房地产	雅戈尔	63.25	16.10	16.50	53.00
可选消费	中信国安	58.90	6.00	0.00	64.60
金融	工商银行	50.50	57.75	37.50	88.00
房地产	张江高科	62.25	43.75	0.00	89.00
工业	中远海发	69.80	29.60	52.63	85.00
信息技术	纳思达	53.30	39.75	27.10	75.40
医疗保健	信立泰	51.00	13.75	58.50	61.00
工业	中远海控	53.80	10.40	39.80	85.00
工业	宁波港	59.60	44.00	47.99	88.00
房地产	小商品城	59.25	0.00	0.00	70.00
工业	大秦铁路	52.40	23.60	44.95	80.80
能源	海油工程	53.20	18.00	51.01	82.00
金融	中信银行	69.50	32.50	71.50	72.00
房地产	万科A	36.25	0.00	50.00	0.00
信息技术	深天马A	28.00	56.25	57.50	0.00
信息技术	中兴通讯	49.50	37.50	50.00	0.00
可选消费	华侨城A	9.50	30.00	0.00	0.00
信息技术	TCL集团	58.00	57.50	72.00	40.00

续表

所属行业	企业股票简称	环境维度二级指标得分			
		环境管理	资源能源利用	废弃物排放	应对气候变化
工业	中联重科	49.00	0.00	16.50	0.00
金融	新华保险	62.20	17.50	30.50	86.80
可选消费	美的集团	42.50	17.50	35.00	0.00
工业	潍柴动力	40.00	20.00	41.75	0.00
信息技术	东旭光电	42.50	0.00	17.50	0.00
医疗保健	片仔癀	33.80	30.50	51.10	88.00
工业	徐工机械	55.00	30.00	16.75	0.00
医疗保健	智飞生物	14.50	30.00	57.00	33.00
房地产	中天金融	25.00	0.00	0.00	0.00
日常消费	泸州老窖	7.50	0.00	17.50	0.00
金融	华安证券	27.00	20.00	0.00	43.00
可选消费	长安汽车	7.50	6.25	35.00	0.00
可选消费	格力电器	57.50	18.75	15.00	0.00
工业	正泰电器	30.00	10.00	58.50	0.00
可选消费	东方明珠	7.50	0.00	0.00	0.00
材料	华友钴业	7.50	12.50	33.50	0.00
金融	天茂集团	45.00	0.00	76.50	0.00
信息技术	完美世界	0.00	0.00	0.00	0.00
材料	浙江龙盛	39.00	0.00	0.00	0.00
公用事业	浙能电力	0.00	0.00	0.00	0.00
电信服务	鹏博士	0.00	0.00	0.00	0.00
可选消费	宇通客车	57.50	37.50	22.50	0.00
金融	东兴证券	0.00	0.00	0.00	0.00
材料	中金黄金	22.50	50.00	0.00	0.00
材料	紫金矿业	35.00	18.75	75.00	0.00
信息技术	四维图新	40.00	0.00	0.00	0.00
信息技术	海康威视	31.00	0.00	0.00	30.00
医疗保健	康泰生物	76.00	22.50	31.00	70.00
信息技术	欧菲光	5.00	0.00	0.00	18.00

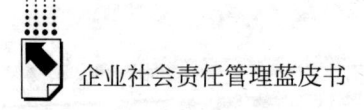

续表

所属行业	企业股票简称	环境维度二级指标得分			
		环境管理	资源能源利用	废弃物排放	应对气候变化
材料	赣锋锂业	0.00	0.00	0.00	36.00
材料	天齐锂业	32.50	0.00	17.00	30.00
信息技术	立讯精密	5.00	0.00	0.00	12.00
材料	荣盛石化	12.00	0.00	0.00	18.00
可选消费	老板电器	0.00	0.00	0.00	12.00
信息技术	巨人网络	0.00	0.00	0.00	0.00
可选消费	比亚迪	47.50	5.00	0.00	30.00
信息技术	世纪华通	0.00	0.00	0.00	30.00
可选消费	中公教育	0.00	0.00	0.00	6.00
金融	中国太保	66.10	42.50	51.10	88.00
日常消费	牧原股份	56.00	30.00	0.00	30.00
金融	西部证券	0.00	0.00	0.00	18.00
可选消费	万达电影	0.00	0.00	0.00	18.00
信息技术	视源股份	0.00	0.00	0.00	0.00
信息技术	鹏鼎控股	23.00	0.00	0.00	0.00
金融	中信证券	92.50	50.00	0.00	100.00
金融	中航资本	40.00	0.00	0.00	0.00
工业	中国中车	29.00	0.00	33.00	12.00
工业	中国交建	52.00	18.00	17.00	94.00
金融	中信建投	52.50	12.50	31.50	0.00
能源	中国石油	20.00	33.75	0.00	94.00
可选消费	中国国旅	0.00	0.00	0.00	0.00
金融	东吴证券	40.00	0.00	0.00	0.00
工业	中国重工	15.00	4.00	0.00	42.00
医疗保健	天士力	12.50	0.00	0.00	0.00
材料	洛阳钼业	8.00	25.00	16.50	6.00
工业	航发动力	82.00	10.00	41.75	100.00
材料	方大碳素	0.00	0.00	0.00	0.00
房地产	金融街	0.00	0.00	0.00	15.00

续表

所属行业	企业股票简称	环境维度二级指标得分			
		环境管理	资源能源利用	废弃物排放	应对气候变化
工业	中国电建	28.00	14.00	0.00	36.00
金融	兴业证券	35.50	7.50	3.00	30.00
信息技术	航天信息	0.00	0.00	0.00	0.00
材料	鞍钢股份	42.50	0.00	0.00	18.00
日常消费	海天味业	0.00	0.00	0.00	0.00
材料	恒逸石化	51.60	24.00	34.35	40.80
材料	河钢股份	57.00	25.00	60.05	31.80
信息技术	京东方A	23.10	45.25	65.20	76.00
金融	国信证券	25.00	0.00	0.00	18.00
工业	中航飞机	41.00	30.00	33.85	28.80
金融	招商证券	8.50	18.75	32.50	15.00
金融	长城证券	0.00	0.00	0.00	0.00
材料	北新建材	55.80	38.75	12.54	76.00
日常消费	五粮液	22.00	54.00	45.90	83.20
日常消费	顺鑫农业	55.90	62.75	27.50	89.20
日常消费	新希望	69.30	53.75	37.10	91.60
日常消费	双汇发展	47.00	48.25	33.80	88.00
信息技术	紫光股份	30.40	12.50	5.70	69.40
医疗保健	通化东宝	59.00	72.50	83.50	64.00
信息技术	浪潮信息	46.40	6.50	0.00	82.00
工业	招商公路	42.20	0.00	0.00	65.80
房地产	招商蛇口	74.75	67.10	10.20	100.00
医疗保健	华润三九	26.50	72.50	82.00	100.00
金融	西南证券	5.00	0.00	0.00	0.00
房地产	荣盛发展	32.50	0.00	0.00	0.00
日常消费	山西汾酒	6.00	12.50	25.00	0.00
金融	宁波银行	11.00	0.00	0.00	0.00
信息技术	大族激光	58.00	0.00	60.00	90.00
信息技术	歌尔股份	59.00	72.50	90.00	100.00

表2　2019年中国上市公司ESG评价社会维度评价

单位：分

所属行业	企业股票简称	员工权益与发展	供应链管理	客户权益保护	社区发展
金融	招商银行	51.25	100.00	80.00	100.00
金融	中国平安	78.20	78.00	73.60	82.60
金融	中国人保	76.90	73.50	88.00	89.30
能源	中国石化	41.25	100.00	100.00	68.50
材料	宝山钢铁	35.50	24.00	55.00	91.25
工业	南方航空	55.50	75.00	20.00	70.00
金融	华夏银行	34.25	12.50	57.00	44.25
工业	三一重工	54.50	70.00	100.00	100.00
房地产	保利地产	35.00	45.00	74.00	52.50
电信服务	中国联通	68.00	85.00	77.00	96.50
可选消费	上汽集团	53.25	50.00	40.00	100.00
医疗保健	复星医药	93.50	80.00	80.00	93.00
医疗保健	乐普医疗	51.75	32.50	44.00	45.50
材料	万华化学	17.50	17.50	85.00	17.50
房地产	华夏幸福	40.00	80.00	0.00	100.00
日常消费	贵州茅台	12.00	70.00	100.00	30.00
材料	海螺水泥	76.00	100.00	98.00	89.50
可选消费	海尔智家	7.50	75.00	100.00	35.00
信息技术	三安光电	27.00	40.00	0.00	0.00
金融	广发证券	73.00	78.00	60.40	71.35
金融	长江证券	59.10	14.00	73.80	62.60
金融	东方证券	34.50	37.50	40.00	62.50
金融	光大证券	71.25	37.50	40.00	24.00
金融	建设银行	18.75	0.00	40.00	71.25
金融	上海银行	24.50	12.50	64.00	48.00
金融	中国银行	46.00	50.00	40.00	75.50
房地产	新城控股	14.00	40.00	0.00	65.00

续表

所属行业	企业股票简称	社会维度二级指标得分			
		员工权益与发展	供应链管理	客户权益保护	社区发展
可选消费	福耀玻璃	67.50	90.00	76.00	65.00
金融	光大银行	37.00	12.50	0.00	62.50
房地产	金地集团	35.00	25.00	10.00	66.50
金融	华泰证券	66.50	51.50	78.00	75.50
公用事业	国投电力	53.50	0.00	0.00	70.50
能源	陕西煤业	58.75	17.50	72.00	79.00
医疗保健	云南白药	41.25	37.50	45.00	67.50
金融	民生银行	10.00	75.00	60.00	100.00
房地产	绿地控股	16.00	0.00	0.00	30.00
材料	山东黄金	53.00	0.00	0.00	63.50
工业	广深铁路	53.75	70.00	90.00	66.00
信息技术	二三四五	31.50	0.00	56.00	30.00
日常消费	大北农	10.50	70.00	72.00	30.00
工业	东方园林	23.00	75.00	45.00	52.50
工业	隧道股份	51.25	59.00	88.00	73.25
信息技术	石基信息	22.50	50.00	56.00	24.50
能源	潞安环能	56.40	7.50	0.00	43.75
医疗保健	上海医药	75.10	69.50	78.40	70.80
金融	海通证券	80.75	50.00	100.00	96.50
可选消费	海澜之家	41.50	85.00	72.00	49.00
材料	太钢不锈	73.50	80.00	100.00	70.00
医疗保健	华兰生物	47.70	19.00	9.80	60.85
公用事业	中国核电	81.50	70.00	20.00	0.00
材料	铜陵有色	12.00	70.00	20.00	0.00
材料	北方稀土	13.50	70.00	20.00	0.00
可选消费	际华集团	10.50	50.00	80.00	0.00
日常消费	通威股份	12.25	50.00	80.00	0.00
工业	中国核建	33.00	70.00	20.00	0.00

续表

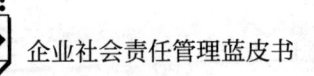

所属行业	企业股票简称	社会维度二级指标得分			
		员工权益与发展	供应链管理	客户权益保护	社区发展
材料	金钼股份	5.00	70.00	20.00	0.00
房地产	金科股份	52.00	50.00	40.00	0.00
日常消费	青岛啤酒	39.00	50.00	80.00	0.00
日常消费	九州通	39.00	50.00	80.00	0.00
日常消费	启迪桑德	26.75	50.00	80.00	0.00
可选消费	万向钱潮	26.75	50.00	80.00	35.00
医疗保健	迈瑞医疗	48.75	37.50	75.00	56.25
医疗保健	华东医药	73.30	74.50	79.20	61.25
可选消费	威孚高科	14.50	50.00	80.00	0.00
工业	中国动力	56.00	70.00	20.00	35.00
可选消费	辽宁成大	12.75	50.00	80.00	0.00
工业	中国卫星	32.00	70.00	20.00	0.00
日常消费	伊利股份	65.50	25.00	68.00	70.00
金融	交通银行	62.40	74.50	69.20	66.60
能源	中国神华	63.50	7.50	0.00	56.50
工业	中国国航	23.50	24.00	14.00	52.50
信息技术	工业富联	72.25	60.00	0.00	56.50
金融	兴业银行	36.00	55.00	74.00	43.00
工业	中国铁建	41.50	24.00	80.00	86.50
金融	国泰君安	41.00	0.00	56.00	73.00
金融	国元证券	32.30	20.00	48.80	70.50
金融	中国人寿	53.95	70.00	74.80	83.00
可选消费	苏宁易购	69.50	25.00	74.00	78.50
可选消费	分众传媒	48.00	0.00	32.00	63.70
可选消费	苏泊尔	172.50	0.00	0.00	71.00
医疗保健	恒瑞医药	12.00	35.00	16.00	30.00
信息技术	东华软件	79.00	35.00	66.00	28.00
工业	金螳螂	59.00	73.00	6.00	0.00

续表

所属行业	企业股票简称	社会维度二级指标得分			
		员工权益与发展	供应链管理	客户权益保护	社区发展
材料	三钢闽光	36.00	0.00	64.00	44.00
工业	韵达股份	32.50	0.00	14.00	53.00
信息技术	中环股份	35.00	35.00	48.00	42.00
工业	金风科技	35.50	51.00	70.00	59.00
信息技术	科大讯飞	40.50	65.00	64.00	44.50
信息技术	大华股份	29.00	75.00	80.00	17.50
医疗保健	同仁堂	31.00	0.00	58.00	32.00
材料	东方雨虹	46.00	42.00	58.00	24.50
日常消费	洋河股份	43.00	55.00	48.00	38.50
日常消费	海大集团	41.50	40.00	48.00	64.00
工业	顺丰控股	70.50	56.00	14.00	52.50
金融	农业银行	41.00	0.00	56.00	84.00
金融	第一创业	6.00	0.00	0.00	10.00
金融	东方财富	66.00	37.50	48.00	75.50
工业	中国中铁	70.30	34.40	64.00	87.75
金融	国金证券	48.00	75.00	37.00	43.25
金融	浦发银行	51.25	0.00	80.00	91.25
金融	北京银行	21.25	25.00	60.00	91.25
工业	中国建筑	70.70	73.00	72.00	76.05
金融	贵阳银行	23.25	0.00	72.00	48.50
可选消费	广汽集团	72.70	76.00	74.20	80.75
工业	上海建工	61.75	0.00	72.00	74.10
医疗保健	美年健康	56.00	45.00	0.00	56.00
工业	上海电气	72.75	71.90	72.00	62.20
信息技术	海格通信	40.70	36.50	39.00	0.00
工业	上海机场	59.20	70.00	64.00	61.85
材料	金隅集团	69.40	70.70	68.80	60.50
工业	上港集团	84.75	18.60	55.00	80.20

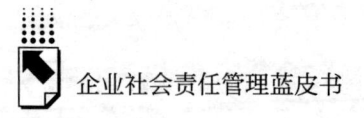

续表

所属行业	企业股票简称	员工权益与发展	供应链管理	客户权益保护	社区发展
公用事业	首创股份	60.10	73.00	72.60	64.20
医疗保健	爱尔眼科	48.75	32.50	48.00	75.50
医疗保健	东阿阿胶	27.75	0.00	35.00	42.50
医疗保健	白云山	70.55	86.50	73.00	80.75
信息技术	网宿科技	43.50	65.00	62.00	30.00
工业	机器人	63.50	38.00	44.00	22.00
金融	南京银行	23.25	0.00	72.00	30.00
工业	碧水源	78.00	24.00	66.00	72.00
工业	三聚环保	49.25	28.00	28.00	41.50
医疗保健	药明康德	47.25	50.00	25.00	10.00
工业	汇川技术	70.50	67.50	81.00	53.50
信息技术	信维通信	53.25	65.00	64.00	34.50
医疗保健	上海莱士	37.00	35.00	80.00	0.00
信息技术	三环集团	38.00	12.50	8.00	63.50
可选消费	芒果超媒	26.75	25.00	36.00	52.50
信息技术	蓝思科技	76.25	57.50	63.00	83.50
信息技术	深信服	30.00	32.50	49.00	9.00
日常消费	温氏股份	66.25	60.00	46.00	61.50
医疗保健	沃森生物	23.50	25.00	17.00	47.50
医疗保健	新和成	63.25	66.50	73.20	60.80
工业	宁德时代	42.25	78.50	50.00	65.25
医疗保健	科伦药业	14.50	0.00	6.00	56.00
信息技术	亨通光电	37.25	40.00	79.00	38.00
能源	西山煤电	51.50	0.00	48.00	49.75
工业	中航电子	55.00	44.00	51.00	44.25
公用事业	申能股份	61.50	63.50	44.00	29.75
金融	江苏银行	17.50	12.50	60.00	65.00
金融	方正证券	28.00	0.00	60.00	65.00

续表

所属行业	企业股票简称	社会维度二级指标得分			
		员工权益与发展	供应链管理	客户权益保护	社区发展
公用事业	华电国际	63.00	64.50	48.00	40.25
公用事业	深圳能源	41.75	18.00	44.00	71.75
工业	东方航空	72.00	68.50	48.00	82.50
公用事业	华能国际	52.75	42.00	34.00	20.00
医疗保健	华大基因	31.00	47.50	78.00	68.25
材料	中金岭南	55.50	22.50	71.00	34.75
可选消费	中国电影	44.00	45.00	54.00	35.00
金融	安信信托	23.50	0.00	40.00	68.00
公用事业	川投能源	29.50	78.50	4.00	33.75
可选消费	华域汽车	79.50	82.50	35.00	9.00
工业	葛洲坝	49.75	22.50	25.00	70.50
金融	国投资本	20.50	0.00	56.00	52.50
金融	杭州银行	13.75	0.00	80.00	91.25
可选消费	广汇汽车	29.75	35.00	40.00	67.50
公用事业	湖北能源	44.00	0.00	26.00	34.50
能源	上海石化	63.75	35.00	68.00	50.00
日常消费	海南橡胶	51.25	0.00	45.00	51.25
金融	山西证券	31.50	0.00	72.00	89.50
工业	中集集团	74.25	57.50	64.00	50.00
金融	平安银行	71.25	65.00	45.00	48.25
工业	春秋航空	5.00	0.00	30.00	38.25
金融	申万宏源	37.75	0.00	40.00	32.75
金融	中油资本	16.25	0.00	20.00	15.00
医疗保健	长春高新	3.00	0.00	5.00	28.50
工业	特变电工	41.25	15.00	79.00	50.25
材料	江西铜业	15.00	0.00	35.00	26.25
工业	中国化学	67.00	0.00	60.00	41.00
信息技术	恒生电子	35.00	75.00	50.00	70.00

续表

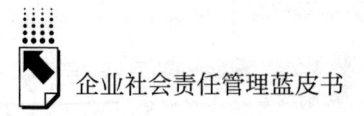

所属行业	企业股票简称	社会维度二级指标得分			
		员工权益与发展	供应链管理	客户权益保护	社区发展
信息技术	隆基股份	52.75	30.00	62.00	24.50
信息技术	三七互娱	74.75	0.00	0.00	21.00
可选消费	中南传媒	0.00	0.00	0.00	17.50
材料	马钢股份	42.00	21.00	80.00	56.00
工业	建发股份	6.00	77.00	12.00	0.00
公用事业	长江电力	76.25	80.00	0.00	55.50
材料	中国中冶	30.00	80.00	72.00	83.50
可选消费	中文传媒	27.25	35.00	0.00	28.00
日常消费	永辉超市	52.00	40.00	14.00	24.00
房地产	新湖中宝	16.00	0.00	0.00	0.00
房地产	雅戈尔	58.00	65.00	65.20	53.15
可选消费	中信国安	65.35	53.50	81.60	58.45
金融	工商银行	70.70	72.50	64.40	86.00
房地产	张江高科	68.20	74.00	70.40	58.60
工业	中远海发	72.60	71.50	71.20	72.75
信息技术	纳思达	37.25	57.00	65.40	59.10
医疗保健	信立泰	51.75	70.00	56.00	79.00
工业	中远海控	68.15	70.60	74.20	65.20
工业	宁波港	62.90	0.00	51.40	61.60
房地产	小商品城	64.20	41.50	66.40	54.60
工业	大秦铁路	57.35	53.00	70.80	51.25
能源	海油工程	49.45	70.30	82.00	54.10
金融	中信银行	64.25	55.00	57.00	80.75
房地产	万科A	66.00	65.00	39.00	72.50
信息技术	深天马A	72.25	75.00	5.00	58.25
信息技术	中兴通讯	71.75	37.50	15.00	70.00
可选消费	华侨城A	67.50	0.00	5.00	64.00
信息技术	TCL集团	39.25	80.00	34.00	75.25

续表

所属行业	企业股票简称	社会维度二级指标得分			
		员工权益与发展	供应链管理	客户权益保护	社区发展
工业	中联重科	27.75	67.50	61.00	42.00
金融	新华保险	65.95	73.00	67.40	82.85
可选消费	美的集团	70.25	62.50	30.00	0.00
工业	潍柴动力	45.00	75.00	65.00	50.25
信息技术	东旭光电	17.75	37.50	45.00	41.25
医疗保健	片仔癀	51.50	52.50	56.20	55.45
工业	徐工机械	33.75	35.00	5.00	17.50
医疗保健	智飞生物	69.00	40.00	76.00	68.50
房地产	中天金融	20.00	0.00	25.00	27.00
日常消费	泸州老窖	36.25	0.00	5.00	27.00
金融	华安证券	45.75	0.00	50.00	60.75
可选消费	长安汽车	61.25	72.50	0.00	35.75
可选消费	格力电器	36.25	65.00	53.00	0.00
工业	正泰电器	32.50	7.50	20.00	26.25
可选消费	东方明珠	68.25	37.50	45.00	51.25
材料	华友钴业	40.00	0.00	40.00	50.00
金融	天茂集团	42.00	35.00	53.00	58.00
信息技术	完美世界	3.75	0.00	0.00	7.50
材料	浙江龙盛	37.50	42.00	60.00	38.50
公用事业	浙能电力	0.00	0.00	0.00	0.00
电信服务	鹏博士	5.00	0.00	15.00	6.00
可选消费	宇通客车	22.50	12.50	45.00	22.50
金融	东兴证券	16.25	0.00	40.00	26.75
材料	中金黄金	35.00	22.50	0.00	15.00
材料	紫金矿业	57.50	67.50	56.00	72.25
信息技术	四维图新	7.00	0.00	12.00	26.50
信息技术	海康威视	53.00	0.00	10.00	28.00
医疗保健	康泰生物	65.00	40.00	84.00	40.00

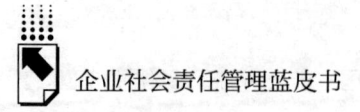

续表

所属行业	企业股票简称	社会维度二级指标得分			
		员工权益与发展	供应链管理	客户权益保护	社区发展
信息技术	欧菲光	8.25	0.00	6.00	20.50
材料	赣锋锂业	0.00	0.00	0.00	3.00
材料	天齐锂业	14.00	42.00	23.00	67.75
信息技术	立讯精密	21.75	0.00	12.00	16.25
材料	荣盛石化	16.00	0.00	6.00	51.25
可选消费	老板电器	14.00	0.00	0.00	13.00
信息技术	巨人网络	3.00	0.00	0.00	9.50
可选消费	比亚迪	46.25	25.00	36.00	66.00
信息技术	世纪华通	1.50	0.00	0.00	10.00
可选消费	中公教育	16.50	0.00	0.00	41.00
金融	中国太保	72.30	75.00	77.80	70.85
日常消费	牧原股份	36.00	0.00	40.00	32.50
金融	西部证券	12.00	0.00	16.00	28.00
可选消费	万达电影	1.50	0.00	0.00	7.00
信息技术	视源股份	1.50	0.00	0.00	33.75
信息技术	鹏鼎控股	3.75	0.00	0.00	36.50
金融	中信证券	61.75	37.50	0.00	65.00
金融	中航资本	39.50	0.00	64.00	65.00
工业	中国中车	26.25	0.00	60.00	35.00
工业	中国交建	43.75	66.00	50.00	76.25
金融	中信建投	64.50	67.50	70.00	64.25
能源	中国石油	43.50	75.00	20.00	61.75
可选消费	中国国旅	3.00	0.00	0.00	14.75
金融	东吴证券	36.25	52.50	66.00	72.25
工业	中国重工	20.25	0.00	20.00	52.50
医疗保健	天士力	10.00	0.00	5.00	33.75
材料	洛阳钼业	16.00	0.00	0.00	27.00
工业	航发动力	16.00	15.00	85.00	83.50

续表

所属行业	企业股票简称	社会维度二级指标得分			
		员工权益与发展	供应链管理	客户权益保护	社区发展
材料	方大碳素	2.00	0.00	0.00	10.50
房地产	金融街	14.00	0.00	0.00	56.50
工业	中国电建	10.00	0.00	0.00	39.00
金融	兴业证券	59.75	75.00	70.00	82.50
信息技术	航天信息	4.50	0.00	0.00	3.50
材料	鞍钢股份	35.00	0.00	10.00	56.00
日常消费	海天味业	3.00	0.00	0.00	28.00
材料	恒逸石化	32.40	72.10	76.00	69.50
材料	河钢股份	49.90	52.10	185.00	50.55
信息技术	京东方A	43.50	70.00	62.00	56.70
金融	国信证券	17.50	0.00	20.00	39.00
工业	中航飞机	54.05	17.40	30.00	44.60
金融	招商证券	52.25	62.50	40.00	29.50
金融	长城证券	8.75	0.00	0.00	10.00
材料	北新建材	60.40	56.00	59.80	47.70
日常消费	五粮液	49.30	82.50	60.80	86.40
日常消费	顺鑫农业	52.50	71.00	70.80	58.60
日常消费	新希望	68.25	28.00	55.80	63.85
日常消费	双汇发展	66.25	83.50	69.80	51.25
信息技术	紫光股份	61.80	56.50	58.60	51.70
医疗保健	通化东宝	68.20	50.00	80.00	35.00
信息技术	浪潮信息	58.00	21.00	51.80	46.05
工业	招商公路	44.80	0.00	52.40	62.20
房地产	招商蛇口	75.40	87.50	70.20	86.00
医疗保健	华润三九	37.25	50.00	80.00	0.00
金融	西南证券	13.75	0.00	40.00	32.50
房地产	荣盛发展	0.00	0.00	0.00	0.00
日常消费	山西汾酒	13.25	45.00	10.00	35.25

续表

所属行业	企业股票简称	社会维度二级指标得分			
		员工权益与发展	供应链管理	客户权益保护	社区发展
金融	宁波银行	0.00	0.00	0.00	0.00
信息技术	大族激光	50.50	65.00	72.00	71.50
信息技术	歌尔股份	86.50	37.50	20.00	69.00

表3 2019年中国上市公司ESG评价治理维度评价

单位：分

所属行业	企业股票简称	治理维度二级指标得分			
		组织治理	风险管理	合规运营	信息披露
金融	招商银行	25.00	98.00	70.00	100.00
金融	中国平安	64.00	83.90	75.00	89.00
金融	中国人保	64.00	75.30	75.20	87.00
能源	中国石化	67.50	97.00	48.00	70.00
材料	宝山钢铁	70.00	82.00	0.00	55.00
工业	南方航空	67.00	93.00	0.00	70.00
金融	华夏银行	19.50	78.00	79.00	85.00
工业	三一重工	7.50	0.00	0.00	70.00
房地产	保利地产	72.50	38.00	48.00	62.50
电信服务	中国联通	62.50	32.00	100.00	62.50
可选消费	上汽集团	62.50	84.00	24.00	55.00
医疗保健	复星医药	67.50	81.00	32.00	100.00
医疗保健	乐普医疗	2.00	46.00	34.00	96.00
材料	万华化学	0.00	7.50	50.00	50.00
房地产	华夏幸福	17.50	53.00	30.00	75.00
日常消费	贵州茅台	7.00	0.00	0.00	64.00
材料	海螺水泥	62.00	0.00	90.00	45.00
可选消费	海尔智家	8.00	0.00	90.00	55.00
信息技术	三安光电	42.00	8.00	0.00	55.00

续表

所属行业	企业股票简称	治理维度二级指标得分			
		组织治理	风险管理	合规运营	信息披露
金融	广发证券	58.40	76.70	69.60	84.60
金融	长江证券	57.30	72.40	69.20	79.80
金融	东方证券	6.00	18.00	64.00	78.00
金融	光大证券	65.00	18.00	54.00	77.00
金融	建设银行	0.00	7.50	0.00	77.00
金融	上海银行	8.00	72.00	68.00	76.00
金融	中国银行	0.00	30.00	30.00	75.00
房地产	新城控股	15.00	0.00	54.00	75.00
可选消费	福耀玻璃	5.00	57.00	32.00	55.00
金融	光大银行	0.00	15.00	12.00	72.00
房地产	金地集团	20.00	0.00	80.00	40.00
金融	华泰证券	44.20	65.80	70.60	71.00
公用事业	国投电力	8.00	9.00	28.00	40.00
能源	陕西煤业	65.00	79.00	90.00	55.00
医疗保健	云南白药	5.00	45.00	30.00	75.00
金融	民生银行	25.00	98.00	100.00	70.00
房地产	绿地控股	17.50	0.00	30.00	0.00
材料	山东黄金	67.00	63.00	28.00	55.00
工业	广深铁路	5.00	38.00	80.00	55.00
信息技术	二三四五	8.00	0.00	32.00	55.00
日常消费	大北农	10.00	0.00	0.00	58.00
工业	东方园林	8.00	28.00	24.00	55.00
工业	隧道股份	9.00	81.00	90.00	55.00
信息技术	石基信息	8.00	0.00	24.00	55.00
能源	潞安环能	38.00	27.00	32.00	40.00
医疗保健	上海医药	59.80	66.30	71.20	74.00
金融	海通证券	25.00	70.00	94.00	70.00
可选消费	海澜之家	9.00	0.00	0.00	55.00
材料	太钢不锈	68.00	100.00	72.00	55.00

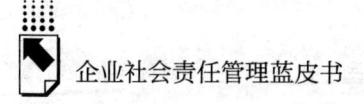

续表

所属行业	企业股票简称	治理维度二级指标得分			
		组织治理	风险管理	合规运营	信息披露
医疗保健	华兰生物	17.80	39.10	14.40	73.00
公用事业	中国核电	27.00	87.00	0.00	0.00
材料	铜陵有色	27.00	60.00	0.00	0.00
材料	北方稀土	27.00	87.00	0.00	0.00
可选消费	际华集团	27.00	27.00	0.00	0.00
日常消费	通威股份	27.00	27.00	0.00	0.00
工业	中国核建	27.00	27.00	0.00	0.00
材料	金钼股份	27.00	27.00	0.00	0.00
房地产	金科股份	37.50	36.00	0.00	0.00
日常消费	青岛啤酒	27.00	27.00	0.00	0.00
日常消费	九州通	27.00	27.00	0.00	0.00
日常消费	启迪桑德	27.00	27.00	0.00	0.00
可选消费	万向钱潮	27.00	27.00	0.00	0.00
医疗保健	迈瑞医疗	24.00	93.00	65.00	64.00
医疗保健	华东医药	15.00	59.60	19.20	63.80
可选消费	威孚高科	27.00	27.00	0.00	0.00
工业	中国动力	27.00	27.00	0.00	0.00
可选消费	辽宁成大	27.00	27.00	0.00	0.00
工业	中国卫星	27.00	27.00	0.00	0.00
日常消费	伊利股份	63.50	18.00	0.00	57.00
金融	交通银行	68.60	79.90	71.20	70.00
能源	中国神华	33.00	79.00	10.00	24.00
工业	中国国航	0.00	37.50	60.00	39.00
信息技术	工业富联	21.00	53.00	0.00	44.00
金融	兴业银行	6.00	50.00	80.00	64.00
工业	中国铁建	34.00	72.00	28.00	60.00
金融	国泰君安	36.00	75.00	32.00	64.00
金融	国元证券	38.60	65.40	50.00	64.00
金融	中国人寿	54.20	70.60	57.80	62.60

续表

所属行业	企业股票简称	治理维度二级指标得分			
		组织治理	风险管理	合规运营	信息披露
可选消费	苏宁易购	82.00	69.00	74.00	36.00
可选消费	分众传媒	53.00	0.00	60.00	44.00
可选消费	苏泊尔	53.00	86.00	66.00	50.00
医疗保健	恒瑞医药	0.00	0.00	0.00	55.00
信息技术	东华软件	43.00	56.00	58.00	72.00
工业	金螳螂	0.00	0.00	0.00	50.00
材料	三钢闽光	59.00	59.00	70.00	68.00
工业	韵达股份	15.00	63.00	44.00	46.00
信息技术	中环股份	35.00	6.00	62.00	52.00
工业	金风科技	38.00	63.00	56.00	32.00
信息技术	科大讯飞	59.00	70.00	64.00	68.00
信息技术	大华股份	51.00	67.00	68.00	42.00
医疗保健	同仁堂	6.00	0.00	36.00	55.00
材料	东方雨虹	51.00	67.00	60.00	74.00
日常消费	洋河股份	51.00	60.00	72.00	70.00
日常消费	海大集团	20.00	60.00	50.00	62.00
工业	顺丰控股	49.00	53.00	56.00	88.00
金融	农业银行	32.00	67.00	24.00	62.00
金融	第一创业	0.00	7.50	8.00	60.00
金融	东方财富	16.00	47.00	77.00	58.00
工业	中国中铁	38.00	61.20	60.40	82.00
金融	国金证券	21.50	92.00	65.00	58.00
金融	浦发银行	10.00	80.00	88.00	55.00
金融	北京银行	7.00	100.00	88.00	55.00
工业	中国建筑	47.30	75.50	66.00	75.80
金融	贵阳银行	7.50	100.00	88.00	55.00
可选消费	广汽集团	37.00	50.50	57.20	74.60
工业	上海建工	17.40	32.00	50.20	63.60
医疗保健	美年健康	21.00	48.00	20.00	54.00

续表

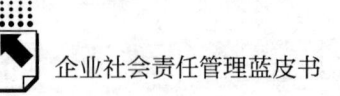

所属行业	企业股票简称	治理维度二级指标得分			
		组织治理	风险管理	合规运营	信息披露
工业	上海电气	19.10	63.70	54.60	76.40
信息技术	海格通信	4.20	17.30	26.40	45.80
工业	上海机场	40.20	57.90	59.00	50.00
材料	金隅集团	46.80	50.20	70.40	71.00
工业	上港集团	67.90	58.50	76.40	69.20
公用事业	首创股份	15.50	40.30	59.20	74.00
医疗保健	爱尔眼科	7.00	41.00	82.00	52.00
医疗保健	东阿阿胶	22.50	30.00	45.00	52.00
医疗保健	白云山	20.60	39.60	62.00	50.00
信息技术	网宿科技	21.00	46.00	64.00	64.00
工业	机器人	6.00	22.00	88.00	28.00
金融	南京银行	8.00	15.00	25.00	55.00
工业	碧水源	4.00	48.00	74.00	44.00
工业	三聚环保	3.00	0.00	44.00	26.00
医疗保健	药明康德	15.00	0.00	54.00	50.00
工业	汇川技术	15.00	55.00	72.00	32.00
信息技术	信维通信	20.50	50.00	61.00	38.00
医疗保健	上海莱士	39.00	70.00	60.00	48.00
信息技术	三环集团	22.00	59.00	63.00	30.00
可选消费	芒果超媒	24.00	59.50	62.00	24.00
信息技术	蓝思科技	27.00	39.00	80.00	58.00
信息技术	深信服	16.00	44.50	67.00	30.00
日常消费	温氏股份	16.00	56.00	74.00	56.00
医疗保健	沃森生物	25.50	66.00	64.00	48.00
医疗保健	新和成	17.90	38.90	0.00	45.20
工业	宁德时代	21.50	70.50	78.00	52.00
医疗保健	科伦药业	1.00	0.00	0.00	45.00
信息技术	亨通光电	6.00	54.50	60.00	24.00
能源	西山煤电	4.00	38.50	62.00	38.00

续表

所属行业	企业股票简称	治理维度二级指标得分			
		组织治理	风险管理	合规运营	信息披露
工业	中航电子	54.00	53.00	51.00	35.00
公用事业	申能股份	53.50	39.00	20.00	44.00
金融	江苏银行	5.00	90.00	20.00	55.00
金融	方正证券	6.00	32.00	90.00	55.00
公用事业	华电国际	48.00	51.50	65.00	46.00
公用事业	深圳能源	43.00	57.00	63.00	30.00
工业	东方航空	39.00	64.50	65.00	62.00
公用事业	华能国际	34.00	43.50	58.00	40.00
医疗保健	华大基因	21.00	82.50	68.00	42.00
材料	中金岭南	20.50	51.00	56.00	56.00
可选消费	中国电影	22.00	82.90	24.00	62.00
金融	安信信托	62.00	56.00	50.00	55.00
公用事业	川投能源	19.50	77.00	24.00	44.00
可选消费	华域汽车	6.00	69.50	28.00	57.40
工业	葛洲坝	21.00	75.50	24.00	60.00
金融	国投资本	7.50	64.00	0.00	55.00
金融	杭州银行	0.00	50.00	0.00	55.00
可选消费	广汇汽车	19.50	48.00	60.00	40.00
公用事业	湖北能源	21.00	82.50	59.00	50.00
能源	上海石化	47.00	0.00	47.00	78.00
日常消费	海南橡胶	59.50	22.50	30.00	60.00
金融	山西证券	8.00	88.00	82.00	55.00
工业	中集集团	69.00	69.00	60.00	62.00
金融	平安银行	5.00	53.00	72.00	55.00
工业	春秋航空	20.00	0.00	0.00	65.00
金融	申万宏源	5.00	29.00	73.00	55.00
金融	中油资本	5.00	22.50	20.00	54.00
医疗保健	长春高新	2.50	0.00	0.00	42.00
工业	特变电工	19.00	7.50	0.00	45.00

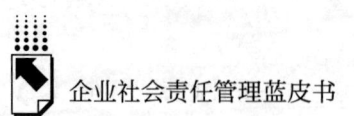

续表

所属行业	企业股票简称	治理维度二级指标得分			
		组织治理	风险管理	合规运营	信息披露
材料	江西铜业	20.00	30.00	0.00	66.00
工业	中国化学	15.00	22.50	68.00	66.00
信息技术	恒生电子	41.00	85.00	50.00	38.00
信息技术	隆基股份	24.00	28.00	0.00	74.00
信息技术	三七互娱	28.00	0.00	28.00	66.00
可选消费	中南传媒	0.00	6.00	0.00	42.00
材料	马钢股份	24.00	18.00	24.00	70.00
工业	建发股份	28.00	18.00	0.00	76.00
公用事业	长江电力	21.00	56.50	24.00	71.00
材料	中国中冶	0.00	24.00	0.00	70.00
可选消费	中文传媒	0.00	24.00	0.00	80.00
日常消费	永辉超市	6.00	36.00	24.00	32.00
房地产	新湖中宝	20.00	24.00	0.00	0.00
房地产	雅戈尔	14.50	55.00	50.40	84.00
可选消费	中信国安	20.90	43.10	11.60	63.60
金融	工商银行	56.70	71.90	81.40	53.00
房地产	张江高科	41.75	76.90	73.60	68.00
工业	中远海发	50.90	67.50	62.40	71.80
信息技术	纳思达	7.20	48.20	43.20	59.00
医疗保健	信立泰	21.50	63.00	61.00	40.00
工业	中远海控	47.00	70.60	57.80	69.80
工业	宁波港	6.50	48.80	61.20	62.80
房地产	小商品城	16.00	50.00	40.80	50.00
工业	大秦铁路	4.00	39.10	50.20	61.60
能源	海油工程	6.10	51.60	37.60	50.00
金融	中信银行	21.50	38.50	59.00	52.00
房地产	万科 A	37.50	64.00	30.00	50.00
信息技术	深天马 A	2.50	21.00	0.00	50.00
信息技术	中兴通讯	6.50	49.00	65.00	45.00

续表

所属行业	企业股票简称	治理维度二级指标得分			
		组织治理	风险管理	合规运营	信息披露
可选消费	华侨城A	7.50	28.00	40.00	62.00
信息技术	TCL集团	5.00	27.00	32.00	65.00
工业	中联重科	5.00	21.00	0.00	55.00
金融	新华保险	14.20	77.30	67.20	51.00
可选消费	美的集团	7.50	7.00	30.00	65.00
工业	潍柴动力	5.00	15.00	20.00	65.00
信息技术	东旭光电	5.00	15.00	0.00	48.00
医疗保健	片仔癀	17.60	47.20	44.20	39.60
工业	徐工机械	5.00	30.00	10.00	40.00
医疗保健	智飞生物	26.00	74.00	72.00	34.00
房地产	中天金融	12.50	24.00	15.00	60.00
日常消费	泸州老窖	5.00	15.00	0.00	62.00
金融	华安证券	50.00	64.00	59.00	47.00
可选消费	长安汽车	5.00	45.00	0.00	72.00
可选消费	格力电器	6.00	15.00	0.00	62.00
工业	正泰电器	5.00	0.00	0.00	0.00
可选消费	东方明珠	2.50	7.50	0.00	75.00
材料	华友钴业	2.50	15.00	20.00	65.00
金融	天茂集团	6.00	88.00	75.00	46.00
信息技术	完美世界	2.50	0.00	0.00	45.00
材料	浙江龙盛	2.50	0.00	0.00	42.00
公用事业	浙能电力	0.00	0.00	0.00	0.00
电信服务	鹏博士	6.25	0.00	0.00	37.50
可选消费	宇通客车	5.00	15.00	0.00	45.00
金融	东兴证券	2.50	7.50	50.00	45.00
材料	中金黄金	5.00	24.50	0.00	77.00
材料	紫金矿业	2.50	22.50	0.00	60.00
信息技术	四维图新	1.00	0.00	0.00	6.00
信息技术	海康威视	1.00	0.00	0.00	6.00

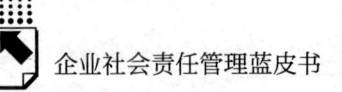

续表

所属行业	企业股票简称	治理维度二级指标得分			
		组织治理	风险管理	合规运营	信息披露
医疗保健	康泰生物	19.00	40.00	73.00	30.00
信息技术	欧菲光	2.50	0.00	0.00	75.00
材料	赣锋锂业	0.00	0.00	0.00	15.00
材料	天齐锂业	1.00	25.50	0.00	48.00
信息技术	立讯精密	1.00	0.00	0.00	30.00
材料	荣盛石化	1.00	0.00	0.00	15.00
可选消费	老板电器	1.00	0.00	0.00	30.00
信息技术	巨人网络	0.00	0.00	0.00	15.00
可选消费	比亚迪	1.00	18.00	0.00	84.00
信息技术	世纪华通	0.00	0.00	0.00	15.00
可选消费	中公教育	0.50	25.50	0.00	15.00
金融	中国太保	54.20	70.10	70.20	42.80
日常消费	牧原股份	17.50	36.00	0.00	50.00
金融	西部证券	1.00	46.00	24.00	42.00
可选消费	万达电影	1.00	0.00	0.00	12.00
信息技术	视源股份	0.00	0.00	0.00	12.00
信息技术	鹏鼎控股	0.00	0.00	0.00	12.00
金融	中信证券	67.50	72.00	90.00	40.00
金融	中航资本	8.00	29.00	8.00	40.00
工业	中国中车	0.00	18.00	0.00	72.00
工业	中国交建	3.00	0.00	6.00	55.00
金融	中信建投	20.50	66.00	72.00	30.00
能源	中国石油	0.00	45.00	57.00	86.00
可选消费	中国国旅	0.00	0.00	0.00	12.00
金融	东吴证券	20.00	42.00	28.00	30.00
工业	中国重工	5.00	0.00	0.00	47.00
医疗保健	天士力	15.00	48.00	12.00	30.00
材料	洛阳钼业	0.00	0.00	0.00	38.00
工业	航发动力	7.00	100.00	100.00	55.00

续表

所属行业	企业股票简称	治理维度二级指标得分			
		组织治理	风险管理	合规运营	信息披露
材料	方大碳素	0.00	0.00	0.00	12.00
房地产	金融街	2.50	15.00	12.00	30.00
工业	中国电建	0.00	6.00	0.00	0.00
金融	兴业证券	22.50	51.00	50.00	30.00
信息技术	航天信息	0.00	0.00	0.00	0.00
材料	鞍钢股份	1.00	0.00	0.00	6.00
日常消费	海天味业	0.00	0.00	0.00	12.00
材料	恒逸石化	6.00	56.30	35.60	45.00
材料	河钢股份	6.10	34.40	26.60	53.60
信息技术	京东方A	57.60	51.30	48.40	81.20
金融	国信证券	2.00	39.00	32.00	30.00
工业	中航飞机	53.10	53.10	41.20	46.60
金融	招商证券	65.00	76.50	80.00	24.00
金融	长城证券	0.00	0.00	0.00	12.00
材料	北新建材	17.60	46.20	14.80	68.00
日常消费	五粮液	31.10	49.30	0.00	79.20
日常消费	顺鑫农业	55.00	23.70	0.00	76.80
日常消费	新希望	62.50	53.70	4.00	59.60
日常消费	双汇发展	47.20	49.10	59.20	57.20
信息技术	紫光股份	3.60	28.30	52.40	58.60
医疗保健	通化东宝	26.00	9.00	0.00	0.00
信息技术	浪潮信息	4.80	51.10	33.80	41.60
工业	招商公路	14.40	48.50	21.20	26.80
房地产	招商蛇口	43.25	79.50	84.20	70.00
医疗保健	华润三九	27.00	27.00	0.00	0.00
金融	西南证券	15.00	30.00	58.00	0.00
房地产	荣盛发展	0.00	0.00	0.00	0.00
日常消费	山西汾酒	6.00	7.50	10.00	55.00
金融	宁波银行	0.00	0.00	0.00	0.00
信息技术	大族激光	3.00	0.00	0.00	55.00
信息技术	歌尔股份	61.00	15.00	70.00	55.00

社会科学文献出版社

皮 书

智库报告的主要形式
同一主题智库报告的聚合

❖ 皮书定义 ❖

皮书是对中国与世界发展状况和热点问题进行年度监测,以专业的角度、专家的视野和实证研究方法,针对某一领域或区域现状与发展态势展开分析和预测,具备前沿性、原创性、实证性、连续性、时效性等特点的公开出版物,由一系列权威研究报告组成。

❖ 皮书作者 ❖

皮书系列报告作者以国内外一流研究机构、知名高校等重点智库的研究人员为主,多为相关领域一流专家学者,他们的观点代表了当下学界对中国与世界的现实和未来最高水平的解读与分析。截至2020年,皮书研创机构有近千家,报告作者累计超过7万人。

❖ 皮书荣誉 ❖

皮书系列已成为社会科学文献出版社的著名图书品牌和中国社会科学院的知名学术品牌。2016年皮书系列正式列入"十三五"国家重点出版规划项目;2013~2020年,重点皮书列入中国社会科学院承担的国家哲学社会科学创新工程项目。

中国皮书网

（网址：www.pishu.cn）

发布皮书研创资讯，传播皮书精彩内容
引领皮书出版潮流，打造皮书服务平台

栏目设置

◆ 关于皮书
何谓皮书、皮书分类、皮书大事记、
皮书荣誉、皮书出版第一人、皮书编辑部

◆ 最新资讯
通知公告、新闻动态、媒体聚焦、
网站专题、视频直播、下载专区

◆ 皮书研创
皮书规范、皮书选题、皮书出版、
皮书研究、研创团队

◆ 皮书评奖评价
指标体系、皮书评价、皮书评奖

◆ 互动专区
皮书说、社科数托邦、皮书微博、留言板

所获荣誉

◆ 2008年、2011年、2014年，中国皮书网均在全国新闻出版业网站荣誉评选中获得"最具商业价值网站"称号；
◆ 2012年，获得"出版业网站百强"称号。

网库合一

2014年，中国皮书网与皮书数据库端口合一，实现资源共享。

权威报告・一手数据・特色资源

皮书数据库
ANNUAL REPORT(YEARBOOK) DATABASE

分析解读当下中国发展变迁的高端智库平台

所获荣誉

- 2019年，入围国家新闻出版署数字出版精品遴选推荐计划项目
- 2016年，入选"'十三五'国家重点电子出版物出版规划骨干工程"
- 2015年，荣获"搜索中国正能量 点赞2015""创新中国科技创新奖"
- 2013年，荣获"中国出版政府奖・网络出版物奖"提名奖
- 连续多年荣获中国数字出版博览会"数字出版・优秀品牌"奖

成为会员

通过网址www.pishu.com.cn访问皮书数据库网站或下载皮书数据库APP，进行手机号码验证或邮箱验证即可成为皮书数据库会员。

会员福利

- 已注册用户购书后可免费获赠100元皮书数据库充值卡。刮开充值卡涂层获取充值密码，登录并进入"会员中心"—"在线充值"—"充值卡充值"，充值成功即可购买和查看数据库内容。
- 会员福利最终解释权归社会科学文献出版社所有。

卡号：716461233967
密码：

数据库服务热线：400-008-6695
数据库服务QQ：2475522410
数据库服务邮箱：database@ssap.cn
图书销售热线：010-59367070/7028
图书服务QQ：1265056568
图书服务邮箱：duzhe@ssap.cn

S 基本子库
SUB DATABASE

中国社会发展数据库（下设12个子库）

整合国内外中国社会发展研究成果，汇聚独家统计数据、深度分析报告，涉及社会、人口、政治、教育、法律等12个领域，为了解中国社会发展动态、跟踪社会核心热点、分析社会发展趋势提供一站式资源搜索和数据服务。

中国经济发展数据库（下设12个子库）

围绕国内外中国经济发展主题研究报告、学术资讯、基础数据等资料构建，内容涵盖宏观经济、农业经济、工业经济、产业经济等12个重点经济领域，为实时掌控经济运行态势、把握经济发展规律、洞察经济形势、进行经济决策提供参考和依据。

中国行业发展数据库（下设17个子库）

以中国国民经济行业分类为依据，覆盖金融业、旅游、医疗卫生、交通运输、能源矿产等100多个行业，跟踪分析国民经济相关行业市场运行状况和政策导向，汇集行业发展前沿资讯，为投资、从业及各种经济决策提供理论基础和实践指导。

中国区域发展数据库（下设6个子库）

对中国特定区域内的经济、社会、文化等领域现状与发展情况进行深度分析和预测，研究层级至县及县以下行政区，涉及地区、区域经济体、城市、农村等不同维度，为地方经济社会宏观态势研究、发展经验研究、案例分析提供数据服务。

中国文化传媒数据库（下设18个子库）

汇聚文化传媒领域专家观点、热点资讯，梳理国内外中国文化发展相关学术研究成果、一手统计数据，涵盖文化产业、新闻传播、电影娱乐、文学艺术、群众文化等18个重点研究领域。为文化传媒研究提供相关数据、研究报告和综合分析服务。

世界经济与国际关系数据库（下设6个子库）

立足"皮书系列"世界经济、国际关系相关学术资源，整合世界经济、国际政治、世界文化与科技、全球性问题、国际组织与国际法、区域研究6大领域研究成果，为世界经济与国际关系研究提供全方位数据分析，为决策和形势研判提供参考。

法律声明

"皮书系列"(含蓝皮书、绿皮书、黄皮书)之品牌由社会科学文献出版社最早使用并持续至今,现已被中国图书市场所熟知。"皮书系列"的相关商标已在中华人民共和国国家工商行政管理总局商标局注册,如LOGO( )、皮书、Pishu、经济蓝皮书、社会蓝皮书等。"皮书系列"图书的注册商标专用权及封面设计、版式设计的著作权均为社会科学文献出版社所有。未经社会科学文献出版社书面授权许可,任何使用与"皮书系列"图书注册商标、封面设计、版式设计相同或者近似的文字、图形或其组合的行为均系侵权行为。

经作者授权,本书的专有出版权及信息网络传播权等为社会科学文献出版社享有。未经社会科学文献出版社书面授权许可,任何就本书内容的复制、发行或以数字形式进行网络传播的行为均系侵权行为。

社会科学文献出版社将通过法律途径追究上述侵权行为的法律责任,维护自身合法权益。

欢迎社会各界人士对侵犯社会科学文献出版社上述权利的侵权行为进行举报。电话:010-59367121,电子邮箱:fawubu@ssap.cn。

社会科学文献出版社